O PODER DA ENERGIA

CB134946

O PODER DA ENERGIA

Um guia inspirador para a única coisa que todos nós queremos: mais vida em nossas vidas

BRENDON BURCHARD

Tradução
Carolina Caires Coelho

Editora Novo Conceito

Tradução para o português publicada sob acordo com Folio Literary Management e Lennart Sane Agency AB
Copyright © 2011 The Burchard Group LLC
Copyright © 2013 Editora Novo Conceito
Todos os direitos reservados.

Nenhuma parte desta publicação poderá ser reproduzida ou transmitida de qualquer modo ou por qualquer meio, seja este eletrônico, mecânico de fotocópia, sem permissão por escrito da Editora.

1ª Impressão — 2013

Edição: Edgar Costa Silva
Produção Editorial: Lívia Fernandes, Tamires Cianci
Preparação: Helô Beraldo (coletivo pomar)
Revisão de Texto: Alline Salles, Entrelinhas Editorial
Diagramação: Hey Bro Comunicação, Lucas Borges
Impressão e Acabamento: Geográfica 010313

Este livro segue as regras da Nova Ortografia da Língua Portuguesa.

Dados Internacionais de Catalogação na Publicação (CIP)
(Câmara Brasileira do Livro, SP, Brasil)

Burchard, Brendon
O poder da energia / Brendon Burchard ; tradução Carolina Caires Coelho. -- Ribeirão Preto, SP : Novo Conceito Editora, 2013.

Título original: The charge.
ISBN 978-85-8163-236-0

1. Conduta de vida 2. Motivação (Psicologia)
I. Título.

13-01866 CDD-153.8

Índices para catálogo sistemático:
1. Motivação e desenvolvimento pessoal :
Psicologia 153.8

Editora Novo Conceito

Rua Dr. Hugo Fortes, 1.885 — Parque Industrial Lagoinha
14095-260 — Ribeirão Preto — SP
www.editoranovoconceito.com.br

Dedicado à minha família, maravilhosa e amorosa,
que sempre me permitiu buscar e viver a Vida Intensa:
mãe, Helen, Bryan, David e minha esposa sempre presente,
gentil, motivada e linda, Denise.
E para meu Pai — nós o perdemos cedo demais, Papis,
mas levamos sua força para sempre.

Um recado para você, leitor

Como técnico, palestrante e treinador de alto desempenho, fui abençoado por trabalhar com pessoas realmente interessantes (inclusive meu público) de todo o mundo. Muitas das histórias deste livro são cenas ou resumos de minhas experiências e interações com o cliente, com o público e, às vezes, com amigos ou pessoas de minha família. Alguns detalhes foram deixados de lado ou mudados, pois não são relevantes para o que pretendo ensinar. E, quando apresentadas por completo, algumas histórias foram exageradas. Em todos os casos, fiz o melhor que pude para transmitir os elementos essenciais das histórias de meus amigos e clientes e para compartilhar exemplos que permitirão que você se transforme. Espero que goste delas.

Além disso, por favor, saiba que não sou médico, psicólogo ou psicoterapeuta, psiquiatra, neurocientista, estrategista jurídico ou financeiro. No máximo, sou um aluno e servo, e, apesar de compartilhar com alegria o que aprendi nessas áreas, nenhuma informação que apresento tem intenção e nem deve ser tida como conselho profissional médico, psicológico, financeiro ou jurídico. Se precisar de ajuda nessas áreas, consulte profissionais certificados. Nem eu nem a editora deste livro — por favor, muito menos ela — somos responsáveis por qualquer coisa que aconteça em sua vida, incluindo coisas ruins ou boas que aconteçam por você fazer o que aconselho nas páginas seguintes. Na verdade, a premissa completa deste livro é de que sua vida é o que VOCÊ faz dela.

Ao escrever esta página, compartilho a primeira lição a respeito de uma Vida Intensa: podemos nos divertir e nos comprometer com qualquer coisa que fizermos — até mesmo quando estamos lidando com advogados.

Tudo de bom,

Brendon

Sumário

Estamos sempre nos preparando para viver,
mas nunca vivendo.
— Ralph Waldo Emerson

Por aí

A Vida Intensa, a vida realmente *vivida,* não é uma existência rotineira em algum vilarejo afastado e pitoresco repleto de segurança e certezas. Não, a vida que vale a pena ser vivida está *por aí,* nas matas selvagens do desconhecido, nos campos de batalha que testam nossos desejos e coragens, nas lutas diárias que travamos com nossos demônios. Ela é encontrada nos momentos longos e difíceis de conflitos e dilemas; quando escutamos apenas os sussurros e há uma insistência de problemas, adversários mais fortes do que nós mesmos; no chão onde fomos derrubados e forçados a enfrentar nossas fraquezas; no topo das montanhas ao qual só chegamos porque entregamos cada gota de qualidade, força, caráter e coragem de continuar subindo independentemente das flechas e pedras que nos atiram nas costas ou das barricadas montadas à nossa frente. É na vida real que ficamos de frente com o melhor que existe dentro de nós e com nosso destino. É na vida real, em um mundo novo de incertezas e aventura, que nós nos esforçamos, melhoramos e nos realizamos. É apenas na luta hercúlea em busca de algo a mais que a vida nos dá sabedoria e sentido, porém somente depois de pagarmos com nosso suor e, às vezes, com lágrimas. É em marcha, quando estamos cansados, fracos e chorosos, e na amizade dos guerreiros com quem batalhamos — nossos irmãos e irmãs, família e amigos que nos incentivam e nos ajudam apesar da bagunça e da aparente maluquice. É no caminho menos percorrido, um caminho desconhecido escolhido por cada um de nós, um caminho que costuma ser confuso, que leva apenas a outra estrada não percorrida ou a um campo aberto de oportunidades, onde devemos atacar mais uma vez com a mesma esperança de vitória e superação. É na vida real, quando reunimos a coragem de ficar nus diante do mundo como realmente somos, quando espiamos a alma dos que nos cercam e conseguimos ver neles a imagem do divino, quando nos entregamos brava e incondicionalmente ao amor. É na vida real, fora da proteção de nossos confortos e prazeres, de nossos acúmulos, além da arquitetura de nossa rotina, que derrubamos as barreiras de nossas crenças limitantes, triunfamos sobre nossos defeitos e nos expressamos. É no mundo real, um mundo rico de opções e desafios, medo e liberdade, que seus maiores presentes e aventuras o aguardam. Escute com atenção. É na vida real que o destino chama. Seja corajoso e se prepare. Está na hora de se recarregar.

Brendon Burchard

Introdução

Este livro é um ataque ao tédio, à distração, à mediocridade, à reclusão e ao viver uma vida "normal". Abordará de forma direta o motivo pelo qual você se permite viver no nível energético em que atualmente está e, com agressividade, vai desafiá-lo a levar uma vida mais vibrante, estratégica e compromissada.

Nas próximas páginas, você encontrará um guia pragmático, normalmente contraproducente, que interrompe o fluxo de conselhos ruins, põe por terra quase meio século de erros psicológicos e pavimenta um caminho de ouro a um único destino: uma vida nova que faça com que você se sinta verdadeira, total e maravilhosamente *vivo*.

Sejamos realistas: a energia emocional do mundo caiu. Nos últimos 40 anos, o diagnóstico de depressão clínica tem aumentado cada vez mais em quase todos os países desenvolvidos. Isso está acontecendo apesar de os fatores que associamos ao bem-estar — alimentação farta, dinheiro, educação, segurança, acesso às artes e aos cuidados com a saúde — serem abundantes nessas sociedades. Cada vez mais as pessoas estão descrevendo a sensação de inquietude, fadiga, estresse e um tipo de mal indefinível que as deixa entediadas, inseguras ou frustradas.

Acredito que você tenha se identificado. Como todas as outras pessoas, você tem tudo o que dizem que "precisa" — segurança, abrigo, sustento —, mas, ainda assim, há dias em que não se sente tão animado, produtivo ou satisfeito como pensa que deveria se sentir. Em algum momento, você pode ter a sensação de que não está cumprindo as promessas que fez a si mesmo nem expressando o potencial que vive dentro de você. Você inicia todos os anos animado com a grande corrida, mas termina trotando devagar. Sua semana está sobrecarregada de compromissos, mas, no fundo, você sente que o trabalho que o mantém ocupado não é o trabalho de sua vida. Você tem sabedoria, vontade e disposição, mas, com frequência, encontra-se em uma roda de dúvida e atraso. Você está ligado a tudo e a todos on-line, mas não se sente, nem de longe, ligado ao mundo e às pessoas como gostaria. Está esperando um tipo de permissão ou o momento certo para viver completamente todos os dias. Você sente um desejo incontrolável de obter algo a mais.

Bem, estou aqui para dizer que você *merece* algo a mais. Mas tem um porém: para chegar lá, você terá que exigir mais de si mesmo. Estas palavras podem desanimá-lo ou até fazer com que você pare de ler o livro, eu sei. Você já está se esforçando demais para manter-se em pé: está pressionado por uma crise econômica, por exigências irracionais vindas de todos os cantos e tem dormido pouco. Provavelmente, a última coisa que quer escutar é que precisa se esforçar mais, trabalhar de modo mais inteligente e se entregar mais à vida.

O problema é que você tem que fazer isso, sim. E independentemente do que pensar de mim, vou desafiá-lo nestas páginas — e espero que você permita e aceite o desafio, pois acho que você sabe que existe, *sim*, mais por aí. Acho que você já experimentou muitos momentos mágicos, felizes, comprometidos e satisfatórios na vida, e está disposto a fazer o que for preciso para ter mais momentos assim. Você se lembra de épocas em que se divertiu mais, quando era descompromissado e se sentia mais animado e esperançoso. Resumindo, você já teve um relance, já experimentou a Vida Intensa — uma existência alterada que faz com que você se sinta energizado, engajado e entusiasmado em viver.

Se isso é verdade, então me deixe mostrar minhas cartas: não acho que a inquietude, o tédio, a ansiedade, o medo ou qualquer outra energia negativa que você possa sentir em relação a si mesmo, aos outros ou à vida em geral tenham algo a ver com a economia, com o mundo cada vez mais caótico em que vivemos, com sua infância, azar ou com qualquer outra desculpa fácil que as pessoas que se colocam no papel de vítima dão hoje em dia. Não, qualquer falta de energia em sua vida é apenas o resultado de um enorme fracasso de *estratégia*. Apenas o fracasso em controlar estrategicamente o conteúdo de sua consciência faz com que você deixe de sentir a intensidade interna de estar totalmente vivo, comprometido, conectado e satisfeito. O bom é que você, agora, tem nas mãos um livro muito estratégico.

Tenho certeza de que você já sentiu uma faísca de ânimo na vida antes, que se manteve por dias. Mas não quero apenas devolver a você a faísca de ânimo que possa ter sentido uma ou duas vezes — isso seria um truque barato esperado de um hipnotizador qualquer. Quero mostrar a você um nível de possibilidade e vibração emocional nunca antes experimentado. Uma realidade mais vital, mais colorida, mais interessante e excitante pode ser sua.

Para ajudar as pessoas a alcançarem esse tipo de existência, passei 15 anos estudando tudo o que encontrei nos campos da psicologia, neurociência, potencial humano e alto desempenho. Dediquei minha vida a ajudar as pessoas a aumentarem estratégica, radical e permanentemente sua energia, seu comprometimento e entusiasmo — *a carga interna* — em todas as áreas da vida. Ajudei executivos a revigorarem não apenas a si mesmos, mas empresas inteiras; casais a reacenderem a vida amorosa; atletas a voltarem a ter vigor; artistas a se reconectarem com seu talento; pais a reavivarem o relacionamento com os filhos; e celebridades e políticos a reenergizarem suas parcerias, ajudando-os a buscar como fonte uma carga interna mais forte — algo que já estava esperando dentro deles. Para realizar esse tipo de trabalho, me tornei um dos orientadores mais bem pagos do mundo, e minha palestra famosa no mundo todo, a "High Performance Academy", estabelece o padrão no crescimento pessoal e na eficiência nos negócios. Mas aqui está o segredo: nada a meu respeito importa e nunca importou. Não faço meu trabalho batendo no peito nem passando afirmações. Faço-o construindo um plano estratégico que permita a você — não, que *desafie* você — viver sua melhor vida.

Motivações modernas

Está na hora de nos tornarmos mais estratégicos e objetivos no modo de vivermos a vida.

Por que, em nosso mundo abundante de opções e conectividade, tantos de nós nos sentimos insuficientes e desconectados? Com todas as informações disponíveis à ponta de nossos dedos, por que não sabemos quais armas usar para melhorarmos a vida de modo drástico? Como podemos ter tanto — um teto sobre nossa cabeça, oportunidade, segurança, opções, acesso ao mundo todo — e ainda assim não nos sentirmos munidos de energia *o tempo todo?* (Ou, pelo menos, na maior parte do tempo?)

No passado, gurus da autoajuda e psicólogos de poltrona responderiam a essas perguntas sugerindo que somos malucos, ingratos e alheios a todas as coisas ao nosso redor. Eles diriam que somos guiados por necessidades obscuras que não nos permitem aproveitar o sol, que estamos presos demais ao passado, que esperamos demais, que não temos consciência de nossos verdadeiros pensamentos e padrões, ou que não estamos enviando pensamentos fortes o bastante para atrair a felicidade na vida que merecemos. Essas respostas, claro, são inadequadas. Na verdade, elas causam mais prejuízo do que benefício.

Então... de volta à pergunta essencial: com tantas de nossas necessidades humanas sendo satisfeitas, por que não nos sentimos mais eletrizados e satisfeitos com a vida?

A resposta apresenta um argumento controverso: nós nos sentimos insatisfeitos porque a base de nossas motivações humanas *evoluiu*. O que nos deixava felizes, energizados e satisfeitos 50 anos atrás não mais se aplica, pois nosso cérebro, corpo e sociedade mudaram.

Tal linguagem evolucionária enerva muitos biólogos tradicionais, que afirmam que o cérebro e o corpo humano não podem ter se desenvolvido tão depressa nos últimos 50 anos a ponto de mudar nossas motivações humanas coletivas — que, como espécie, sempre nos motivamos pelas mesmas necessidades humanas básicas. Ainda que isso seja verdade — e muitas pessoas dizem o contrário —, o que fica claro é que, em nossa cultura moderna abundante, a *maneira com que* ativamos e nos sentimos satisfeitos por essas necessidades já mudou totalmente.

Pense bem. No piscar de olhos mais recente de nossa história, nossa experiência humana e a cultura coletiva se transformaram de todas as maneiras imagináveis: no que fazemos (trabalho mais criativo e autônomo agora do que trabalho direcionado a uma tarefa, guiado e repetitivo); em como obtemos alimento e o que comemos (levando a uma evolução incrível no tamanho de nosso corpo, em qualquer parte do mundo); no lugar que chamamos de lar (a migração local para as cidades); em como interagimos (um planeta recentemente interconectado, trabalhando em escritórios e empresas e não no campo e nas fábricas); no que compramos (mais compras não essenciais com base em preferências estéticas e não na funcionalidade ou utilidade); em como gastamos nosso tempo (mais tempo no trabalho e, ainda assim, mais tempo na frente da televisão e do computador); no quanto vivemos (mais tempo, mas com mais problemas de saúde do que nunca — talvez *porque* vivemos mais tempo); e em como estruturamos nossas empresas e países (mais democracia e tolerância no mundo todo — uma tendência observada de perto desde 1981). Se você pudesse voltar na história entre 50 e 100 anos, veria o quanto *tudo* mudou. E como nosso mundo mudou tanto, foi inevitável que nós, seres humanos, também mudássemos para sobreviver e continuar. A maneira como pensamos, sentimos e nos comportamos — nossa psicologia — teve que manter o ritmo com nosso mundo. Além disso, a maneira com que nos expressamos e como satisfazemos nossos desejos humanos se desenvolveu.

Conforme nossa sociedade se torna mais numerosa, as pessoas deixaram de ser guiadas apenas pelo que *precisam*. A maioria de nossas necessidades básicas humanas por alimento, abrigo, segurança e afinidade já foi satisfeita e estruturada por uma sociedade em avanço. Mas satisfazer tais necessidades não nos deixa, por si só, felizes. Longe disso. Infelizmente, grande parte de nossa compreensão básica a respeito da psicologia popular ainda vem da famosa "hierarquia de necessidades" de Abraham Maslow, desenvolvida nos anos 1940. Maslow era brilhante e grande parte de seu trabalho foi mal interpretada, mas o legado é este: se pudermos satisfazer nossas necessidades, seremos felizes. Então, quando nossas necessidades são satisfeitas e nós *não* somos felizes, sentimos que há algo de errado conosco.

A realidade é que, em uma cultura abundante, não mais necessitamos nos concentrar muito no que precisamos, então nós nos concentramos no que *queremos*. Temos mais opções e, assim, mais liberdade para escolher o que queremos colocar em nossa vida. Cercados por milhões de opções, somos libertos das amarras da necessidade e, ainda assim, ao mesmo tempo, desafiados a encontrar nosso foco e sentido na vida. Mas ninguém sugeriria que voltássemos no tempo. É uma bênção podermos procurar o que queremos. Mas acontece que o que queremos hoje é muito, muito diferente do que queríamos há apenas uma década.

Pense em como a mudança enorme de necessidades para desejos atingiu o trabalho. Nossa força de trabalho moderna não é guiada pela simples segurança de um salário ou a motivação primitiva dos atrativos dados pelas gerências manipuladoras. Os trabalhadores de hoje têm um apetite novo e insaciável por motivações intrínsecas, principalmente pelo envolvimento e pela satisfação que vêm de projetos que envolvem controle criativo, conectividade social, design, história e contribuições que vão além de nossa mesa e da empresa como um todo. Nós nos tornamos uma força de trabalho "amigada" que coloca a interação social, a experiência estática, a inovação e a colaboração significativa no topo de nossa lista de prioridades ao avaliar empregos, causas, projetos e líderes. Os antigos conceitos da motivação no trabalho, com base apenas na compensação — um escritório grande e ambições de crescimento a longo prazo —, não mais se aplicam (há mais de uma década). Não somos mais tão enganados por todas as armadilhas comuns do sucesso, pois, em uma sociedade já abundante, *o que nos guia* mudou. Nossa vida moderna não funciona apenas com base nas mesmas considerações de segurança e sustento, nem vemos nosso caminho à autorreciclagem da mesma maneira como o víamos uma geração atrás. Com todas as opções que temos, teremos que pular a segurança tradicional e procurar por experiências novas, desafiadoras, conectadas e criativas. Esses não são os devaneios de um autoconfesso "agente livre moderno". A neurociência está provando que, de fato, quando nosso cérebro se livra das necessidades animais básicas de segurança, o que envolve a maior parte da atividade neural são estas coisas: a *novidade,* o *desafio,* a *conexão* e a *expressão.* E muitas das maiores pesquisas do mundo acerca da família estão descobrindo a mesma coisa em nível mundial — queremos nos sentir envolvidos no trabalho e o que nos torna envolvidos são coisas como escolha, contribuição e expressão criativa.

Já vimos nossa vida profissional e pessoal se misturar cada vez mais, até o conceito de equilíbrio entre vida e trabalho parecer uma alucinação nostálgica dos anos 1950. Hoje em dia, nossa vida familiar é mais corrida, estressante e instável do que nunca. As pessoas têm dificuldade para ficar juntas ou até mesmo para se relacionarem. Com os filhos ocupados em atividades extracurriculares e a mãe e o pai trabalhando o tempo todo, o que as famílias podem *realmente* esperar conseguir? Dar um teto à família ou colocar comida na mesa já não basta, por mais que quisesse. Em um mundo hiperconectado e abundante, seus familiares sabem muito bem as escolhas que têm. Todos os dias, eles veem casas melhores, pais, escolas, brinquedos e equipamentos melhores na televisão e na internet. Então, eles não dão valor ao fato de terem o que precisam — isso, para eles, é normal. Eles se preocupam em ter o que *querem*.

Como podemos pensar de modo mais estratégico a respeito de nós mesmos e do que nos motiva hoje, quando satisfazer nossas necessidades humanas básicas não nos tira do tédio? O que nos levará a ter uma vida excitante e plena em meio à enorme mudança que ocorre no ambiente de trabalho e na vida pessoal? Como conseguir de novo aquela faísca de ânimo, para que o que fizermos nos encha de alegria e satisfação? Quais armas podem ser usadas na vida para alcançarmos nosso potencial total e viajarmos com estilo em direção ao nosso destino?

Em *O Poder da Energia*, responderei a essas perguntas propondo uma nova estrutura para analisarmos a motivação humana — que nos afaste de simplesmente fazer o que precisamos fazer para nos sentirmos seguros e confortáveis e que nos aproxime do que faça com que nos sintamos verdadeiramente vivos. Ao longo do caminho, iremos fundo em sua mente e entenderemos a estrutura de seu cérebro. Daremos a você as armas mentais para mudar as coisas. Os diversos sentimentos que você tem por sua vida e seu trabalho serão expostos e, talvez, pela primeira vez em sua vida adulta, você aprenda a controlar, reajustar e configurar tais sentimentos para poder viver a Vida Intensa.

Uma Vida Intensa é uma existência conscientemente criada que se mostra comprometida, energizada e entusiasmada. É uma vida escolhida e ativada com os dez impulsos que nos fazem humanos, o assunto deste livro. A Vida Intensa não é um sentimento que existirá por um tempo nem uma faísca temporária. É uma chama na alma que ilumina você ao longo dos dias independentemente da escuridão ao seu redor. Também não se trata de algo que faz você andar com um sorriso falso nem se sentindo superenergizado por um coquetel melado de afirmações de autoajuda. Trata-se de uma energia elevada, mas equilibrada constantemente, que é planejada com estratégia, que é sustentável e permite que você se comprometa totalmente com o momento e seja otimista em relação ao futuro. Descreverei ainda mais essa vida no próximo capítulo, mas, por enquanto, você deve sublinhar a frase-chave: *existência conscientemente criada.*

Para estruturar melhor a sua vida, você terá que entender e ativar os dez impulsos simples da emoção e da felicidade humana. São as alavancas psicológicas que você pode usar para remoldar e reenergizar sua vida toda. Na Parte I deste livro, ensinarei você a entender e alavancar o que chamo de "cinco impulsos básicos", que são os desejos mais automáticos que você tem para desenvolver o controle, a competência, a congruência, o cuidado e as conexões com os outros em sua vida. Na Parte II, revelarei os "impulsos de desenvolvimento", que ajudarão você a usar a mudança, o desafio, a expressão criativa, a contribuição e a consciência para melhorar radicalmente sua vida. Juntos, os impulsos básicos e de desenvolvimento somam dez impulsos humanos que o ajudarão a dar início à sua nova Vida Intensa.

Toda essa coisa de "mudar a sua vida" pode parecer bem exagerada e fora do alcance, à exceção de alguns avanços recentes nos campos da neurociência, da psicologia positiva e do alto desempenho. Aprendemos mais sobre como nosso cérebro funciona nos últimos três anos do que nos últimos três mil. Interrompemos o foco centenário da psicologia sobre a neurose e sobre o que há de errado conosco e reestruturamos nosso estudo a respeito do que está *certo*. Descobrimos o código a respeito do que é preciso para alcançarmos níveis mais altos de alegria, comprometimento e produtividade.

Agora é a hora de levarmos nossa nova compreensão a respeito da experiência humana ao cerne de como estruturamos e planejamos nossa vida. O momento não poderia ser melhor. Você vê o desencanto, a falta de direcionamento e a busca da alma em seus parentes, amigos, vizinhos e colegas de trabalho. Todo mundo está procurando algo, mas não sabe o quê nem onde procurar. As respostas, como sempre, já estão dentro de nós. Precisamos nos entender melhor e ativar as partes de nós mesmos que tornam nossa vida mais rica, colorida, conectada e cheia de sentido.

Não vou fingir que a jornada para se autoconhecer é fácil. Ao decidir, conscientemente, assumir as rédeas de sua vida e seguir em uma nova direção, você vai se encontrar (a princípio, pelo menos) em uma estrada desconfortável, cheia de obstáculos. Mas tudo bem — essa é a única estrada que vale a pena atravessar. A mudança de vida é difícil. Pode acreditar, eu sei. Precisei passar por acidentes de carro, mudanças de carreira, caos e enormes lutas internas para chegar aqui, para viver da melhor maneira. Porém, ao longo do caminho, aprendi a direcionar melhor meus impulsos humanos e, por causa disso, vivo com a alegria, vibração e realização que nunca pensei serem possíveis. Assim como meus clientes. Quero o mesmo para você e, para ajudá-lo a chegar lá, estou disposto a abrir sua jaula e tirá-lo da zona de conforto (que também é a zona da mediocridade). Espero que você entre no jogo, pois a outra opção — continuar no mesmo caminho, esperando por algo melhor, mas recusando-se a ser corajoso — é muito menos do que você merece. Essa época pede a você que domine sua mente e contribua com mais mágica e energia positiva no mundo. Todos precisamos que *você* se comprometa totalmente e compartilhe conosco seu lado extraordinário. Precisamos que você escolha uma vida diferente e se recarregue para os desafios que se encontram mais adiante para toda a humanidade.

Quando a força de vontade supera a capacidade intelectual

Sejam quais forem sua posição, circunstâncias e oportunidades na vida, sempre terá a liberdade de escolher como experimenta, interpreta e molda seu mundo. Se acreditar nisso, poderá escolher estrategicamente e criar uma Vida Intensa. Acredito nisso agora mais do que nunca, e não apenas em um nível filosófico, mas também em um nível muito prático e físico.

Apesar de ser conhecido em todo o mundo como o cara do alto desempenho, recentemente perdi a energia na vida por vários meses. Precisei me tornar consciente e focado para poder reacender a chama interna e reenergizar minha vida. Precisei lutar, *todos os dias,* para ativar os dez impulsos humanos que são a base deste livro. No processo, aprendi que nossa mente é mais poderosa do que imaginamos — ainda mais forte do que nosso cérebro, mas chegaremos a esse assunto.

Para ser honesto, já perdi e retomei a energia em minha vida três vezes. A primeira foi quando caí em uma depressão depois de um rompimento terrível com minha namorada de faculdade. Permaneci em um estado horroroso, suicida, durante um ano e foi preciso que eu sofresse um acidente de carro para sair dele. (Escrevi sobre esse acidente em meus primeiros livros, *O Mensageiro Milionário* e *A Vida é um Bilhete Premiado*). Em resumo, depois de estar em um carro que capotou em uma curva a 135 km/h, aprendi que, quando batemos à porta da morte, somos forçados a nos fazer três perguntas: *Será que vivi? Será que amei? Será que alguém já se importou comigo?* Foi uma experiência para acordar, no mínimo, e fez com que eu questionasse tudo em minha vida. Nunca havia vivido antes e o acidente me fez querer viver de verdade. Foi a frase de Virgílio que resumiu meus sentimentos: "A morte sussurra em meu ouvido. '*Viva*', ela diz, 'Estou chegando'". Decidi usar meu bilhete de segunda oportunidade para criar conscientemente uma vida melhor, para que, ao cruzar a linha de chegada, eu esteja satisfeito com as respostas.

Meu bilhete acabou sendo bom por 15 memoráveis anos de vibração, conexão e sentido. Nesse período, descobri e dominei os dez impulsos humanos que você aprenderá neste livro. Construí negócios multimilionários, orientei algumas das celebridades e executivos mais famosos do mundo, escrevi livros, me apaixonei, me casei, ajudei minha família a atravessar períodos difíceis, viajei o mundo, passei com facilidade por quase todos os desafios, palestrei em palcos com líderes e motivadores lendários, dividi experiências com magnatas e ex-presidentes, dei e obtive mais do que poderia imaginar. Eu estava vivendo a Vida Intensa e todo mundo ao meu redor me perguntava: "Como você pode se divertir tanto, ter foco e energia?".

E então, recentemente, tudo mudou. Meu pai, a quem eu amava muito e que era meu melhor amigo, foi diagnosticado com leucemia e morreu dessa doença em pouco tempo. Como direi mais adiante, tentei controlar as coisas da melhor maneira por algum tempo. Tive os recursos psicológicos para lidar com nossa perda repentina, graças a Deus, e felizmente consegui usá-los bem o bastante para me manter forte por ele, por mim e por minha família durante aquele período difícil. Ainda assim, não há dúvida de que minha energia diminuiu com a morte inesperada de meu pai.

E então, há pouco tempo, as coisas se desfizeram totalmente em um instante — em outro acidente. Ironicamente, a terceira vez que perdi a energia foi quando estava começando a escrever este livro.

Eu me lembro muito bem daquele dia. Um grupo de amigos e eu estávamos correndo com quadriciclos em uma praia deserta de areia branca no México. O céu estava azul, o ar, úmido. O mar estava calmo, azul-turquesa. Atravessei o deserto o dia todo com facilidade e segurança. Ao passar por uma das últimas extensões da praia, relaxei e respirei profundamente, curtindo a adrenalina de uma boa corrida e a beleza de um cenário perfeito. Estava pensando muito em meu pai. Ele havia me ensinado a dirigir, a viver.

Talvez tenha havido um momento em que perdi a consciência, me desliguei por um momento e olhei o mar por um instante longo demais. Seja lá o que tenha acontecido, estava atravessando a praia a 60 km/h e não vi o banco de areia à minha frente. Diferente dos efeitos especiais de câmera lenta quando nosso carro capotou no ar e saiu da estrada, 15 anos antes, desta vez tudo aconteceu depressa. O quadriciclo bateu no banco de areia, saiu voando e pousou de bico, virando bastante para a esquerda, e me jogou no chão. Senti o impacto da areia e do ar escapando de meus pulmões. Eu me lembro de ter rolado no chão e do arranhar da areia contra meu capacete. Escutei o quadriciclo quicando ao meu lado — bum! bum! bum! — e pensei: *Meu Deus, por favor, não permita que essa coisa caia em cima de mim!*

Acordei com meus amigos reunidos ao meu redor, perguntando se eu estava bem. O guia não parava de perguntar:

"O quadriciclo caiu em cima de você? Caiu em cima de você? Caiu em cima de você?". Eu não sabia e não tinha como responder. Pisquei, tentando afastar as estrelinhas que estava vendo e recuperar o fôlego. Fechei os olhos e tentei sentir meu corpo; demorou um pouco para conseguir sentir alguma coisa. Minha cabeça doía; minha perna esquerda estava adormecida; meu braço esquerdo ardia. O guia começou a passar a mão por meu corpo, à procura de ossos quebrados ou inchaços internos ao redor de minhas costelas e estômago. Meus amigos me ajudaram a me sentar e eu apaguei por um momento, bem rápido. Foi quando percebi que estava em apuros. Meu lado esquerdo doía muito: cabeça, ombro, punho, costelas e quadril.

Meus amigos merecem uma medalha por terem me colocado na garupa de um quadriciclo, me levado ao acampamento base e, então, para o hospital da cidade — um intervalo de duas horas muito difíceis, de que não gosto nem de me lembrar. O diagnóstico final não foi ruim: pulso quebrado, que precisou de cirurgia, algumas costelas trincadas, que não me deixariam respirar normalmente por algumas semanas, uma contusão no pescoço e o quadril e o ombro muito doloridos. Acho que tive sorte.

No entanto, três meses depois, quando comecei a escrever este livro, minha vida estava uma bagunça. Não conseguia me concentrar. Estava tendo dificuldade para planejar, imaginar e me lembrar das coisas. Meu raciocínio estava lento e minha coordenação visual e motora parecia meio ruim. Os sucessos não estavam sendo recebidos com alegria e eu parecia incapaz de lidar bem com as pessoas. Meu humor mudava toda hora e eu estava agindo de modo impulsivo. Não me sentia alerta, comprometido, conectado nem satisfeito com nada. Pior, eu não estava mais vivendo bem — tinha pensamentos tristes a respeito da morte de meu pai que me consumiam. A faísca havia desaparecido.

Sentindo-me perdido no fluxo da vida, eu estava infeliz e não me sentia realizado. Como muitas pessoas, deixava de lado a realidade e explicava que meu mal-estar emocional e meu comportamento inconstante eram devido à falta de tempo. *Devo estar só cansado e estressado,* eu pensava, *mas tudo vai passar se eu seguir em frente.* Afinal, eu tinha tudo de que precisava para ser feliz: uma linda esposa, uma família amorosa, um trabalho que eu amo, carros bacanas, casas bonitas, contato com celebridades. Mas faltava alguma coisa.

No fim, escrever este livro salvou a minha vida. Vinha pesquisando sobre neurociência havia anos para esclarecer e sustentar minha crença a respeito do que move o comportamento humano e a motivação. Havia aprendido muito sobre o cérebro e, certa manhã, algo aconteceu que me fez pensar em minha pesquisa sobre neurociência.

Após semanas enfrentando dificuldades para escrever, certa noite, tive um impulso movido a cafeína e escrevi 20 páginas. Na manhã seguinte, corri para o computador e comecei a analisar tudo o que havia escrito na noite anterior. É estranho como apenas alguns momentos podem mudar a vida para sempre. Bem ali, na tela, descobri que precisava de ajuda. O que eu vi foram frases e frases com palavras faltando. De alguma forma, as palavras em que estava pensando não eram expressadas por meus dedos no teclado. Pior ainda, na maioria das frases, eu mal conseguia entender o que quisera dizer para preencher as lacunas. Ao ler o que havia escrito, fiquei assustado ao ver um monte de pensamentos e frases sem sentido. Havia algo muito errado com minhas habilidades de me comunicar e com minha memória.

Tudo isso causou preocupação e me lembrou do que eu vinha pesquisando na neurociência — especificamente, como as pessoas com danos cerebrais costumam ter problemas de fala. Mas também costumam ter problemas com a visão, com o controle de impulsos, com empatia, memória e controle motor. Eu não estava enfrentando *todos* esses problemas desde meu acidente... Estava?

De repente, percebi que não havia algo de errado "comigo" — havia algo de errado com *meu cérebro*. Momentos dos últimos meses me ocorreram: o momento em que eu estava mostrando um vídeo para meus clientes e o olho direito começou a se mexer de repente, fora de sintonia com o esquerdo; o momento em que decidi, do nada, comprar um carro (não exatamente uma decisão que pode ser impulsiva, o que minha esposa logo destacou); os momentos que não mais me davam alegria como antes; a dificuldade para prestar atenção em projetos importantes; a repentina incapacidade de lidar com emoções fortes, como a tristeza de perder meu pai; a minha equipe perguntando se havia "algo de errado", pois não me sentiam presente nem entusiasmado. E a lista não acabava mais.

Dentro de poucos dias, passei por uma ressonância magnética e o veredicto final de meu acidente foi: eu tinha sofrido um tipo de trauma cerebral — síndrome pós-trauma — e havia pouca atividade em meu córtex pré-frontal, cerebelo e hipocampo. Fiz mais alguns exames cognitivos que confirmaram o diagnóstico. Minha habilidade cognitiva estava a menos de 25% da que têm alunos do Ensino Médio. O dano ao córtex pré-frontal estava atrapalhando minha concentração, o controle emocional e as habilidades de raciocínio abstrato; a baixa atividade no cerebelo estava tornando lenta a minha habilidade de tomar decisões; e o mau funcionamento do hipocampo causava a memória fraca — grandes problemas para continuar a viver normalmente, piores ainda para realizar um teste cognitivo ou escrever um livro.

Felizmente, o cérebro humano costuma ser curável. Assim como recuperamos qualquer outra parte do corpo, é possível recuperar o cérebro por meio de prática constante e terapia.

Nivelando a capacidade do cérebro com o que os neurocientistas chamam de "neuroplasticidade", é possível direcionar seus pensamentos e experiências de modo que eles remodelem e reforcem as partes afetadas de seu cérebro. Ou seja, assumindo novos desafios e usando o pensamento consciente, a meditação e os jogos de raciocínio para ativar partes com pouca atividade do cérebro, é possível, como diz meu amigo e neurocientista, dr. Daniel Amen, "mudar seu cérebro e mudar sua vida".

Enquanto escrevia estas páginas, tive de lutar com toda a minha força para reobter a energia. Precisei treinar a mente, usando pensamentos e atenção para reativar partes de meu cérebro e reenergizar minha vida. Precisei colocar em prática tudo o que aprendi de psicologia, neurociência e alto desempenho. Lutava todos os dias para encontrar a força de vontade necessária para concentrar minha atenção, reunir a energia, superar minhas limitações físicas e digitar tudo isto para vocês. Derramei meu sangue nestas páginas, testando os limites de minhas próprias filosofias.

Já estive com pessoas que enfrentaram grandes doenças, ferimentos e morte. Meu acidente, minha história, não foram assim tão dramáticos nem horríveis. Compartilhei essa história porque passei pelos desafios e aprendi a controlar minha mente e minha vida de modo consciente. É isso o que peço para você fazer. Consegui vencer esse desafio sob estresse emocional extremo, com pouco foco e pouca capacidade mental, em um momento em que tinha enormes expectativas para escrever este livro e gerenciar um negócio multimilionário. Viajava sem parar enquanto tentava cuidar de minha esposa e pouca família, de meus amigos, clientes, de minha equipe e de mim. A única coisa que manteve tudo de pé foi o fato de eu ter um plano. Eu conhecia o caminho de volta para uma vida vibrante. Eu conhecia os dez impulsos da experiência e da felicidade humana. Só precisei me esforçar muito para ativá-los.

Fico feliz por dizer que estou *de volta*, totalmente restaurado e recarregado. Não posso descrever os níveis de energia, comprometimento e entusiasmo que tenho na vida de novo, graças aos esforços mais disciplinados que dediquei ao ativar as estratégias deste livro. Em vez de descrever o sentimento, deixarei você descobrir sozinho nas páginas adiante.

O que posso dizer agora é que me sinto grato por ter sabido quais alavancas acionar em minha vida para não cair na tristeza nem na apatia durante um dos períodos mais difíceis de minha vida. Escrever sobre a Vida Intensa e os dez impulsos humanos me fez lembrar do controle que eu tinha sobre minha vida, por pior que eu estivesse. E isso me manteve concentrado no que importava e lutei para conseguir atingir o que se tornou uma recuperação total e sadia. Minha maior ambição é que aconteça a mesma coisa com você. Pessoalmente, acredito que sua vida está em jogo todos os dias de sua existência. Sua maior experiência e seu legado de vida são construídos momento a momento, dia a dia. Sua história está sendo traçada por cada atitude e tudo está levando a algum lugar, ao que uma pessoa espera que seja um ápice maravilhoso. Talvez você não precise de uma pancada na cabeça, como eu precisei, para decidir lutar e se esforçar por mais qualidade de vida. Talvez você simplesmente escolha, neste momento, ativar o melhor que existe dentro de você mais uma vez.

Agora é a sua hora. Seu destino o espera. Prepare-se. Vamos lá!

Capítulo 1

SAINDO DA ESCURIDÃO

Nos últimos 15 anos, como aluno e orientador de alta performance, tenho tido a sorte de ver as transformações drásticas que as pessoas conseguem fazer no dia a dia quando *decidem* sair da mediocridade de uma existência sem compromisso e sem satisfação. Também já vi pessoas com uma vida feliz aumentarem o nível de alegria e satisfação como nunca pensaram ser possível. Não importa onde esteja nesse espectro, saiba qual é o tipo de vida que leva e o tipo de pessoa que você é para levar essa vida. Antes tarde do que nunca! Com isso em mente, começamos a explorar três tipos de vida diferentes.

Três vidas

Uma Vida Intensa é um tipo de vida muito diferente do que a que a maioria das pessoas tem. Não porque é inatingível, mas porque a maioria das pessoas raramente pensa (ou estrategicamente gerencia) em energia e comprometimento na vida a longo prazo — o que chamamos de "nível de carga". Elas não pensam na própria vida desse modo, pois a maioria está apenas tentando reunir energia suficiente para viver seus dias ocupados e exaustivos.

Elas se arrastam de uma semana para a outra esperando pelo fim de semana, quando podem cair no sofá ou fazer algo que queiram de verdade. O que elas não costumam entender é que a *correria* de nossa vida tem uma maneira curiosa de criar uma visão míope do que é real ou possível. Se você não consegue enxergar além do planejamento de um dia, fica difícil perceber a realidade cumulativa de quem você se tornou e para onde está indo.

Às vezes, é bom parar em meio a toda a loucura, tirar a cara da frente da pilha de trabalho ou da tela do computador e perguntar a si mesmo como está a satisfação e a qualidade de sua vida. É preciso verificar seu nível de carga, analisando se você está animado com sua realidade atual e com seu futuro.

Sentir-se recarregado significa sentir-se *comprometido, cheio de energia* e *entusiasmo*; tenho certeza de que todo mundo quer isso. Nossos níveis de carga têm duas propriedades: qualidade e intensidade. A qualidade da carga emocional que temos na vida pode ser positiva ou negativa, e também pode ser de baixa intensidade (fraca) ou de alta intensidade (bem forte). Então, o ideal seria que todos tivéssemos uma carga intensa e positiva na vida. Mas *você* a tem? A qualidade e a intensidade da carga que você sente todos os dias são o que você sempre esperou sentir? A carga que você está dando no trabalho tem a qualidade e a intensidade que inspiram você e os outros? A carga que está dando à sua esposa, aos seus filhos, tem a qualidade e a intensidade que expressam de modo eficiente seu amor e afeto por eles?

Depois de 15 anos estudando a condição humana, passei a ver que as pessoas costumam viver um dos três tipos de vida. Você tem uma dessas três vidas hoje e pode escolher entre mantê-la, aumentá-la ou mudá-la totalmente. Vamos conhecer os três tipos para podermos diferenciar a Vida Intensa deles e aprender a criá-la estrategicamente.

A vida presa

Muitas pessoas vivem a vida presas no passado ou nas expectativas dos outros. Elas nunca se aventuraram no desconhecido nem procuraram romper as barreiras que elas ou outros estabeleceram. Por terem permitido que terceiros ou o passado ditassem quem elas são, suas identidades estão presas em uma caixa constrita de crenças a respeito do que é possível para elas. Assim, a experiência na vida e os pensamentos, sentimentos e comportamentos do dia a dia são restritos. Elas costumam se sentir acorrentadas a onde estão, presas por experiências que nunca superaram de fato, guiadas pelos resultados de ontem, com medo de decepcionar seus mestres — mestres que podem existir apenas em sua imaginação. Elas costumam achar que o mundo as pressiona para que ajam de determinada maneira e que não podem escapar; estão presas a rótulos, expectativas e ideias injustas ou falsas.

Desde o nascimento, somos levados a fazer o que os outros querem que façamos. Nossos "guias", ou cuidadores, queriam que tivéssemos uma determinada aparência ou identidade para o mundo. Às vezes, eles nos faziam agir como eles queriam, oferecendo aceitação e amor. Outras vezes, podiam ser mais rígidos. O resultado final, invariavelmente, foi que nós adaptamos nossos comportamentos e desejos para se ajustarem a recompensas externas. Depois de um tempo, ficou fácil aceitar tal realidade como rotina. Se estivermos recebendo atenção, cuidado e recompensas, estar preso não parece ruim.

Moriah, uma cliente minha, sentia-se dessa maneira — presa por um desejo de ter a aprovação e o amor dos outros. Quando comecei a orientá-la, ela estava sempre reclamando: "Ninguém me entende nem me dá uma chance — sou apenas uma prisioneira do que todo mundo quer e pensa de mim". Apesar da reclamação, ela nunca esticava o pescoço e expressava quem era ou o que queria da vida. Ela havia frequentado a faculdade que seus pais queriam, tinha um emprego que seus amigos consideravam bom para ela e mudou-se para uma cidade onde seu namorado sempre quisera morar (que ela detestava, mas não dizia a ninguém). Ela se mudou, falava e agia como acreditava que os outros queriam e nunca ousou se aventurar fora daquela rotina porque tinha medo de fracassar e de ser julgada pelos outros. Sua vida toda era um reflexo dos desejos dos outros e ela nunca foi forte o bastante para se olhar no espelho e perguntar o que *ela* queria.

Essa é a vida presa e obediente. Em determinado momento, todos sentimos sua repressão entorpecente. Nós já nos sentimos presos, controlados, inquietos para sair. Nem todos se libertaram, e esta é a parte mais dura: alguns de nós nunca se libertarão.

Só existem duas maneiras de sair da prisão. A primeira acontece quando, por acaso ou por destino, a vida vira de cabeça para baixo, acabando com nossa realidade confortável e abrindo a jaula para sempre. A segunda maneira de sair, a maneira da disposição, exige um esforço enorme. Acontece quando finalmente escolhemos olhar além dos limites de nossa experiência guiada pela aprovação e pelo medo e vemos que a vida é mais do que viver preso na jaula de alguém. Acontece quando fazemos aquilo que sempre ajudou uma pessoa a criar um destino novo: quando conscientemente escolhemos uma nova autoimagem e uma nova vida e nos esforçamos para torná-las reais, alinhando nossos pensamentos e comportamentos.

A vida acomodada

Para muitos, a vida não é tão ruim quanto a vida presa. Por meio do trabalho, da dedicação e das circunstâncias felizes, levam o que consideram uma vida acomodada. Seguimos caminhos parecidos para a independência, a oportunidade e a liberdade.

Temos casas, cônjuges, carros e filhos. Nós nos sentimos comprometidos e gratos pela vida que temos. Sabemos que realizamos algumas trocas — um pouco menos de aventura aqui, algumas horas a mais no escritório ali —, mas sabíamos onde estávamos nos enfiando. Vimos nossos amigos e colegas percorrerem caminhos parecidos, e eles pareciam felizes.

E então, um dia, alguém pergunta a respeito de sua vida e você se surpreende ao responder: "Ah, as coisas estão... bem".

Um problema começa a crescer em sua mente: *Será que é isso mesmo o que eu queria? Será que é tudo o que terei? Será que fiz trocas demais? Estou vivendo a minha vida ou a de outra pessoa? Não sou mais criativo, sexy, espontâneo, ambicioso e divertido do que isso?*

Normalmente, seu cérebro reage a esse tipo de pensamento com a arma afiada da culpa: *Você não tem noção das coisas boas que tem. Deveria se sentir mais grato. Será que não pode ficar feliz com o que tem?*

Apesar de ser muito mais uma rotina do que uma jaula, começamos a nos sentir presos. Não se engane: as armadilhas são muito, muito mais confortáveis, e a porta para a possibilidade é muito maior e mais acessível — um caminho livre para mais, mais, mais. Porém, mesmo no conforto, vem a inquietude.

A vida não parece sem sentido, mas misteriosa. Você pensa: *Como eu vim parar aqui? Onde estão minha ambição, meu impulso e minha empolgação?*

Enquanto a pessoa presa vê o mundo como assustador, a pessoa acomodada o vê como obsoleto. A pessoa presa sente que não tem potencial; a pessoa acomodada tem procurado desenvolver seu potencial, mas teme que já tenha chegado ao máximo. A pessoa presa se sente limitada por condições externas; a pessoa acomodada se sente limitada pelos próprios sucessos. A pessoa presa sente que não tem poder de expressão e, assim, não usa sua voz; a acomodada tem poder de expressão, já o compartilhou, mas se acomodou... e agora quer saber se essa voz é a correta, é a autêntica.

Existe, no entanto, uma semelhança inegável entre a pessoa presa e a acomodada: se estão em uma jaula ou nas armadilhas do sucesso, as duas querem mais cor, variedade, criatividade, liberdade e conexão. As duas desejam a Vida Intensa.

A Vida Intensa

A pessoa que vive a vida presa pergunta: *Vou sobreviver?* Então, o foco está sempre na dúvida, ela nunca sabe se estará segura ou se vai se ferir. A pessoa que tem a vida acomodada pergunta: *Serei aceita e bem-sucedida?* Então, ela se concentra em se adequar e satisfazer. A pessoa que tem a Vida Intensa pergunta: *Estou vivendo a minha verdade e realizando o meu potencial? Estou levando uma vida inspirada e inspirando as pessoas?* O tédio ou a falta de direcionamento que a pessoa acomodada sente não está no repertório emocional de alguém que tem a Vida Intensa, por causa da alegria e do propósito que o intenso sente em se envolver em atividades novas e desafiadoras. Enquanto a pessoa acomodada acha que a vida é misteriosa, o intenso acha a vida mágica e cheia de sentido. A pessoa acomodada vê o mundo como familiar e, assim, obsoleto; o intenso vê o mesmo mundo repleto de possibilidades excitantes e ilimitadas de crescimento e progresso.

Nós, que vivemos intensamente, não nos sentimos desconectados nem inquietos por causa das armadilhas da vida. Não somos passageiros na marcha coletiva do progresso — estamos criando o nosso mundo e as nossas definições do que significa viver e progredir. Estamos vivendo intensamente e vivendo a vida que queremos, não cobiçando nem procurando a vida das outras pessoas.

Não somos controlados há anos; temos a alegria do controle consciente e da presença, ajustando a pressão no acelerador em todos os momentos e podemos escolher acelerar ou diminuir a velocidade para apreciar a vista.

Não estamos presos na rotina ou em habilidades antigas e familiares; na verdade, estamos envolvidos no presente. Diferente dos acomodados, *queremos e desejamos* desafios que aumentem nossas habilidades. Não questionamos nossos méritos nem duvidamos de nossa força; na verdade, nós nos concentramos na ambição de contribuir para o mundo e reunimos todas as nossas energias para isso.

Quando temos a Vida Intensa, não nos preocupamos em causar mudanças, mas em fazer o que é certo e o que tem sentido. Se a controvérsia ou a mágoa ocorrerem ao longo do caminho, nós as enfrentamos com atenção e cuidado — mas seguimos em frente.

À primeira vista, pareceria que aqueles que têm a Vida Intensa ultrapassaram todos os obstáculos e estão vivendo uma existência maravilhosa. Mas esse não é o caso. É que as pessoas com altos níveis de energia *gostam* do caminho em que estão, independentemente dos obstáculos que apareçam; estão profundamente *animadas* para enfrentar os desafios da vida e criar o próprio destino. Sabem que são obras em andamento, mas gostam de se moldar e reinventar suas realidades. Dessa maneira, diferente dos presos e dos acomodados, não estão pedindo à realidade ou à vida que os tornem seguros ou satisfeitos. Na verdade, querem as oportunidades de mudança e crescimento. Concentram-se em servir e contribuir com o mundo. Sua crença é: *não pergunte o que o mundo está dando a você, mas o que você está dando ao mundo.*

Para os presos ou os acomodados, a Vida Intensa parece uma estrela inalcançável no céu, uma energia e luz em órbita própria. De fato, a Vida Intensa parece distante, dirigida por uma energia totalmente diferente e voltada para um caminho completamente distinto. Mas as pessoas que têm a Vida Intensa são muito pés no chão e muitas delas dirão que já foram presas ou acomodadas, ou as duas coisas. Afinal, é da natureza humana primeiro submeter-se obedientemente, depois ser mais assertivo, mas ainda cooperar e comprometer-se e, então, por fim, descobrir a escolha, o chamado, a maturidade e os impulsos de liberdade, expressão e contribuição. A Vida Intensa, então, nos atrai depois de fazermos o que deveríamos fazer, depois que nos tornamos quem pensávamos que tínhamos que nos tornar, depois de vivermos como acreditávamos que tínhamos que viver. Então, a segurança, o conforto e o envolvimento nos atingem, e a inquietude e a vontade de revolucionar nos mandam em busca de mais aventura e sentido.

Quando a encontramos, a Vida Intensa se mostra diferente de qualquer coisa que tenhamos conhecido. Ela tem uma energia firme de entusiasmo que parece durar em quaisquer circunstâncias ou desafios que encontremos.

Conheça os Intensos

Quando você se flagra vivendo uma Vida Intensa, percebe uma energia constante, confiante, animada e prolongada em relação a si mesmo. Você tem mais energia, um completo envolvimento com seus compromissos e um entusiasmo claro em relação à vida e ao futuro.

Algumas pessoas dizem que nem todo mundo pode ter esse tipo de vida. Mas por que não? Os "Intensos", nome que dou a quem vive uma Vida Intensa, não nascem com um raio sobre a cabeça. Não são diferentes de ninguém, nem de você nem de mim. Se existe uma diferença, está no fato de eles agirem e perceberem o mundo e a si mesmos *de modo diferente*. Poucos culpam a infância que tiveram pelas escolhas e pelos desafios da vida adulta. Não alimentam muito ressentimento nem se prendem ao passado. Não parecem ser distraídos no presente. E eles não temem o futuro nem os obstáculos inevitáveis que a vida traz. Nisso, eles são realmente diferentes dos outros.

Entretanto, não é a falta de ligação ao medo ou aos aspectos negativos da vida que tornam os Intensos tão fascinantes e fortes. Na verdade, é a habilidade que eles têm de emitir uma energia firme, positiva e constante, além de comprometimento e entusiasmo na vida em qualquer situação em que se encontram. Isso nem sempre é fácil. Uma coisa que escuto com frequência de quem tem a Vida Intensa é que eles praticam ter consciência de suas reações e realidade. Eles *batalham* por sua energia e sabem que precisam disso. Os Intensos não acham que a energia interna é um dom, um "pensamento" ou uma personalidade permanente. (E têm razão: os neurocientistas já escreveram que o cérebro adulto e a personalidade não são "fixos", continuam a evoluir e amadurecer com base em novas ideias, experiências e condicionamento. Essas são boas notícias para quem acredita que seu cérebro ou personalidade o impedem de ter uma Vida Intensa.) Os Intensos, na verdade, são incrivelmente atentos a suas realidades internas e externas, e se esforçam muito para ter traços que todo mundo pode acreditar que eles têm naturalmente.

Aqui estão os sete atributos mais comuns dos Intensos que descobri:

1. Os Intensos são receptivos e observadores do momento.

Conhecem o passado, mas não se prendem a ele. Os Intensos são conscientes e aceitam o momento presente. Costumam se envolver com muita curiosidade, espontaneidade e flexibilidade no mundo que se abre diante deles. Não se apressam em julgar o significado das coisas nem têm uma ideia preconcebida de como as coisas "deveriam" acontecer. Com essa percepção abrangente, costumam ser mais pacientes, tolerantes, receptivos ao que acontece e mais criativos para compreender uma situação. Sentem que o caminho é tão importante quanto o destino, por isso procuram se envolver e se comprometer com o agora.

2. Os Intensos olham para o futuro.

Apesar de terem a habilidade de viver o momento, os Intensos também têm grandes planos e ambições. Eles são otimistas em relação ao futuro e esse otimismo funciona como um ímã, atraindo o futuro desejado a eles. São muito interessados no futuro planejado e se sentem fortes quando dão passos necessários para transformar os sonhos em realidade. Veem os problemas do presente como solucionáveis e, assim, se comprometem em resolvê-los e tornar o mundo do futuro um lugar melhor.

3. Os Intensos buscam desafios.

Grande parte da empolgação com a vida que os Intensos sentem vem da busca ativa por novos desafios. Como você verá nos próximos capítulos, um novo desafio é como um doce, ativando os centros e os hormônios de prazer do cérebro. Aqueles que têm uma Vida Intensa querem se expressar e se realizar e sabem que isso não acontece sem desafios. Os Intensos estão sempre prontos para o que a vida lhes reserva, pois acreditam que podem cumprir as exigências de qualquer situação. Isso faz com que eles se divirtam e até sejam brincalhões em processos incertos e tumultuados de crescimento.

4. Os Intensos têm profundo interesse pelas pessoas e se conectam a elas de verdade.

Para resumir, os Intensos *amam* as pessoas. Têm uma curiosidade e um respeito profundos pelos outros. Fazem muitas perguntas e escutam de verdade seus sonhos, medos e histórias do cotidiano.

Não são apenas sociáveis, ativos nas interações. Pelo contrário, costumam se concentrar nos outros. Mantêm interações autênticas com as pessoas e relacionamentos profundos e significativos com seus amigos e familiares. Apesar de normalmente serem vistos como mais extrovertidos e simpáticos do que outras pessoas, costumam se relacionar de modo atento e têm menos relações superficiais. Veem cada relacionamento na vida como uma oportunidade de conectar, aprender, crescer e dividir uma parte deles próprios. Os Intensos dizem que os relacionamentos que eles têm com os outros costumam ser as coisas mais importantes da vida; os relacionamentos são vistos como o veículo principal para participar e aproveitar a vida.

5. Os Intensos são independentes.

Apesar do impulso que sentem de se conectar às pessoas, os Intensos são extremamente independentes e capazes. Eles dançam conforme a própria música; gostam de ter companhia, mas não a ponto de estarem dispostos a mudar o caminho. Eles não se sentem responsáveis pela felicidade de ninguém se, para isso, tiverem que comprometer seus valores. Por esses motivos, costumam ser vistos, injustamente, como teimosos e egoístas. Mas a verdade é que eles têm coragem suficiente de abrir seus próprios caminhos e são confiantes o bastante para tentar novas ideias e até para fracassar e tentar entender as coisas sozinhos.

6. Os Intensos são dirigidos pela criatividade.

A expressão criativa é uma grande parte da vida dos Intensos. Eles costumam escolher empregos, carreiras, projetos, causas e oportunidades com base no que sentem que podem ser criativos e expressivos. Assim, em qualquer situação, costumam ser os criadores, artistas, designers, contadores de história e líderes. Eles comprometem o lado criativo de modo ativo e se ligam a suas perspectivas expressivas e únicas. Assim, seus talentos expressivos costumam fazer com que se destaquem. Eles também não se desculpam por seu estilo ou modo de pensar; muito pelo contrário, sentem orgulho de sua coragem e do comprometimento de compartilhar seus trabalhos.

7. Os Intensos criam sentidos.

Os Intensos têm um profundo respeito pelo sentido que permeia cada dia e pelo desejo igualmente profundo de criar momentos significativos na vida. Ao procurarem sentido na vida, conseguem evitar a confusão de detalhes que costuma podar outras pessoas. Os Intensos têm uma visão total da situação; a vida deles é gasta com o esforço de alcançar objetivos que valham a pena e que os relacionem a suas paixões e propósitos na vida. Eles sabem, como Viktor Frankl nos ensinou, que a verdadeira busca do homem é por uma existência com sentido. Por meio dessa compreensão, os Intensos conseguem determinar com consciência o que as coisas significam, com uma tendência a interpretar de modo positivo suas lutas e sucessos na vida. Eles também tentam criar momentos e lembranças significativas com os outros e costumam surpreender as pessoas com presentes, experiências únicas ou palavras gentis de amor, admiração e reconhecimento.

Ler essas descrições a respeito dos Intensos pode fazer parecer que eles têm um talento único ou que "sempre foram assim". Mas as pessoas que têm uma Vida Intensa podem dizer que já viveram presos ou acomodados. A transformação na vida delas aconteceu quando *decidiram* se transformar. Desejaram ter mais *vida na vida* e, então, se esforçaram para realizar esse desejo. Da mesma maneira, você também pode se tornar mais intenso na vida — com suas escolhas conscientes e atitudes constantes. Mas como começar?

Os dez impulsos humanos

Se você fosse criar sua vida ideal de modo consciente, em que deveria prestar atenção e quais ferramentas poderia usar para melhorá-la e manter níveis mais altos de energia, comprometimento e entusiasmo?

Pense nisso por um instante. Nos melhores momentos de sua vida, houve uma faísca. Você a viu e nunca mais se esqueceu dela. Então, a pergunta é: o que causou essa faísca? O que fez você se sentir tão vivo? E como colocar essa sensação em seu dia a dia? Melhor ainda, como transformar essa faísca em uma chama duradoura na alma — uma energia dentro de você que nunca se apaga?

As respostas a essas perguntas não envolvem soluções rápidas nem abordagens superficiais. Uma bebida energética pode fazer isso por você, mas já sabe que não dura. Criar uma Vida Intensa exige que cavemos profundamente nosso interior e ativemos os mesmos impulsos que nos fazem humanos.

Minha pesquisa e prática sempre foram voltadas para que eu entendesse como ativar esses impulsos de modo que causem mudança real e duradoura e compromisso no mundo caótico de hoje. Criei a estrutura dos dez impulsos humanos e tenho obtido muito sucesso ensinando outras pessoas a usá-la para radical e estrategicamente mudarem a própria vida. Além disso, mostrei a elas como usar esses impulsos humanos no contexto atual — para ativar os impulsos básicos que sentimos como humanos nos últimos 50 anos, aproximadamente —, de modo que elas se sintam felizes e energizadas nessa sociedade mudada e numerosa.

Mas, antes de começarmos, vou explicar o que quero dizer com "impulsos humanos". Penso em nossos impulsos humanos como motivadores psicológicos ligados mais aos desejos do que às necessidades. Não necessariamente *precisamos* ter ou satisfazer os elementos de meu modelo. No século 20, uma série de teorias psicológicas, chamadas de "teorias de impulso", desenvolveram a ideia de que todos nascemos com certas necessidades físicas e que, se não satisfizéssemos tais necessidades o mais rápido possível, experimentaríamos estados adversos de tensão e de emoção negativa. Quando uso a palavra "impulso", não penso nela como uma *necessidade* física ou psicológica. Na verdade, fora de um conjunto muito limitado de necessidades que mantêm a vida — alimento, água, sono, proteção, cuidados ao nascer —, não acredito que tenhamos muitas *necessidades* reais. Algumas pessoas veem o crescimento pessoal ou a "atualização" como uma necessidade humana. No entanto, como explicar o filho de 35 anos de seu vizinho que não sai do sofá e não se desenvolve no mundo? Outros estados e características populares, como moralidade, amor, autoestima, respeito, fé e transcendência também não são necessidades reais. Desejos fortes, importantes e que melhoram a vida? Sim. Mas questões de vida e morte? Não, para a maioria das pessoas.

Consideremos um dos primeiros impulsos humanos, o impulso por controle. Naturalmente, somos todos levados a ter mais controle em nossa vida porque acreditamos que mais controle pode levar a ter mais felicidade. Contudo, se não tivermos mais controle, não enlouquecemos nem perdemos a capacidade de nos envolver, viver e ser produtivos. A expressão criativa — outro impulso que proponho nessa estrutura — é algo que todos queremos também, apesar de muitos conseguirem viver sem ela. Sim, sem ela não somos *tão* felizes, mas ainda podemos nos virar.

O controle e a expressão criativa são coisas que realmente *queremos*, não coisas de que precisamos para viver. A mesma coisa em relação a todos os impulsos de que estou falando — somos impulsionados por eles porque eles podem e nos levam a uma existência melhor, mas não *precisamos* deles necessariamente.

Por que todo esse alvoroço semântico? Porque quero ser sincero desde o começo. Você *é* impulsionado pelos dez impulsos que estou explicando, mas não *precisa* de nenhum desses conceitos — nem do meu modelo nem mesmo deste livro — para ser feliz. Não há dúvida de que você pode continuar com sua vida sem mais controle nem expressão criativa.

Poderia, afinal, neste exato momento, escolher ser feliz sem ter nada *a mais* de qualquer coisa. Se você escolher, agora mesmo, pode simplesmente fechar os olhos e gozar de um estado de nirvana. É o poder da mente humana. Só tem um problema: não vai durar.

Acredito que o que você realmente quer na vida são os dez impulsos humanos, e, se você trabalhar para ativá-los, seus esforços o levarão a um estado maior de energia, comprometimento e entusiasmo — sim, felicidade! — que o surpreenderá.

Na Parte I deste livro, falarei sobre os primeiros cinco impulsos da motivação humana, a que chamo de "impulsos básicos" — controle, competência, congruência, cuidado e conexão. São os impulsos essenciais que contribuem para nossa estabilidade conosco mesmos e nas interações sociais. Se conseguirmos ativar todos esses impulsos básicos e torná-los mais fortes, nos sentiremos, de repente, mais seguros e socialmente conectados. É uma boa receita para a felicidade, mas não basta. Ativar os primeiros cinco impulsos é mais ou menos como satisfazer nossas necessidades básicas de sociedade moderna: é um ponto de partida, mas não é satisfatório. É por isso que eu os chamo de impulsos de base

— precisamos tê-los, mas eles só nos colocam no jogo. Os gols acontecem nos cinco impulsos seguintes, a que chamo de impulsos de avanço — mudança, desafio, expressão criativa, contribuição e consciência. Na Parte II, falarei sobre os impulsos de avanço, e você verá por que eles costumam ser os causadores do aumento dos níveis de felicidade na vida. Apesar de os impulsos de avanço serem superiores aos cinco primeiros, todos os dez impulsos são vitais e importantes. Você consegue imaginar não ativar direito um desses impulsos em sua vida? Tire qualquer um deles e será desfeita sua felicidade na vida. Compreender e dominar os dez impulsos humanos parece assustador, mas a boa notícia é que você pode ler este livro quantas vezes precisar até conseguir.

Os capítulos a seguir — cada um apresenta um dos dez impulsos humanos — foram todos escritos com a atitude em mente. Explico como você deve ver cada impulso e, no fim, proponho apenas três estratégias específicas que você pode usar para mudar e ativar drasticamente cada impulso. Dez impulsos, três estratégias de mudança cada, 30 estratégias no total. Você não precisa usar todas elas de uma vez. Pode escolher uma em que se concentrar e ver como ela afeta sua vida.

Aqui e no final de cada capítulo, quero incentivar você a se comprometer em uma série de atividades de completar frases, chamada Pontos de Energia. São ideias para se pensar, para você respondê-las no seu ritmo depois de pensar nos conceitos de cada capítulo. Começarei as frases e você deve completá-las. Recomendo que escreva essas frases em um caderno enquanto lê este livro. Assim, você analisará e assimilará as lições.

PONTOS DE ENERGIA

1. Se já me senti preso ou muito acomodado em minha vida atual, foi porque...

2. Se quero ter uma vida mais intensa, terei que...

3. De todas as características dos Intensos — receptivos e observadores do momento, orientados ao futuro, abertos aos desafios, profundamente interessados nos outros, independentes, criativos, interessados no propósito —, a que eu poderia integrar e ampliar em minha vida seria...

PARTE I

OS CINCO IMPULSOS BÁSICOS

CONTROLE
COMPETÊNCIA
CONGRUÊNCIA
CUIDADO
CONEXÃO

Capítulo 2

O IMPULSO POR CONTROLE

A estabilidade que não conseguimos encontrar no mundo, devemos criar dentro de nós mesmos.

— Nathaniel Branden

Meu pai, Mel Burchard, foi diagnosticado com leucemia mieloide aguda em 10 de maio de 2009, Dia das Mães. Foi de repente. Na semana anterior, ele estava jogando golfe e brincando de jogar tênis. Os médicos deram a ele 5% de chance de sobreviver. Disseram que aquele era o pior caso que tinham visto na vida.

Papai era um homem maravilhoso: engraçado, incentivador, forte, amoroso. Sua mensagem para nós, seus filhos, ao longo de sua vida, dizia tudo sobre ele mesmo: "Seja você mesmo. Seja honesto. Faça o seu melhor. Seja um bom cidadão. Trate as pessoas com respeito. Corra atrás de seus sonhos".

A dedicação que ele tinha pelos outros também falava por si só. Vinte anos na Marinha, com três passagens pelo Vietnã; 20 anos com o estado de Montana; 34 anos com a minha mãe; 69 anos como um bom homem.

Um dia depois do Dia dos Pais, soubemos que o segundo tratamento de quimioterapia não tinha sido eficiente. O câncer havia tomado seu corpo. Ele entendia o resultado e estava em paz com ele mesmo. Teria apenas algumas semanas de vida. Meu pai escolheu ficar em casa, com o *home care,* cercado por sua família.

Todas as enfermeiras choraram quando ele deixou o hospital, pois todas tinham aprendido a amar seu bom humor e as histórias que contava sobre a vida. A todos os lugares que ele ia, respeitava os outros e contava uma piada ou uma história. Criava raízes de amizade em todas as partes. Todos o amavam.

No período curto que permaneceu em casa, meu pai não deixou nada sem ser dito nem feito. Nossa família estava ali: minha mãe; meus dois irmãos, Bryan e David; minha irmã, Helen; seu marido, Adam; e minha esposa, Denise. Tivemos a bênção de passar aquele tempo com ele. Pudemos lhe dizer o orgulho que sentíamos dele, que ele havia vivido uma boa vida, que sempre cuidaríamos de minha mãe, que seus valores e espírito continuariam vivendo dentro de cada um de nós. Eram coisas importantes para ele. Até perder a capacidade de falar, nos últimos dois dias, ele nos pediu que tomássemos conta de minha mãe. E tomaremos.

É difícil ver seu pai perder a vida. Para mim, foi a pior coisa que aconteceu em toda a minha vida, e eu detestava o fato de não poder evitar nem controlar aquilo. Mas meu pai enfrentou tudo com graça e força, mesmo quando os efeitos colaterais da quimioterapia faziam com que ele se sentisse muito mal. Ele sempre foi grato e amoroso enquanto cuidamos dele. Ele sabia que seu tempo era curto e foi maravilhoso vê-lo tão carinhoso conosco, tão em paz com o que aconteceria.

Ele morreu um pouco antes da meia-noite. À meia-noite e meia do dia 9 de julho, a enfermeira deu o aviso oficial. Ele partiu em paz, sem dor, apenas com uma série de respirações difíceis e cada vez mais espaçadas até sua partida. Morreu enquanto eu segurava sua mão direita, meu irmão Bryan segurava sua mão esquerda e minha mãe e minha irmã estavam ao seu lado. Em casa, com a família ao seu redor — exatamente como queria.

Algumas semanas antes de meu pai morrer, quando descobrimos que a quimioterapia não havia cumprido sua função, eu estava ministrando um seminário. Havia cerca de 400 pessoas, de diversas partes do mundo. Eu estava em São Francisco; meu pai, em Nevada, onde ele e minha mãe tinham uma segunda casa e onde ele adoeceu. Na noite anterior ao evento, ele me ligou para contar a notícia: teria apenas algumas semanas de vida. Não queria que eu me precipitasse e cancelasse o seminário — algo que ele sabia que eu faria para poder ficar com ele.

Na noite seguinte, depois de passar nove horas no palco, peguei o telefone e liguei para o meu pai. Havíamos tido a ideia de entrevistá-lo, fazer algumas perguntas a respeito de sua vida, para gravar a conversa e dividi-la com a família posteriormente. Gostei de uma mensagem em especial, que ele deu a todos nós, seus filhos: "Sempre amem sua mãe, seus irmãos e irmãs, mantenham a fé dentro de si, ajudem as outras pessoas que têm menos sorte do que vocês e não tenham medo de pedir ajuda e amor. Sejam bons samaritanos e façam o melhor que puderem".

Com aquela mensagem, aprendi muito sobre ele. Não houve nenhuma revelação surpreendente sobre sua vida; o mais especial era como ele falava e como lidava com tudo. Era muito sincero e otimista e tinha uma grande facilidade de enfrentar o incontrolável com decisão e disposição.

Ele travou uma boa luta contra o câncer. Durante a última semana, quando ficou claro que ele não estaria vivo na semana seguinte, aceitou a morte e pareceu libertar-se dos medos. Nunca reclamou de nada — nem da dor, nem do penico, nem dos sangramentos nasais constantes, nem das injeções, nem de ter que ser rolado para a troca de lençóis. Ele aceitou sua condição e escolheu enfrentar a maior e mais assustadora transição de sua vida com amor e graça. Em uma situação incontrolável, ele ainda guiava a força de seu caráter, e o soldado da Marinha que existia dentro dele definiu o sentido de tudo a seu modo até o fim.

Não é fácil escrever essa história, tentando ser breve e, ainda assim, expressar como ele foi notável, tentando ensinar-nos sobre controle, sobre a vida.

Dizer que a morte costuma ser malvista e incontrolável é dizer muito pouco. Mas ela acontece de qualquer modo, assim como muitas coisas que não planejamos nem desejamos. Mas, dentre todas as nossas lutas, mesmo nossas batalhas finais, se nossa disposição e coragem permitirem, temos a capacidade de controlar a maneira com que vemos o mundo, de definir o sentido de nossa experiência e de deixar um exemplo de como podemos ser fortes ao passar por tudo isso.

• • •

Pode parecer estranho começar um livro sobre motivação com uma história de morte. Mas quero que você me conheça e quero começar sendo sincero — não podemos controlar tudo na vida. Tampouco devemos tentar. Na verdade, costumo dizer que a maior parte da tristeza que as pessoas sentem na vida provém da tentativa de controlar as coisas que não podem ser controladas ou que não têm importância. Não se pode controlar o clima nem a economia. Não se pode controlar os outros — você já sabe disso, tenho certeza. Na maior parte do tempo, podemos controlar apenas a qualidade de nossas atitudes e contribuições ao mundo.

Ainda assim, o impulso por controle é forte e costumamos procurar mais controle até que, finalmente, ele é arrancado de nós. Nesse intervalo, precisamos aprender quais fatores *podemos* controlar para tornar nossas jornadas notáveis. Este capítulo tem o objetivo de ajudar você a fazer isso.

Começamos com um questionário:

Até que ponto você se sente no controle de sua vida hoje, em uma escala de um a dez, sendo que dez representa totalmente no controle?

Até que ponto você se sente no controle de sua mente, emoções e experiências?

Até que ponto você se sente no controle do mundo ao seu redor?

Suas respostas dizem muito sobre como você decidiu agir no mundo e elas se correlacionam diretamente a seu nível de felicidade.

Poucos diriam que passamos grande parte da vida tentando obter mais controle, mas o que, especificamente, estamos tentando controlar? Quais fatores fazem com que nos sintamos no controle, sadios e felizes?

Falando de modo geral, estamos buscando uma sensação de controle sobre nossos mundos interior e exterior. Queremos controlar as experiências conscientes, os pensamentos, sentimentos e comportamentos; queremos controlar os resultados que obtemos e os relacionamentos que temos no mundo externo. *Esse desejo de regular e influenciar nossa experiência geral de vida é o que significa o impulso humano pelo controle.*

Como acontece com todos os impulsos humanos, o impulso pelo controle pode ser uma faca de dois gumes. Se procuramos controle demais, acabamos nos tornando inflexíveis e rígidos. Começamos a querer que tudo aconteça exatamente como planejamos e então perdemos a capacidade de ser receptivos e adaptáveis ao que não esperávamos. Tentamos conter qualquer mudança em nossa vida e nos prendemos em rotinas, relacionamentos e ambientes obsessivamente controlados. Colaboramos com menos facilidade uns com os outros e costumamos tratar as pessoas com rigidez quando elas não fazem o que queremos. É terrivelmente restritivo e nos impede de experimentar a diversidade, a cor e a alegria de uma vida mais flexível e solta.

Por outro lado, se não tivermos controle sobre nossa vida, viver pode ser terrível. Ainda que abrir mão do controle em troca de uma atitude de "deixar a vida nos levar" possa parecer maravilhoso em um primeiro momento, isso também exige que nos afastemos do que é real. Abrir mão de todo o controle pode funcionar no spa ou no topo de uma montanha, mas nos rios caudalosos da vida, costuma ser uma má ideia. Não ter controle significa não ter escolha, não exercer o livre-arbítrio e pode nos deixar desamparados. Sem controle, não conseguimos direcionar nossa mente nem influenciar o ambiente. Ficamos sem ter a liberdade de escolher nossos caminhos se nos entregarmos totalmente aos caprichos do acaso e das circunstâncias.

Meu objetivo ao falar de cada um desses impulsos não é dizer o quanto você deveria se esforçar para controlá-los ou livrar-se deles. O que faz com que eu me sinta no controle de minha vida pode ser a definição que outra pessoa dá a muito ou pouco. Todos precisamos de níveis diferentes de controle em diferentes momentos da vida. Apesar de eu acreditar que a maioria de nós quer ficar em algum ponto no caminho harmonioso entre os dois extremos de cada impulso, nem sempre é o que acontece.

Descobri que existem três ativadores específicos que acionam nosso impulso por controle de um modo que faça com que nos sintamos especialmente energizados, envolvidos e entusiasmados. Independentemente de quanto controle preferir ter, se você quer controlar algo na vida, preste atenção nas três áreas a seguir.

Ativador 1: Controle seu ponto de vista e sua personalidade

A maioria dos acontecimentos e das experiências que acontecem em sua vida costuma ser aleatória, inesperada, coincidente ou, se preferir, predestinada — eles acontecem e não estão relacionados às suas expectativas. No entanto, sua reação — o sentido que você dá a esses acontecimentos — está 100% dentro de seu controle. Nessa habilidade, está o maior diferenciador da experiência humana e sua mais forte ferramenta para criar uma Vida Intensa. Acontece que o maior impulsionador do nível de controle que você tem sobre sua vida é o seu ponto de vista, a qualidade do sentido que você atribui aos acontecimentos e ao seu futuro.

Se isso for verdade, coloca você em um papel crítico perante a vida — atuar como protetor e guia de seu ponto de vista em relação a si mesmo, aos outros e ao mundo. Essa tarefa é mais difícil do que você pode imaginar, pois o que você vê no mundo com frequência é o que costuma esperar, e o que a maioria das pessoas está vendo não é tão positivo. Quase tudo o que vemos e lemos hoje é uma propaganda, de uma forma ou de outra, para o caos, o estresse, o conflito, o negativismo, o consumismo ou para as atribuições de outras pessoas. Analisemos nosso mundo direcionado pela mídia moderna, que, aparentemente, conspira para obscurecer nossa perspectiva em relação à humanidade. O norte-americano comum assiste à televisão por quatro horas por dia e a maioria dos programas perpetua a polarização, a violência, o narcisismo e a ganância. Pior, passamos algumas horas navegando por sites que não acrescentam nada em nossa vida, apenas oferecem mais distração e becos sem saída. Se estamos passando mais de quatro horas por dia vendo e experienciando tais coisas, o que devemos começar a esperar do mundo? Coisas positivas ou negativas?

Isso nos leva ao óbvio: se você pretende manter uma perspectiva sadia e positiva a respeito do mundo, é importante proteger melhor a informação que consome. Assim, não seria ruim diminuir *drasticamente* o tempo que passa na frente da TV, que escuta bobagens no rádio, que passa navegando à deriva na internet ou que lê fofocas sobre celebridades. Todas essas informações que você está consumindo consciente ou inconscientemente estão criando estresse e intranquilidade em sua vida a um nível que você não compreende. Apesar de ouvirmos que nosso cérebro é um computador, ele não é. Os computadores não têm emoção; você tem. Para cada informação que entra em sua vida, seu cérebro agrega mais sentido e emoção. Isso quer dizer que a informação é bem "pesada" e, quanto mais informação você tiver na vida, mais peso vai sobrecarregá-lo. Se um computador fica sobrecarregado com dados demais, ele diminui a velocidade de processamento ou, em casos extremos, para de funcionar. Pense, então, o que o excesso de mídia negativa faz com sua bagagem emocional.

O mesmo se aplica aos vampiros de energia e de estima de sua vida. Você sabe quem eles são — aqueles que quase sempre o repreendem com críticas e opiniões, fazendo com que se sinta péssimo consigo mesmo. Diminuir a exposição a pessoas tóxicas é tão importante quanto diminuir sua exposição à mídia negativa.

Então, talvez seja a hora de concentrar quatro horas, em média, por dia, para ler livros e assistir a programas de conteúdo educacional; ou ir encontrar amigos que também incentivam sua perspectiva de vida; ou enfrentar novos desafios que façam você se lembrar de como é forte e responsável por sua vida.

Em termos de felicidade, a maneira mais importante de proteger seu ponto de vista é controlar as interpretações que fazemos dos acontecimentos em nossa vida, até que ponto nós os consideramos positivos ou pessoais. Esta é a base para falarmos sobre otimismo e identidade na maior parte da psicologia.

Vamos começar com o otimismo e por que é importante começar a controlar seus pensamentos, para que você se torne ou continue sendo otimista. Os psicólogos já provaram, de modo conclusivo, que é melhor interpretar as informações e os acontecimentos da vida de modo positivo — considerando o que se vê, ouve e vive.

Ser otimista significa que você vê as coisas como boas e permanece esperançoso e confiante de que tudo dará certo para você. Quando coisas ruins acontecem, o otimismo o ajuda a analisar a situação como ela realmente é. É por isso que os otimistas costumam ver os acontecimentos negativos da vida como temporários, específicos a uma situação e algo que eles não necessariamente causaram, mas que podem enfrentar ou resolver.

Apesar de nossos enganos, os otimistas não são sonhadores que não veem o mundo como ele é. Na verdade, os otimistas *têm mais chance de ver o mundo como é* e de tomar atitudes para resolver os problemas do que os pessimistas. Isso porque os pessimistas não acreditam que os problemas possam ser resolvidos e os otimistas, sim, então estão mais dispostos a agir. Os otimistas, de modo geral, são mais felizes, lidam melhor com os fatos, vivem mais tempo, mantêm por mais tempo casamentos felizes e levam a vida de modo mais saudável. Os pessimistas costumam ver os acontecimentos e as experiências negativas como coisas que durarão mais tempo, que prejudicarão a vida e que não podem ser controladas nem interrompidas.

Para quem diz "Bem, não nasci otimista" ou "Não sou assim", existe esperança: os neurocientistas provaram, muitas vezes, que novos caminhos neurais podem ser formados (e caminhos antigos podem ser fortalecidos) pelo foco consciente de nossa atenção e prática. Sem dúvida, todos os seres humanos normais podem se tornar eternos otimistas com foco e esforço. É uma questão de escolha. Então, se tivesse opção, o que você escolheria: uma maneira mais positiva de ver as coisas ou uma expectativa negativa?

A outra grande interpretação que fazemos, e que devemos controlar para proteger nossa maneira de ver as coisas, é como relacionamos acontecimentos e informações à ideia que fazemos de nós mesmos — nossa identidade. As pessoas com vida presa costumam ver a informação negativa e as experiências de vida como prova de que elas são "ruins" ou "indignas". Quem tem uma vida acomodada, tem a sensação de que "não é suficiente" ou que deveria ter impedido, pessoalmente, que os problemas surgissem na vida. Mas quem tem uma Vida Intensa costuma ver a informação como apenas uma informação. Ela não a relaciona a uma emoção negativa ou a uma crítica a si mesma só porque alguém disse algo negativo ou porque algo negativo acontece no mundo. Ela protege sua autoimagem e percebe que um mundo, por vezes caótico e volátil, não deve mudar sua formação interna nem seu ponto de vista a respeito de como o mundo pode ser mágico.

Esse poder interno de proteger e direcionar seu ponto de vista é igual à força que lhe permite moldar e determinar sua personalidade.

Uma das escolhas mais fortes que você pode fazer em sua vida é decidir controlar a qualidade da pessoa que você será todos os dias. O que você defenderá? Que tipo de valores positivos, padrões e crenças você demonstrará todos os dias? Quanta honestidade, integridade, justiça e gentileza você oferecerá ao mundo? É disso que a personalidade é feita.

Começando hoje, estabeleça uma intenção e um foco firme para viver a vida como a maior pessoa que possa ser, em todas as situações. Exija de si mesmo demonstrar uma firmeza de caráter de modo a sentir orgulho de quem você é e exija também agir de tal modo que as pessoas o vejam como um exemplo.

Você não pode controlar tudo na vida. Mas *pode* controlar *você* — quem você está sendo, como está tratando os outros, qual propósito o direciona. Controlar a qualidade de sua personalidade dia a dia, interação por interação, situação por situação, é o que molda e forma a qualidade que você terá e também o seu legado. Quando meu pai estava enfrentando e lutando contra o câncer, lembro que minha família toda se surpreendia com a força que ele mantinha, fiel a si mesmo, um exemplo da graça com que podemos enfrentar qualquer desafio. Sua personalidade e decisão de ser um bom ser humano ao longo da vida, até a morte, me inspira até hoje.

O exemplo de meu pai também me lembrava de que a personalidade não é só o que pensamos ser e o que defendemos — é o que demonstramos ao mundo. As intenções não bastam; nossas atitudes definem quem realmente somos. Dessa maneira, nada muda em sua vida se você não mudar seu comportamento, exigindo e mostrando mais de sua grande personalidade. Então, desafie-se com frequência com esta pergunta: "As minhas atitudes refletem o tipo de pessoa que quero e posso ser?".

Eu me lembro de ter conhecido uma voluntária muito contente, de 90 anos, em um evento beneficente para crianças. Após ver aquela mulher trabalhar com alegria durante quase duas horas com um grupo de crianças do Ensino Fundamental, eu me aproximei dela e começamos a conversar sobre a vida. Algo nela projetava um nível de personalidade palpável. Em determinado momento, perguntei: "Como consegue ter tanta energia? Como consegue influenciar tanto essas crianças?". A resposta dela, que eu logo anotei em um guardanapo, me mudou para sempre: "Brendon, toda a energia e influência que queremos ter na vida são *controladas* por uma única coisa: *se estamos ou não agindo com propósito para sermos o melhor que podemos ser*. Se estivermos, emitimos graça e amor e, então, encontramos felicidade e sentido" (grifo meu).

Ativador 2: Controle para o novo

Tenho um amigo chamado Paulo Coelho, escritor de best-sellers internacionais, como *O alquimista, Onze minutos, As Valquírias,* entre dezenas de outros. Se você observar a vida dele, vai pensar que ele tem tudo.

Pessoas de todo o mundo o conhecem. Por ter a vida muito agitada, ele passa seu tempo em suas casas na França, na Suíça e no Brasil. Seu trabalho é envolvente, gratificante e transformou a vida de meio bilhão de pessoas. Mais de 9 milhões de fãs acompanham o que ele publica on-line. Presidentes e líderes de países já reconheceram suas contribuições e já o convidaram a visitar suas capitais. Ele tem boa saúde e é casado há mais de 30 anos com a mesma mulher, que ele sabe, em sua alma, que é a pessoa com quem estava predestinado a passar a vida. É um homem muito espiritualizado e compreensivo. Suas próprias buscas de autodescobrimento e do sentido na vida foram o que o tornaram rico, famoso e amado. Mas, com o passar do tempo, ele se tornou triste.

Como algo assim poderia acontecer? Será que ele era um homem mal-agradecido? Não. Quando conversei com ele em seu 65º aniversário, percebi que ele se sentia mais do que abençoado na vida. Sentia-se muito honrado por ter o que todos queremos: amor, segurança, respeito, abundância e uma carreira de criatividade e sentido. O que, então, poderia estar acontecendo em sua alma e em seu cérebro para deixá-lo tão insatisfeito? Sua história e sua luta para encontrar a resposta revelam muito sobre a vida e, coincidentemente, sobre a neurociência.

Paulo Coelho permitiu que eu contasse sua história aqui e também detalhou sua crise de fé e satisfação com seu ótimo livro *O Aleph*. Ele e eu abordamos o assunto de perspectivas diferentes — pela visão espiritual que ele tem e por meu ângulo de alto desempenho —, mas ainda assim chegamos à mesma conclusão: Paulo Coelho precisava de coisas *novas* em sua vida.

Em *O Aleph*, Paulo Coelho descreve como ele passou a acreditar que essa crise da fé surgiu porque ele havia deixado de explorar o mundo. Sim, ele percorreu o mundo, mas era de um abrigo ao outro, onde tudo era planejado e havia poucos desafios e novas oportunidades. Ele não estava passando por aventuras, não conhecia pessoas novas nem se esforçava o suficiente para se sentir comprometido. Os sulcos de sua rotina haviam se aprofundado no aspecto espiritual.

Ele não sabia exatamente o que estava procurando, por isso seguiu as coincidências de sua vida e se comprometeu a realizar algo novo. Isso o levou a uma viagem por toda a Rússia, por meio da ferrovia Transiberiana, uma aventura difícil que o levou a uma mulher que o ajudou a encontrar o que ele vinha procurando desde sempre. Deixarei o restante da história para o livro dele, mas o que mais o ajudou a tomar o controle da própria vida foi se desafiar a explorar a si mesmo e ao mundo de novas maneiras. Essa atitude simples que eu chamo de "controle do novo" foi o que deu energia à sua mente e à sua alma. E fico feliz por ele ter se reconectado com sua fé e reencontrado a energia — ele é o meu autor preferido, fico ansioso para conhecer tudo o que ele faz.

"Controle do novo" é uma expressão que uso com meus clientes e que parece que os marca. Quer dizer que devemos usar o mesmo tempo que passamos planejando estrategicamente a introdução de novas coisas e experiências em nossa vida quanto passamos planejando o que vamos comer, quando faremos exercícios e como alcançaremos nossas metas. Grande parte do tédio, da depressão, da tristeza e do mal emocional na vida pode ser remediada por esse conceito de "controle do novo", e avanços recentes na neurociência provam o porquê.

Depois de estudar o cérebro de milhares de pessoas com máquinas de imagens, como ressonância magnética, os neurocientistas concluíram que o cérebro é feito para procurar e aproveitar novidades e desafios.

Lembre-se daqueles dois ingredientes: *novidade* e *desafio*. Você pode ter todos os elementos certos para uma vida incrível: amor, respeito, abundância e assim por diante, mas, sem esses dois ingredientes, sua receita se torna uma sopa sem graça de tristeza e distanciamento.

Seu cérebro se torna muito mais ativo quando algo novo ou desafiador acontece. Coisas novas fazem sua mente ficar atenta e se tornar ativa, liberando dopamina e energizando seu cérebro para entrar no modo de "vamos resolver isso". É o que nos motiva a aprender. Se essa novidade também nos desafia, então nosso cérebro se mantém envolvido por mais tempo ainda. E um cérebro comprometido é um cérebro feliz.

O interessante é que os neurocientistas não são os únicos, nem os primeiros, a provar isso. O famoso psicólogo Mihaly Csikszentmihalyi concluiu a mesma coisa em seu influente trabalho a respeito das experiências de "fluxo". Descobriu que a felicidade costumava ser descrita, com mais frequência, como um estado em que perdemos a noção do tempo e ficamos totalmente envolvidos em algo que gostamos e para o qual temos habilidades, mas que também tem elementos novos o suficiente para nos desafiar.

De todas as coisas que você procura controlar na vida, uma das mais importantes é a introdução do *novo*. Não fazer isso tem resultado drástico: um cérebro entediado, uma alma inquieta. E assim como Paulo Coelho, por mais que você tenha coisas na vida, não terá o suficiente sem essa coisa em especial.

Controlar pelo novo não quer dizer que você deva, incessantemente, buscar algo novo para a sua vida todos os dias. Só Deus sabe que poucos de nós podem acrescentar mais uma coisa nova na já tão extensa lista de tarefas. Como acontece com a maioria das coisas na vida, no entanto, não importa a quantidade, mas sim a qualidade. Você deve se dedicar a acrescentar experiências novas e satisfatórias em sua vida de modo constante. Para algumas pessoas, pode representar algo simples, como ir a um restaurante novo toda semana. Para outras, pode significar aprender uma nova habilidade ou conhecer pessoas novas. Controlar para o novo não quer dizer refazer, de maneira radical, tudo em sua vida. Mas pequenas mudanças podem ter enorme impacto e podem ser exatamente o que você precisa em seu caminho em direção a uma Vida Intensa.

Conclusão: ajustar sua maneira de ver as coisas para aproveitar novas experiências com frequência é uma das melhores maneiras de permanecer comprometido, energizado e entusiasmado ao longo da vida. Aqui estão algumas ideias que darão impulso ao seu foco no novo:

Seis maneiras simples de controlar para o novo

1. *Uma folga a cada 90 dias.* A cada 90 dias, planeje uma folga sozinho ou com seu(sua) companheiro(a). Sim, a *cada* 90 dias. Não precisa ser uma viagem pelo mundo — o objetivo não é a distância percorrida, é a distância a que *você chega*, e a diferença pode ser medida não pelos quilômetros que percorre, mas pelo distanciamento mental que estabelece da monotonia da rotina para poder relaxar e rejuvenescer. Faça "férias" em casa ou, melhor ainda, saia de casa por um a cinco dias e vá a algum lugar novo e desconectado. Algumas pessoas dirão que isso é impossível. Então, eu respondo: "Ah, pensei que você fosse uma pessoa muito mais criativa, principalmente no que diz respeito a melhorar sua vida". Se você valoriza tirar uma folga, vai fazer isso — são apenas quatro vezes no ano e você pode fazer isso por si mesmo.

2. *O passeio por restaurantes.* Nas noites em que for sair, vá a um novo restaurante, uma vez por semana.

Se morar em uma cidade pequena, reúna um grupo de amigos para que cada um prepare um jantar de vez em quando. O objetivo é passear pela cidade e ter novas experiências gastronômicas.

3. *Shows, eventos esportivos, experiências.* O que está acontecendo em sua cidade neste fim de semana? Há shows e apresentações que você pode ver? Mostras e exibições novas? Apesar de muitos de nós adorarmos ir ao cinema, a jogos e ao teatro, raramente vamos. Crie o hábito de estar atento a coisas que você possa ver e conhecer.

4. *Viagens.* Você tem uma lista dos 50 principais lugares que quer conhecer na vida? Está riscando todos eles da lista, pelo menos um por ano? Se não estiver, comece. Viajar é uma das maneiras mais certas de apresentar novidade, envolvimento e animação em sua vida. Procure economizar dinheiro e separar dias para poder tornar tais aventuras uma realidade. A regra principal a observar ao visitar um lugar novo: faça coisas novas. Não fique dentro do resort ou do hotel: saia e viva uma aventura.

5. *Expandir seu círculo de amizades.* É engraçado como "fazer amigos" é importante quando somos jovens, mas deixamos de lado esses esforços conforme envelhecemos. Os círculos de amigos e colegas são as influências externas mais importantes para determinar nossa felicidade (além de nosso relacionamento íntimo). Procure expandir seu círculo de amigos indo a eventos de network, de caridade, a eventos locais e apresentações. Fique atento não apenas a oportunidades de fazer contatos, mas também à oportunidade de fazer amizades.

6. *Desenvolvimento de habilidades*. Quais são as dez novas habilidades que você quer desenvolver este ano? Você está sendo ativo no esforço para dominar algo como escrever, falar, cantar, cozinhar, planejar, liderar, jogar futebol ou outra habilidade artística, atlética ou profissional? O desafio de buscar novas habilidades é uma das maneiras mais certeiras de testar e transcender seus limites. Procure algo novo para aprender e esforce-se para aprendê-lo de fato. Aproveite o processo de aprendizado — é um dos caminhos mais fáceis para ter um cérebro (e vida) mais ativo.

Essas são apenas algumas ideias. Pessoalmente, eu implemento todas elas com um foco incansável em minha vida, pois me importo bastante com minha energia, meu comprometimento e entusiasmo de fazer isso. Nem sempre é fácil, mas, como você descobrirá, sem dúvida a variedade realmente é o tempero da vida.

Ativador 3: Controle o fluxo de trabalho

Quando perguntam para as pessoas sobre quais áreas da vida elas querem ter mais controle e satisfação, trabalho e carreira vêm sempre em primeiro lugar. Isso é respondido apesar de décadas de avanços em administração e teoria e prática de desenvolvimento de carreira. Sabemos, mais do que nunca, o que cria funcionários e locais de trabalho felizes. Vá à livraria mais próxima e você verá centenas de títulos sobre carreira, administração, cultura, liderança, bons negócios e eficiência na força de trabalho. Aprendemos a criar ambientes de trabalho divertidos e animados, "achatar" e descentralizar organizações, terceirizar tarefas não críticas à função, colaborar em funções, dividir as melhores práticas, trabalhar a distância, participar de reuniões virtualmente e assim por diante. Porém, ainda assim, menos de 20% dos funcionários do mundo todo dizem que estão ativamente envolvidos e gostando de seu trabalho.

Se você já trabalhou para uma grande empresa, por melhor que ela seja liderada ou quão bem esteja no mercado de trabalho, pode sentir em seus colegas e em si mesmo uma inquietude não expressada por mais controle e sentido no trabalho. O que acontece? Como é que, com tudo o que sabemos sobre trabalhar bem, tantos de nós não estamos felizes, mais envolvidos e produtivos no trabalho, sejamos funcionários ou empreendedores?

Já passei quase 15 anos de minha vida estudando essa questão em meu trabalho de alta performance e acredito que a resposta esteja em duas novidades recentes na força de trabalho moderna: *falta de comprometimento* e *distração*.

Durante a maior parte da história da humanidade no trabalho, a vida se baseava em realizar tarefas. Desde o começo dos tempos, o mundo estava repleto de fazendeiros e artesãos, e eles controlavam os *inputs* e *outputs* básicos de trabalho, do começo ao fim. O fazendeiro plantava a semente e cuidava da plantação. Os agricultores transformavam a matéria-prima em produtos. Você era dono de seu trabalho e fazia a mesma coisa todos os anos, durante toda a sua "carreira".

Avance para o meio até o fim do século 20 e observe uma única filosofia de administração que destruiu tudo isso. Foi uma ideia para tornar nossa vida na empresa mais produtiva e, sem dúvida, deu certo. O único problema é que, apesar de seu sucesso — ainda funciona hoje —, ninguém percebeu que ela tirou toda a nossa diversão no trabalho.

O culpado? A equipe com projeto-base, multifunções. A partir dos anos 1950, conforme as conversas sobre "administração científica" foram ganhando força nos países, o mundo organizacional rapidamente passou de tarefas para projetos. A pessoa deixou de trabalhar em seu reduzido espaço na empresa e deixou de exercer uma função do começo ao fim. O trabalho passou a ser feito em diversos projetos com equipes de toda a organização. Esse modelo ainda é a realidade dominante de nossa vida empresarial hoje e suas repercussões para a sua felicidade vão chocá-lo. Acontece que a equipe com base em projetos, e de diversas funções, tirou de você algo que você não sabia que valorizava tanto: a propriedade.

Quando eu estava divulgando este livro a possíveis editores, sabia que eles compreenderiam suas ramificações se eu conseguisse relacioná-lo à vida deles. Para isso, perguntei: "Você já trabalhou em um projeto de livro no qual participava de diversas reuniões sobre ele, e então o livro se tornou bem-sucedido, e você e a equipe ficaram felizes?". Todo mundo disse que sim. Então, perguntei: "E você já trabalhou no projeto de um livro que tenha realmente guiado do começo ao fim e assumido como seu filho, e então o livro se tornou bem-sucedido e você e a equipe ficaram felizes?". Todos também responderam sim. E, então, a tacada final: "Qual dos dois foi melhor? Qual dos dois fez com que vocês se envolvessem mais e se sentissem satisfeitos e realizados?".

É claro que você sabe a resposta que recebi. Todos, sem exceção, valorizaram a experiência na qual estiveram pessoalmente envolvidos, pastoreando o projeto do começo ao fim.

Pense em como esse exemplo transcende e se aplica a todos os contextos. Estar envolvido em um projeto do começo ao fim é mais satisfatório do que apenas aparecer em algumas partes dele. Estar totalmente comprometido a ver seu projeto crescer e dar frutos é uma das maiores alegrias do trabalho. Então, participe da construção.

A equipe com base no projeto e com várias funções não vai desaparecer. Mas, sem querer ser vidente, posso garantir uma coisa: *seu nível de envolvimento e entusiasmo o impulsionarão quando decidir participar apenas de projetos em que possa estar totalmente envolvido e dos quais possa fazer parte do começo ao fim.*

É claro, algumas pessoas dirão que não têm escolha no trabalho, que os projetos são empilhados sobre a mesa e devem fazer parte deles. Essas mesmas pessoas dirão que o que estou pedindo está fora da realidade. Mas juro que, seja como for seu ambiente de trabalho, isso é possível.

Estou sugerindo que você controle essa área de sua vida ainda que, para isso, participe de pelo menos dois a cinco projetos grandes por ano nos quais se envolva totalmente. Você pode fazer isso — encontrar esses projetos, pedir para recebê-los ou criá-los. E vai ficar grato por ter feito isso.

Se a primeira parte de controlar o fluxo de trabalho for controlar *o tipo de trabalho* que você faz — e agora você sabe que isso significa aumentar o número ou a qualidade de projetos nos quais possa estar envolvido do começo ao fim — então, a parte seguinte é controlar *como* trabalha ao longo do dia. É a parte do "fluxo" de seu fluxo de trabalho, e precisamos acertar essa parte com você, começando amanhã cedo. E é aqui que falamos o que o está impedindo de ser um funcionário de alto desempenho. Está na hora de falar sobre distração.

Se o ladrão da propriedade no mundo de trabalho é a equipe com base no projeto, de múltiplas funções, então, os vilões em termos de distração são — sim, você acertou — os e-mails e as mensagens de texto ou chats. Já perguntei a pessoas do mundo todo o que *mais detestam* no trabalho e elas costumam dizer que é o e-mail. Isso faz muito sentido e é provavelmente o motivo pelo qual citam o que digo em palestras: "A caixa de mensagens não passa de um sistema conveniente de organização das obrigações dos outros".

Se o e-mail é uma de suas maiores distrações ou insatisfações no trabalho, então está na hora de assumir essa área e controlá-la melhor. O e-mail é apenas uma parte de um problema maior: você não está controlando bem o seu dia e não está trabalhando no nível que merece estar (e, nos dias de hoje, *precisa estar*).

Em vez de falar sobre teoria ou passado, deixe-me explicar como você deve cuidar de seu dia. Essa abordagem, que ensinamos na High Performance Academy há anos, é uma das estratégias mais populares de administração de tempo que já ensinei. Eu a chamo de 1-Page Productivity Sheet ("Organizador de Produtividade de uma Página"), e ilustra uma maneira totalmente nova de enfrentar seu dia de trabalho. (Faça o download gratuito desse recurso no site www.TheChargeBook.com/resources.)

Não importa a que hora começa seu dia de trabalho — e o ideal é que seja depois de ter saído para andar ou se exercitar, rezar ou meditar, e de tomar o café da manhã —, recomendo que você entre imediatamente em *modo de estratégia*. Não abra sua caixa de mensagens quando chega ao trabalho; se começar com sua caixa de mensagens, já abre mão de seu controle — e de suas obrigações do dia — pelos outros.

No modo de estratégia, seu trabalho é pensar de modo geral a respeito do que está tentando conseguir e dos principais *projetos* nos quais está trabalhando. Então, a primeira coluna do "Organizador de Produtividade de uma Página" dá a você espaço para escrever sobre os grandes projetos nos quais está trabalhando e o incentiva a pensar nas três a cinco atitudes mais importantes que você precisa tomar para realizar cada projeto.

Quando preencher a primeira linha da folha (e, sim, eu insisto para que meus clientes preencham a página à mão no começo de cada dia de trabalho), chega a hora de entrar em modo operacional nas duas linhas seguintes do organizador. A linha do meio é para ajudar você a pensar nas *pessoas* com as quais precisa entrar em contato hoje, pois ou (a) você está esperando uma decisão ou informação sobre elas ou (b) precisa compartilhar uma decisão ou informação. A última linha serve para estabelecer prioridades a respeito do que você com certeza *fará* hoje, não importa o que aconteça.

Por mais simples que seja preencher o organizador, a eficácia dele surge do que você faz em seguida. Você vai guiar o dia de um modo específico e, ao fazer isso, vai dominar sua caixa de mensagens — e sua habilidade de fazer o que precisa ser feito.

Depois de preencher o organizador, você começará o dia na seção do meio, a seção de *pessoas*. Será a primeira vez que poderá acessar seu e-mail e precisará de muita força de vontade para fazer isso apenas como é orientado aqui. Quero que você faça o seguinte: abra a sua caixa de mensagens. Procure APENAS os e-mails das pessoas de quem você está esperando decisões ou informações (que foi o que você escreveu na seção do meio da planilha). Leia e responda apenas a esses e-mails. Depois disso, você deve enviar os e-mails que precisa enviar com base no que escreveu na seção de pessoas. Tudo isso deve levar entre 20 a 45 minutos, no máximo. Agora, a parte essencial: feche sua caixa de mensagens e encerre totalmente o aplicativo de e-mail. Você não pode olhar para ele de novo, a menos que haja tempo no fim do dia, ponto.

Então, se você não vai responder a e-mails durante o dia, o que vai fazer? Vai produzir, que é a raiz da palavra "produtividade". Vai cumprir todas as prioridades que escreveu na parte inferior do organizador. É o resto do seu dia e você não vai conferir os e-mails se esses itens não forem cumpridos. (Se algum desses itens exigirem o envio de e-mails, então cumpra-os apenas durante a última hora de seu dia de trabalho.) Sua tarefa para o resto do dia é criar coisas, cumprir as tarefas e realmente fazer a diferença — não enviar e-mails como um viciado. Então, concentre-se em cumprir as prioridades. Se conseguir terminá-las cedo, *não* cheque os e-mails ainda. Antes de tudo, pergunte: *Posso fazer alguma coisa agora para levar um de meus grandes projetos adiante com ainda mais rapidez e eficiência?* Se a resposta for sim, faça isso até a última hora de seu dia. Apenas durante essa última hora do dia, você pode checar ou enviar e-mails de novo.

Seu desafio no trabalho: não se enfraqueça nem se distraia checando sua caixa de mensagens o dia todo.

Passe a maior parte do seu dia realizando projetos e prioridades, o que significa realizar coisas que importam de verdade. Pegue sua agenda e faça mágica durante o dia. Assim, você voltará a se sentir no controle de sua vida profissional e aumentará sua produtividade e diversão no trabalho.

Dentre tudo o que podemos controlar em nossa vida, e que faz com que nos sintamos mais energizados, estão: controlar nossa maneira de ver as coisas e a nossa personalidade, controlar para o novo e controlar o fluxo de trabalho. Nessas áreas, encontra-se nossa capacidade de manter uma boa atitude e viver com integridade; conhecer a magia e a variedade do mundo; direcionar nossas tarefas de modo positivo e produtivo todos os dias. E se você se disciplinar a fazer isso, acordará todos os dias e sentirá que tem uma Vida Intensa maravilhosa e completa.

PONTOS DE ENERGIA

1. Se eu quiser melhorar minha maneira de agir e manter uma percepção mais positiva, terei que começar a...

2. Duas coisas que eu poderia incluir em minha rotina neste momento para "controlar o novo" e introduzir novidade e desafio em minha vida são...

3. Um projeto no qual eu poderia me envolver ou criar imediatamente, e que permitiria que eu me comprometesse mais com o trabalho e guiasse um projeto do começo ao fim seria...

Capítulo 3

O IMPULSO PELA COMPETÊNCIA

Uma pessoa que duvida de sua capacidade é como um homem que se une aos inimigos e ataca a si mesmo.

— Alexandre Dumas

"Eu me sinto muito idiota e incapaz de fazer as coisas ou de realizar meus sonhos."

Sentada em uma cadeira perto de mim, observando as próprias unhas, estava uma das mulheres mais bem-sucedidas que já conheci. Para a maioria das pessoas no mundo, a frase de Susan teria sido surpreendente. Ali estava ela, uma mulher formada em uma excelente faculdade, com uma lista de cartas de recomendação e certificados em seu currículo, feitos que impressionariam qualquer pessoa. Ela não conseguiu apenas subir na carreira; ela enfrentou tudo com entusiasmo e coragem que inspirava seus colegas e líderes. Suas colegas do sexo feminino a viam como um modelo. Ela liderava equipes em todas as partes do mundo. Mais do que talentosa, ela tinha propriedades em vários países. Era uma mulher bonita, que tinha um marido sensível e que a apoiava, um homem de quem todos gostavam.

Fiz algumas perguntas a Susan e chegamos depressa à raiz do problema. No último ano e meio, ela sentia que estava parada no trabalho, perdendo a motivação e desistindo depressa demais, com muita frequência. Não estava mais correndo riscos. Também tinha o que seu psiquiatra chamava de "ansiedade de desempenho" e, para esse problema, ele prescrevera um remédio, mas não parecia estar ajudando.

"Percebo que não estou aprendendo tão depressa quanto antes, agora que consegui certo sucesso", ela disse em tom de derrota. "Mas, pior ainda, não me considero boa em aprender, por isso não estou assumindo grandes desafios ou projetos. O fracasso agora me ronda mais do que nunca. Eu evito tomar uma atitude em muitas coisas e fico distraída, como uma desculpa para não tentar, de modo que não corro o risco de fracassar. Você acha que perdi minha capacidade?"

Percebi o desconforto de Susan ao me dizer aquilo. Minha reação imediata foi responder e confortar, dizer que ela estava apenas imaginando coisas, que tudo ficaria bem. Mas ela não estava me pagando para consolá-la.

"Talvez minha habilidade ou inteligência já tenha atingido o ponto máximo, Brendon", ela continuou. "Eu costumava me sentir muito firme, mas agora estou me sentindo incapaz, quase deslocada. O que posso fazer para readquirir minha confiança para não mais me sentir tão incapaz? O que aconteceu comigo? Esse sentimento está me assustando demais e vai destruir minha carreira."

Tenho agora mais duas opções: consolar ou direcionar. Uma envolve fazer a pessoa se sentir melhor. A outra envolve fazer uma pessoa *ser* melhor.

E assumo o risco. Eu me sento, viro para ela e digo de modo direto: "Susan, essa deve ser a conversa mais ridícula que terei com alguém do seu nível".

Ela se mostra surpresa e abre a boca, mas não diz nada.

"Você está me dizendo que está *esperando* se sentir uma aprendiz de novo antes de assumir novos desafios? É como esperar que o carro dê a partida sem colocar a chave na ignição. Você está fazendo tudo ao contrário. Não tirou o máximo proveito de sua habilidade ou inteligência, pois, francamente, não tem testado nenhuma das duas."

Eu sei, a maioria das pessoas acha que minha abordagem é péssima. Mas eu a conheço. Sorrio ao dizer isso, mas também a observo, para ver se ela vai reagir. Ela não reage, então, continuo.

"Você está um pouco perdida porque não está *sendo* quem realmente é. Não está se *esforçando* para aprender e tentar coisas novas, e esse é o problema. Se está esperando alguém lhe dar um chacoalhão e dizer que você é competente o bastante para tentar aprender e correr riscos de novo, escute bem o que vou dizer. Não acho que você perdeu sua capacidade; acho que simplesmente se afastou dela porque está se sentindo um pouco intimidada e acomodada. Ficou com medo de seu sucesso e se afastou da coragem que fez você aprender e que lhe deixava viva. Mas você já ultrapassou limites antes, não é?"

"Sim. Mas talvez eu esteja cansada demais de cair de cabeça e aprender o tempo todo."

"Bem", digo, "talvez eu esteja entendendo mal, mas parece que suas reclamações nesse momento são exatamente porque *você não acha* que está saltando e aprendendo. Temos uma opção. Podemos procurar em seu passado e analisar todas as desculpas que você tem para não querer viver e aprender mais. *Ou* eu posso lhe dar um chacoalhão, desafios para fazer você aprender e crescer, e então continuar com o chacoalhão até fazer você ultrapassar os limites de novo e alçar novos voos. O que você quer fazer agora?"

Ela pensa por um minuto.

"Quero retomar meu traquejo."

"Você vai reativar esse traquejo sem fazer nada ou vai se arriscar de novo para poder se estender, aprender e crescer — ser o melhor que pode ser?"

Ela sorri de novo, dessa vez um sorriso amplo. Seus olhos dizem tudo: *quero me arriscar*.

• • •

Se você conhecesse Susan, o comentário dela a respeito de se sentir "idiota" e "incapaz" o teria surpreendido. Ela é um ser humano incrível. Mas todo mundo — todos nós, sem exceção — se sente incapaz em muitas áreas de nossa vida, preso em estágios diferentes e em situações distintas da vida. Susan me dá a deixa para falar sobre o mais importante impulso humano: a *competência*.

Escuto a história de Susan o tempo todo por causa de minha profissão, mas também porque faz parte da história humana. Em algum momento, todos nós enfrentamos o que ela sentiu, pois todos temos o impulso da competência a nos energizar. Quando nos sentimos competentes e capazes, o mundo passa a ser nosso. Criamos a coragem de nos lançar ao desconhecido, nos adaptamos e aprendemos depressa, superamos nossos medos e encaramos nossos desafios, e sentimos níveis mais altos de confiança, sucesso e domínio. No treinamento, costumamos nos referir a isso como "o *loop* competência-confiança" — quanto mais competência você tiver, mais confiança sente tentando coisas novas e assumindo desafios novos e maiores; quanto mais fazemos isso, mais domínio desenvolvemos e mais competentes nos sentimos.

Mas, assim que nossa competência interna passa de firme para incerta, é o momento em que começamos a nos sentir derrotados.

Começamos a questionar nossa habilidade, inteligência, pontos fortes — todo nosso futuro. Quando nos sentimos inadequados, sentimentos desconfortáveis como ansiedade, raiva, decepção, falta de esperança e medo de fracassar se tornam o normal. O efeito de se sentir incompleto é desastroso: paramos de tentar, de aprender, de crescer e de contribuir. Começamos, compulsivamente, a nos comparar com os outros, e temos a sensação de que não somos tão bons quanto eles. Nossa energia na vida pode parecer perdida porque o progresso assusta, parece impossível.

Sei que você se identifica com muitos desses sentimentos. Todos nós já os sentimos. E eu também sei que, se nos sentarmos por alguns momentos e pensarmos com sinceridade a respeito do nível de energia que temos no momento, você me diria que existem muitas áreas de ansiedade e apatia em sua vida — dois grandes sintomas de desuso ou mau uso de seu impulso humano por competência.

Você poderia pensar que em um mundo de abundância — no qual a educação e a informação são tão valorizados e disponíveis —, nosso impulso por competência é facilmente ativado e desenvolvido. É fácil aprender e adquirir novas capacidades em nossa sociedade, certo? Afinal, todos temos escolas, programas governamentais e organizações sem fins lucrativos voltados para a educação. As escolas de arte liberais incentivam os alunos a fazer perguntas e "encontrar seu próprio caminho". As empresas têm departamentos de recursos humanos concentrados em "desempenho humano", "caminhos de habilidade" e até "desenvolvimento de competência". Criar uma "organização de aprendizado" tem sido o lema da administração há mais de uma década. A internet abriu o mundo do conhecimento a todos nós, de graça. Devemos nos sentir espertos o bastante, bons o bastante e capazes o bastante. Tudo pareceria bom e certo no que diz respeito à nossa competência neste mundo... não é?

Não, não é esse o caso. Os resultados dos exames dos alunos do nosso país continuam a decair, e cerca de metade dos alunos que começa a faculdade não termina os estudos. No trabalho, a maioria das pessoas sente que a ansiedade se tornou o "novo normal", apesar da missão do departamento de recursos humanos de dar aos funcionários as habilidades e competências de que eles precisam para ter sucesso. Empresas inteiras e instituições globais foram fechadas nos últimos anos pelo que pode ser descrito apenas como falta de competência (e talvez de ética) da parte de seus administradores.

O que aconteceu? Para entender isso, vamos definir "competência" de modo mais específico e então analisar como nossa sociedade nos impede de ter mais dela.

A competência pessoal pode ser descrita como nossa capacidade de entender, ter um bom desempenho e dominar nosso mundo. *Entender*. *Desempenhar*. *Dominar*. Se eu tiver confiança de que posso fazer essas três coisas ao enfrentar desafios e oportunidades na vida, costumo me sentir competente. Eu tenho a sensação de que posso usar de modo suficiente meu conhecimento e minhas habilidades para gerenciar as tarefas que se apresentam e ser bem-sucedido.

Pense em sua carreira por um momento. Você entendeu seu papel e objetivos no trabalho, e você tem uma ideia bem estabelecida da estrutura social ali? Você sente que sabe tudo a respeito do que precisa para vencer e avançar? Você sente que tem talento, conhecimento, habilidades e capacidades necessárias para alcançar as suas metas e as de sua empresa? E você sente que está dominando seu trabalho, aprendendo depressa e contribuindo de modo constante com alto nível de excelência? Suas respostas a essas quatro perguntas dizem muito a respeito do quanto se sente competente no trabalho.

O desafio para todos nós, no trabalho e em todas as outras áreas de nossa vida, é o ritmo atual da mudança. Quando muitas pessoas veem seus papéis mudarem sem parar — *vamos passar por mais uma reestruturação e ciclo de demissões que me sobrecarregarão de trabalho* —, é difícil para elas entenderem onde se encaixam. Precisamos aprender mais e aprender mais depressa do que nunca para não afundarmos. Manter-se "sabendo" de tudo no trabalho é mais difícil do que nunca em meio à constante mudança.

A dinâmica com base na equipe e no projeto faz com que muitos de nós ajamos de modos que prejudicam nossa capacidade de aprender, o que é essencial para desenvolver a competência. Queremos impressionar nossos colegas de equipe — principalmente agora que estamos todos tão socialmente interligados —, então fazemos tudo o que podemos para parecer que "temos tudo sob controle". Isso quer dizer que não costumamos pedir ajuda quando precisamos. Escondemos nossas inadequações e vulnerabilidades por medo de sermos desmascarados. Rapidamente nos responsabilizamos por diversas tarefas para agradar a todos, o que não permite que tenhamos a especialização que leva ao domínio. Pior ainda, evitamos conflito para que nossa equipe nos ame e para que possamos manter a imagem divertida e feliz que esperam que criemos.

E vai além. Conforme as "equipes globais" e a terceirização se tornam cada vez mais comuns, todos nos acostumaremos a dissimular as tarefas que não mostrem nossos pontos fortes a outras pessoas, deixando de lado nossa capacidade de tentar coisas novas, desenvolver áreas fracas, *aprender*.

Seja qual for sua profissão, somos uma força de trabalho em movimento, socialmente interligada e que precisa ser mais produtiva, mais criativa e, sim, mais feliz do que nunca. É o cenário para uma grande tragicomédia: a mudança vem a toda velocidade, mas você não pode se sentir inseguro nem distraído.

Isso não tem graça! A falta de competência no trabalho — ou em qualquer área de sua vida — pode prejudicar seu futuro seriamente. Veja o que os psicólogos educacionais e orientadores de desempenho humano dizem a respeito da competência.

1. *Seu nível de competência determina a que você dará atenção.* Quando você não se sente competente, costuma não prestar atenção aos problemas, aos conflitos, a maiores desafios e oportunidades — porque você acha que pode lidar com eles. Dessa maneira, a falta de competência leva a mais atraso e procrastinação.

2. *Seu nível de competência determina as tarefas e atividades que escolhe.* Quando você se sente capaz e confiante que pode compreender, ter bom desempenho e dominar seu mundo, você está disposto a assumir tarefas mais difíceis. Isso, claro, costuma levar a mais aprendizado e a mais sucesso no trabalho. Se você se sente incapaz, concentra-se em tarefas mais fáceis e se torna um escravo da segurança.

3. *Seu nível de competência determina seu nível de esforço.* Pessoas que trabalham com afinco acreditam que podem criar resultados positivos com seu esforço, por isso se esforçam mais. Isso parece simples, mas estudos a respeito de desempenho têm mostrado, repetidamente, que, se você acredita ser competente, vai trabalhar com mais afinco (e, sim, de modo mais eficiente).

4. *Seu nível de competência determina quão adaptável e resiliente você será.* Essa afirmação tem implicações surpreendentes no seu nível de sucesso na vida e no trabalho. Quem acredita em sua habilidade de entender, de ter bom

desempenho e de dominar seu mundo está mais disposto a ajustar seu caminho se algo não estiver dando certo. Levanta-se mais depressa quando leva um tombo, pois o recebe como uma lição e não como um fracasso.

5. *Seu nível de competência determina se você liderará ou seguirá*. Você consegue pensar em uma habilidade mais necessária hoje em dia do que a liderança? Mas quem assume as rédeas no trabalho e na vida? São aqueles que acreditam em si mesmos e em suas habilidades. Eles se sentem competentes para enfrentar os desafios, ainda que sejam difíceis, pois sabem que resolverão o desafio com os outros conforme desenvolverem uma visão nova e mais ampla. (Infelizmente, aqueles que não confiam em suas habilidades de entender, ter bom desempenho e dominar o mundo raramente veem algo grande para eles mesmos ou para os outros, muito menos buscam tudo isso de modo ativo, corajoso e constante.)

Nosso mundo está em constante e rápida mudança, e exige que nos esforcemos a continuar aprendendo e agregando valor. Assim, quem aprende — as pessoas que sempre buscam expandir sua experiência para aprender mais a respeito do mundo e desenvolver suas habilidades — vai herdar o novo mundo. Com tanta coisa em jogo, como podemos ativar nosso impulso por competência de modo saudável e energizante? O que mais desenvolve a competência? Conheça os três ativadores mais poderosos.

Ativador 1: Avalie e direcione seu desejo de aprender

O desejo de aprender e dominar nossa vida é essencial à nossa confiança e felicidade. Se encaramos o aprendizado com alegria e entusiasmo, costumamos nos sentir mais confiantes e capazes na vida. E os neurocientistas estão provando que, quanto mais aprendemos, mais nossos caminhos neurais se fortalecem, o que leva à nossa habilidade de planejar e realizar de modo melhor, e estas, por sua vez, levam ao estímulo prazeroso de dopamina no cérebro.

Naturalmente, todos queremos sentir o tipo de confiança e de prazer que surge com o desenvolvimento da competência, mas, então, por que as pessoas não aproveitam as oportunidades de aprender na vida? Por que as pessoas não costumam se desafiar para aprender coisas novas e formar competências mais novas e mais profundas?

Não é porque elas são preguiçosas. (Essa parece ser a resposta de muitos comentaristas hoje em dia.) Não, as pessoas não estão desenvolvendo mais competência e não estão se tornando ninjas do aprendizado simplesmente porque não sabem como estão avaliando novas oportunidades de aprendizado. Elas dizem não para aprender um novo idioma, por exemplo, sem saber exatamente por que não querem tentar. (As respostas comuns, "É muito difícil" ou "Eu não tenho tempo", são apenas parte da história.)

Saiba o que eu aprendi: se vamos aumentar nossa habilidade de ganhar mais competência em qualquer área, precisamos avaliar *por que* queremos aprender e *o que* nos impediria de fazer isso. Também precisamos ajudar você a *escolher* desafios de aprendizado que iluminem e moldem seu futuro.

Com isso em mente, você deve saber que há indicadores-chave comprovados que revelam se você conseguirá ou não obter sucesso (ou mesmo tentar) em um desafio de aprendizado. Se você conhecer esses indicadores, poderá moldar sua abordagem ao aprendizado e, assim, ao crescimento na vida.

[Na High Performance Academy, essas áreas fazem parte de nossa "Avaliação de Indicador de Ação" (Action Indicator

Assessment), que você poderá baixar gratuitamente no site www.TheChargeBook.com/resources.]

Identidade futura

Ao determinar se você tentará assumir uma nova experiência ou um desafio de aprendizado, ou o modo como você desenvolveria a competência, a pergunta-chave que fará a si mesmo é: *Esse objetivo ou atividade é relevante à minha identidade futura?*

Por exemplo, se você está se preparando para uma prova de física no Ensino Médio, mas não se vê usando física no futuro, sua chance de estudar a matéria com antecedência será menor, assim como estar presente durante a prova ou pensar se pode melhorar no futuro. Sabendo disso, pense em como está se esforçando no momento para aprender coisas novas. Não está tentando com afinco? Bem, pode estar tendo essa atitude porque não vê uma identidade futura interessante para si mesmo, que exigiria um novo conjunto de habilidades. Qual novo conhecimento, capacidade ou habilidade você pode começar a dominar para se tornar mais competente no que faz e aumentar seu sucesso na vida?

Valor intrínseco

A maioria de nós aprende a aprender por "valores extrínsecos" ou recompensas externas oferecidas pelo mundo, como a aquisição de dinheiro, poder ou honras. Na pior metáfora de todas a respeito de motivação, as pessoas se referem a esse tipo de motivação como "a cenoura e o chicote", sendo o chicote a punição se você não agir do modo desejado, e a cenoura a recompensa se você agir como se espera. Há três problemas nessa metáfora. O primeiro é que ela nos coloca no papel de burro. O segundo é que insinua que somos burros que farão o que se espera se apanharem. O terceiro é que considera que motivações extrínsecas nos motivam.

Encontrar valor intrínseco — ou seja, encontrar uma ligação importante — em algo torna-o pessoalmente motivador, o que é muito diferente de como a maioria de nós aprendemos a pensar na motivação.

Os pesquisadores continuam a provar que somos mais guiados pelas recompensas intrínsecas do que pelas extrínsecas, como perseguir nossas paixões, fazer o que gostamos de fazer, sentir orgulho de um trabalho benfeito, colaborar com um grupo de colegas e contribuir para algo que consideramos pessoalmente significativo.

Pensando em tudo isso, o que você *gostaria* de aprender nos próximos 12 meses? Que tipos de coisas você se desafiaria a fazer para se sentir mais animado e orgulhoso, independentemente da recompensa externa?

Valor utilitário

Esse indicador pergunta: *Conseguirei algo útil na busca por esse objetivo?* O valor utilitário sempre foi o domínio de economistas que acreditam, por exemplo, que compramos coisas porque sabemos que vamos usá-las, e que o preço que pagaríamos por tal item está diretamente ligado a quanto pretendemos usá-lo. No foco que damos ao alto desempenho, esse valor costuma ser sentido quando você *sabe* que assumir um novo desafio resultará em um benefício direto ao que você está fazendo. Por exemplo, se aprender a criar uma página na internet ajudasse você a ser mais eficiente no trabalho e lhe rendesse um aumento, então existe valor utilitário em aprender a realizar tal tarefa.

Então, o que seria útil para você aprender nos próximos 12 meses?

Custo de oportunidade

Ao assumir esse novo objetivo ou tarefa, o que você deixará de fazer? Envolver-se em qualquer projeto demanda tempo, energia, esforço, recursos e força de vontade que poderiam ter sido aplicados a outra coisa. Precisamos ter consciência dessa realidade, pois a maioria de nós toma decisões inconscientes com base no medo de que perderemos algo completamente se nos concentrarmos em alguma outra coisa. Dizemos: "Não posso aprender a fazer tal coisa, porque, para isso, eu não poderia levar as crianças à escola de manhã". Claro, isso não faz sentido, porque aprender alguma coisa não precisa ocorrer à custa de levar os filhos à escola, mas é assim que pensamos. Na maior parte do tempo, costumamos prejudicar nossa capacidade de aprender criando uma obsessão com esses falsos dilemas. Então, pergunte a si mesmo: *Qual nova habilidade eu quero aprender, mas tenho evitado concentrando-me em algum custo de oportunidade que pode não existir?*

Tempo de procrastinação

Esse indicador pergunta: *Até quando terei que esperar para conseguir os benefícios de tentar e alcançar esse objetivo ou atividade?*

Vamos imaginar que você vai aprender um novo idioma — por exemplo, francês. Se você começar a ter aulas na próxima semana, mas só for começar a usar o idioma em conversas quando for para a França, daqui a cinco anos, isso afetará a sua motivação para aprender? É claro que sim. Os seres humanos são terríveis quando o assunto é recompensa tardia e, quando temos que esperar, menor se torna nossa motivação para aprender e tentar.

O que você tem postergado aprender agora porque não acredita que terá uma recompensa imediata? Qual seria seu progresso agora se você tivesse começado assim que teve a ideia?

Controle/Organização pessoal

"Organização" pessoal é um termo que os psicólogos usam para descrever seu nível de confiança na habilidade de controlar suas atitudes e moldar os resultados de sua vida. Se você duvida de que assumirá as responsabilidades necessárias para ter sucesso em algo, suas chances de começar serão menores. E se você estiver disposto a agir, mas não acredita que suas atitudes obterão progresso real e você não chegará ao objetivo pretendido, suas chances de começar também serão menores. Analisando o último ano de sua vida, houve momentos em que você não foi atrás de seus sonhos porque não acreditava que se esforçaria o suficiente para alcançá-los ou que não obteria o desejado nem mesmo se tivesse se esforçado? Essa crença dizima seus sonhos. Então, ao pensar em qualquer novo desafio, é importante que você tenha certeza de que está no controle de seu destino. De quais exemplos você precisa se lembrar para reforçar a si mesmo de que seu empenho e esforços compensam?

Apoio e ligação social

As pessoas apoiarão e oferecerão direção e incentivo quando você tentar algo novo e você será capaz de criar relacionamentos significativos pelo caminho?

Todos queremos nos sentir seguros e bem cuidados quando tentamos coisas novas, e também queremos sentir que nossos riscos serão reconhecidos e recompensados socialmente. É por isso que é tão importante analisar como você pode ser ajudado ao começar um novo processo de aprendizado ou desafio. Quer aprender a correr? Una-se a outras pessoas que estejam tentando fazer a mesma coisa.

Você permite que os membros de sua rede social saibam a respeito de objetivos e conquistas que o animam? Como pode conseguir que seu círculo social ou um novo grupo de pessoas o ajudem a se manter motivado para fazer algo novo?

Crença

Esse indicador pergunta: *Terei tempo suficiente e concentração para fazer um bom trabalho, aprendendo e realizando essa nova atividade?*

Aqui, nos deparamos com um dos maiores desafios ao desenvolvimento de nossa competência no mundo moderno: todos sentimos que já temos coisas demais das quais cuidar, por isso assumimos tarefas menores. Toda a correria tem levado muitos de nós a assumir projetos mais administrativos ou básicos porque acreditamos que tais tarefas não farão com que nos estressemos ainda mais, e, no caso, esse esforço a mais — desafiarmos a nós mesmos além da capacidade atual — é exatamente o que leva ao crescimento.

Em quais atividades sem importância você tem desperdiçado tempo? Esse tempo poderia ser mais bem utilizado para tentar coisas novas e significativas?

Disponibilidade de recurso

Você terá os recursos necessários para alcançar esse objetivo? Uma das desculpas mais convenientes que usamos para não começar uma nova tarefa ou atividade é que não temos o que precisamos para ter sucesso. Pense em quantas pessoas querem dar início ao próprio negócio. Os motivos que elas costumam dar para não começar costumam ser os seguintes: não tenho tempo/equipamento/produto/sistemas/computadores/sites/funcionários/dinheiro, e assim por diante. Claro, há considerações importantes ao escolher o que fazer ou não fazer na vida. O desafio, como todos os indicadores mencionados anteriormente, é que costumamos fazer essas avaliações de modo *inconsciente*.

De quais recursos você precisaria para assumir um novo objetivo ou desafio pelo qual tem interesse?

Autonomia

Esse indicador costuma explicar por que muitas pessoas no mundo do trabalho não se oferecem para novos projetos. Ele pergunta: *Receberei a confiança e a autoridade de tomar decisões de que preciso para sentir que estou no controle e sou capaz de fazer as coisas acontecerem?* Se você sente que precisa ter permissão em cada ponto a ser decidido ou que está sempre sendo alvo de dúvidas ou tendo suas necessidades postergadas, simplesmente não se motivará a participar da situação. Igualmente importante é o fato de que não se sentirá dono de seu trabalho se tiver que conseguir aprovação para tudo e, assim, você se comprometerá menos com o resultado.

De quem você pode conseguir "permissão" e apoio para tentar algo novo? Como pode se posicionar para ter mais autoridade na tomada de decisões e ter mais liberdade ao assumir o próximo desafio?

Divido todos esses indicadores e perguntas para ajudá-lo a pensar em como tem se comportado frente aos novos desafios. Se eu fosse você, usaria esses indicadores como um tipo de *checklist* da próxima vez em que planejar aprender ou fazer algo novo. Faça a si mesmo as perguntas que apresentei e as analise. Ao fazer isso, você aumentará sua chance de melhorar e se comprometer com desafios que exijam que você se esforce, aprenda e cresça — para se tornar mais competente.

Ativador 2: Estabeleça um desafio real, um plano de sucesso e tenha um orientador

Você está no mesmo nível de habilidade e domínio em áreas importantes de sua vida em que estava três anos atrás? Em outras palavras, existem áreas significativas em sua vida nas quais você sente que não cresceu?

Acredito que, se você se compromete a crescer na vida, precisa *focar no crescimento*. E isso acontece apenas se você escolher novos desafios que desenvolvam suas competências nas áreas da vida com as quais você se importa. Vamos fazer isso agora.

Está na hora de escolher alguns desafios reais, observáveis e com limite de tempo que melhorarão sua vida. Primeiramente, vamos definir tais termos. Um desafio *real* é aquele que envolve um objetivo árduo — não será fácil de alcançar. Se estiver querendo coisas fáceis, pode parar por aqui e voltar para a vida de sempre. Um desafio *observável* significa que podemos pedir para outra pessoa observar nosso desempenho *ao longo* do desafio. Essa pessoa precisa conhecer seu desempenho do começo ao fim, e você pode escolher se ela observará determinados pontos ao longo do caminho ou se estará ao seu lado o tempo todo. Por fim, você precisa de um desafio *com limite de tempo* — que tenha pontos definidos para começar e terminar.

Antes de analisarmos o modelo, vou dar mais alguns exemplos desses tipos de desafios. Se você for um jogador de basquete, o objetivo pode ser marcar dez pontos a mais do que já marcou em um jogo de verdade (real), diante de seu técnico (observável), só no quarto *set* (dentro de um limite de tempo). Ou digamos que você seja um vendedor. O desafio é dobrar as vendas (real) do seu negócio visitando, pessoalmente, e vendendo aos seus 20 maiores clientes, ao lado de seu gerente (observável), nas próximas cinco semanas (dentro de um limite de tempo).

Os dois exemplos satisfazem nossos critérios. Eles também ilustram outra questão: em ambos os casos os desafios seriam autodefinidos. O jogador criou a meta. O vendedor criou a tarefa. Isso é essencial ao sucesso de se desenvolver novas competências. *Você* deve ser o guia de seus desafios, a partir de agora. *Sim, a vida lhe apresentará muitos desafios, mas você deve dar a si mesmo muitos outros*. Sei que isso parece contraintuitivo. A maioria das pessoas foge de desafios, não os persegue.

Recomendo vivamente que você crie desafios de curto prazo. Incentivo meus clientes a escolher desafios de 60 dias, forçando-os a tentar aprender coisas novas e melhorar em um período incrivelmente curto. Isso faz com que eles permaneçam envolvidos e animados para ver o crescimento de curto prazo. Claro, é importante planejar o desenvolvimento de habilidade de longo prazo, mas nada é mais animado do que um desafio de curto prazo, então, não se esqueça de estabelecê-los ao longo do caminho. Pense em assumir um projeto de aprendizagem rápida, com o desafio de aprender algo em 60 dias ou menos. Talvez você consiga aprender a tocar cinco de suas canções preferidas no piano ou em outro instrumento. Ou talvez decida aprender a preparar um novo prato vegetariano todas as noites durante 60 noites. Ou queira aprender a usar aquele novo sistema ou ferramenta de trabalho que você tem evitado. Seja qual for o desafio que escolher, *esforce-se*. Você vai se sentir bem por ter feito isso.

Então, qual será o novo desafio real, observável e com limite de tempo que você vai criar? Qual desafio pode criar para si mesmo sem qualquer outro motivo além de aprender, crescer e ter mais domínio e competência? Reserve alguns minutos para escrever alguns dos novos desafios em casa, no trabalho e em outros âmbitos.

Agora que você tem seus objetivos, vou ensiná-lo a alcançá-los com sucesso.

Em primeiro lugar, planeje. Todos os dias, milhões de pessoas do mundo todo entram em uma sala de conferências despreparadas para a grande reunião. Os atletas se acomodam e se esquecem de estudar seus oponentes antes do grande jogo. Os pais entram no quarto dos filhos sem antes terem uma estratégia sobre como falar a respeito do mau comportamento deles na escola. Sem preparação, o crescimento e o domínio se tornam impossíveis. Claro, às vezes é possível ter sucesso sem planejar nem se preparar; acontece todos os dias. As pessoas têm sorte ou conseguem pensar em algo bom no último minuto. Mas, com isso, elas não crescem nem ganham domínio. Isso porque o crescimento e o domínio com o tempo — o desenvolvimento da competência real — exigem estratégia, assim como a estratégia é necessária para vencer uma partida de xadrez ou de futebol.

Se quer gostar do processo de aprendizado e desenvolver um senso mais profundo de domínio pessoal, precisa planejar. Escolha uma área de desafio e então leia tudo o que puder sobre o assunto. Converse e siga os passos de especialistas na área. Reúna todos os seus colegas e apresente a eles suas ideias e estratégias.

Mais importante, tente obter um orientador imparcial para ajudar você com boas instruções e feedback ao longo do caminho. Um orientador não precisa ser um orientador de vida profissional ou de negócios como eu; pode ser um amigo próximo ou um mentor que o ajude a analisar seu planejamento e desempenho em qualquer desafio. Se for um desafio importante para você, não vá de olhos vendados nem sozinho. A maneira mais rápida de melhorar em algo é ter um orientador que lhe diga onde você pode melhorar. É importante ter uma pessoa de fora o observando para o desenvolvimento da habilidade, pois você não pode melhorar o que não consegue ver — quando se está dentro do quadro, não se consegue ver a moldura.

Ativador 3: integre o sucesso à sua identidade

Uma sensação de orgulho e progresso é essencial para se sentir competente. Mas um dos maiores perigos de um mundo em rápida mudança é que raramente conseguimos sentir ou absorver todas as coisas que conquistamos e dominamos se não voltarmos ao campo do aprendizado. Quando acabamos de perceber algo, *bum!*, temos que aprender outra coisa nova. Se não reservamos um tempo para dar a nós mesmos crédito pelo que aprendemos, nunca sentiremos que progredimos.

Para isso, é preciso que reservemos tempo para reconhecer o progresso que fazemos dia a dia, mesmo que estejamos concentrados em vencer os desafios à nossa frente. Ao longo da vida, você teve dezenas de milhares de vitórias. A maioria delas você mal percebeu, e é uma vergonha. Você nunca deu a si mesmo muito crédito por ter aprendido a andar de bicicleta sem as rodinhas porque, assim que conseguiu, uma nova ambição surgiu: a de pedalar cada vez mais depressa e cada vez mais longe. Pode ser que você não tenha se parabenizado quando conseguiu o primeiro emprego porque estava ocupado pensando nas coisas que teria que aprender no novo ambiente de trabalho. Apesar de todos esses exemplos serem simples, eles ilustram o fato de que estamos sempre pensando na conquista seguinte antes de reconhecer o que acabamos de alcançar. E se não reconhecermos o que alcançamos na vida — mesmo as pequenas coisas —, então nunca nos *sentiremos* realizados. Não nos sentimos mais competentes, capazes e confiantes hoje do que ontem ou anteontem.

Esse é um dos enormes desafios que Susan — a mulher da história do começo do capítulo — estava enfrentando. Era uma mulher extremamente bem-sucedida, mas não se *sentia* mais assim; seus olhos estavam tão concentrados nas ambições da vida que ela nunca reconheceu os resultados admiráveis que estava tendo no presente. Nada parecia bom o suficiente, pois ela nem sequer reconhecia os pequenos passos que estava dando em direção aos seus sonhos maiores. Susan não estava se permitindo sentir as vitórias.

Um dos exercícios mais poderosos que dei para Susan recarregar sua vida foi sentar-se e escrever todas as conquistas que havia alcançado na última década. Fiz com que ela escrevesse pelo menos uma página de "lembranças de vitórias" para cada ano dos últimos dez. A atividade fez com que ela tivesse que, conscientemente, lembrar-se de todos os pequenos sucessos obtidos para chegar aonde está hoje. Ela teve que escrever todas as novas habilidades que desenvolveu naquele ano, todos os livros de que se lembrava ter lido, todos os cursos de que se lembrava ter feito, todos os elogios que havia recebido como reconhecimento de seu progresso. O exercício foi muito desafiador e demorado, para dizer o mínimo. Ela me disse que precisou de quase oito horas para finalizá-lo, não por ter uma lista enorme de vitórias para registrar, mas por ter que colocar a mente para trabalhar e se lembrar delas. Quando ela me enviou uma cópia escaneada de todas as páginas de suas vitórias, escreveu:

> *Brendon, estou escrevendo este e-mail e chorando sem parar. Essa foi uma das atividades mais intensas que já realizei. Foi fortalecedor, no fim, mas devo admitir que durante foi um terror. Digo isso porque, enquanto pensava na última década de minha vida, mal conseguia me lembrar de tudo o que havia conseguido. Consegui pensar no que acredito que você chamaria de "lembranças de derrotas", mas tive muita, muita dificuldade para pensar nas lembranças positivas, de quando senti orgulho ou sensação de conquista. Isso me fez perceber que eu nunca havia integrado meus sucessos na mente. Não surpreende que eu não me sentisse boa o suficiente. Estava cega demais para ver que estava avançando e me tornando melhor e mais inteligente. Obrigada por isso. Espero que você goste de ler minhas lembranças. Essas 20 páginas acabaram parecendo minha primeira vitória em anos.*

Acho que você merece esse mesmo presente. Reserve algum tempo para fazer o mesmo exercício. Pode confiar em mim.

É possível que você tenha uma agenda ou controle sua vida de acordo com o calendário do computador. Para a maioria das pessoas, fechar o calendário é uma das últimas atividades realizadas no trabalho, todos os dias, uma vez que elas sempre o consultam para saber como será o dia seguinte. A partir de agora, antes de fechar sua agenda, reserve um momento e veja o que conseguiu fazer hoje. Não pense no que *não* fez. Apenas pense no que conseguiu, ainda que não tenha mudado o seu mundo com uma atitude. Incentivo você a fechar os olhos, pensar no que fez e dizer a si mesmo: *Estou progredindo. Um passinho por vez, estou progredindo.* Permita a si mesmo sentir orgulho e gratidão pelo que fez hoje.

Vamos ainda mais longe. Quero que você comece um diário. Talvez você já tenha um, então terá que escrever apenas uma coisa a mais. Se não tem um diário, deveria ter. Grande parte de nosso senso de competência aparece quando *refletimos* sobre a vida, não apenas sobre as atitudes que tomamos. É por isso que gostaria que você começasse a escrever em seu diário pelo menos uma vez por semana, percebendo o que aprendeu e como progrediu. Como Susan era muito concentrada na carreira e na semana de trabalho, pedi que ela mantivesse o diário consigo e todas as sextas-feiras à tarde, antes de sair do trabalho, escrevesse um pouco sobre o que havia aprendido durante a semana a respeito de si mesma, as pessoas de seu convívio e do mundo, de modo geral. Dizer que essa atividade reacendeu sua vida é pouco. Junto com a atividade "lembrança de vitória", ela começou a se ver como aprendiz de novo. E se pudermos ajudar você a se ver como um aprendiz de sucesso, então poderemos começar a fazer com que se sinta mais competente e, depois, mais vivo e realizado.

PONTOS DE ENERGIA

1. Uma área na qual eu teria que desenvolver mais habilidade e competência se quiser tornar realidade o meu futuro dos sonhos é...

2. Um desafio de aprendizado rápido de 60 dias que enfrentarei será...

3. Uma das maneiras com que vou começar a comemorar minhas vitórias e integrar os sucessos à minha identidade é...

Capítulo 4

O IMPULSO PELA CONGRUÊNCIA

Não abra mão de si mesmo. Você é tudo o que você tem.
— Janis Joplin

Vinte minutos é todo o tempo que tenho para conversar com Michelle. Sei que o tempo é curto, por isso me inclino para a frente, olho dentro de seus olhos e pergunto: "Será que existe uma pessoa mais única, corajosa, animada e expressiva aí dentro?".

Ela se mostra surpresa com minha pergunta. Chorou, e acho que ela quer que eu chore com ela. Mas não sou seu amigo nem terapeuta. Sou seu orientador.

Durante os últimos 35 minutos, Michelle contou por que deveria se sentir feliz, mas não se sente. Grande parte de seus problemas emocionais na vida, segundo ela, tem origem em sua infância e em sua incapacidade de "se recompor" e ser quem ela acha que pode ser na vida. Contou por que acha que todo mundo de seu passado e do presente a tratou mal. A vida não é um mar de rosas, ela me diz, e está tentando desesperadamente sentir-se aceita, fazer parte de um grupo. Então, ela começa a chorar ao detalhar mais motivos pelos quais sua vida parece incerta em relação a quem ela acha que é e pode ser.

Trinta e cinco minutos já se passaram. Em 25 minutos, quando uma hora se completar, ela vai sair de meu escritório e não vou vê-la mais. Ela me pagou para transformar sua vida. É um desafio ridículo, mas ela conheceu meu trabalho e os resultados dele, e me pagou por uma hora de orientação. Não acredito em transformação da noite para o dia, mas ela insistiu e está aqui. E, agora, tenho 25 minutos.

Acho que ela não gosta da frieza de minha abordagem. Mas não desisto. Eu me inclino para a frente, a poucos centímetros de seu rosto, e olho dentro de seus olhos com um olhar que indica que estou vasculhando sua alma: "Será que existe uma pessoa mais única, corajosa, animada e expressiva aí dentro?".

Ela parece dividida com a pergunta. "Não me vejo desse modo. Nem todo mundo é assim o tempo todo. Bem, talvez um lado meu seja assim, mas não ajo desse modo, na verdade".

Eu inclino a cabeça, ainda olhando em seus olhos. "Talvez esse seja o problema."

• • •

É difícil dizer isso sem ofender as pessoas, mas é uma verdade universal até para os indivíduos de maior performance no planeta, então, aqui está: sua autoimagem poderia ser bem melhor e você deveria ser muito mais congruente no modo com que se envolve com o mundo.

O modo como pensamos em nós mesmos (nossa autoimagem) e como nos comportamos de acordo com essa imagem no mundo real é a congruência. É um dos impulsos mais poderosos que temos como seres humanos — viver em um alinhamento consistente com quem pensamos ser, como queremos que os outros nos vejam e quem queremos nos tornar. Quando não agimos como a pessoa que acreditamos ser, nos sentimos "deslocados", "desligados" e, com frequência, frustrados ou irritados. Se pensarmos que somos leões, por exemplo, mas agirmos como ratos, passamos a nos odiar em segredo.

O desafio de Michelle, conforme descobri e a orientei, é o mesmo desafio de dois lados de congruência que a maioria de nós tem:

1. Ela não se valoriza, e isso faz com que demonstre isso ao mundo. Ela é congruente com sua crença limitada a respeito de quem é e, assim, se sente triste.
2. Ela sabe que pode ser mais e quando não age para melhorar, se sente triste. Não é congruente com quem ela sabe que pode ser.

Como todos os impulsos humanos, a congruência pode ser positiva ou negativa. É positiva quando temos uma boa autoimagem, altos padrões e congruência com essa imagem e padrão na vida. Mas é negativa quando não nos valorizamos e nossos comportamentos se adaptam a essa imagem.

De fato, esse é o maior desafio de nosso impulso humano por congruência: a maioria de nós *é* congruente nas atitudes diárias com *a grandeza* que sabemos que podemos alcançar — sabemos que somos pessoas pacientes e amorosas, mas atacamos os outros.

A única maneira que encontrei de lidar com esse desafio é ajudar as pessoas a criarem padrões e expectativas mais altos para si mesmas e insistir que integrem tais padrões e expectativas à maneira como interagem com o mundo. O mantra é: "Pense mais em si e exija que suas atitudes sejam congruentes com o melhor de quem você é e de quem pode ser".

Há bastante coisa em jogo aqui. Aposto que muitos dos momentos mais difíceis de sua vida aconteceram quando suas atitudes não foram congruentes com seus pensamentos ou quando as pessoas não foram congruentes com você. Lembrar do dia em que você explodiu com um ente querido, apesar de se considerar uma pessoa carinhosa e paciente, provavelmente ainda o faz se sentir culpado. Ou quando uma pessoa disse que você podia confiar nela, mas lhe deu uma punhalada pelas costas — aposto que ainda se lembra disso. Então, é importante que você seja congruente por você *e* pelos outros.

Claro, é difícil ser sempre congruente. Partes diferentes de nós se comprometem em momentos distintos. Podemos ser um astro do rock no trabalho, mas um servente em casa. Podemos ser divertidos, animados e brincalhões com nossos melhores amigos, mas tímidos e reservados na cama. Podemos ser agressivos em uma situação, mas não conseguimos ser assertivos quando se faz necessário. A variação a respeito de quem somos em determinado contexto é natural e, apesar do que algumas pessoas acreditam, saudável. A vida seria terrivelmente doente (e chata) se fôssemos iguais o tempo todo.

Ainda assim, você não pode criar a congruência com algo que nunca definiu, por isso é importante criar, conscientemente, uma autoimagem unificadora de quem você é e de quem quer ser. Estabelecer padrões para si é a melhor maneira de fazer isso, então, começaremos daí.

Ativador 1: Estabeleça novos padrões para si mesmo

No mundo de hoje, nossas identidades e padrões costumam ser criados por influências externas. Somos constantemente bombardeados com mensagens a respeito de como ser bacana, bem-aceito, amado, bem-sucedido e de como nos comportar para que entremos na fôrma. O que vestir, como agir, quando falar, o que é possível — toda essa informação entra na nossa imaginação e, se não nos dermos conta, em nossas identidades e expectativas.

Quem moldou sua autoimagem e padrões na vida? Foram sua família e amigos? A mídia e a sociedade, de modo geral?

É fácil pensar que essas perguntas possibilitam respostas do tipo: "Não sou definido pelos outros". E, com isso, concordo totalmente. Mas minha pergunta é: *Então, quem definiu você?* Até que ponto você se esforçou, conscientemente e de propósito, para decidir quem ser? Mais importante ainda: você está agindo todos os dias em congruência com sua imagem autodefinida e se sente autêntico, orgulhoso, completo, realizado e firme para aparecer, em todas as situações, como uma pessoa única, talentosa e verdadeira?

A maioria das pessoas está vivendo autoimagens e conjuntos de padrões que foram desenvolvidos por acontecimentos e pessoas do passado. Saiba o que eu penso sobre o passado: sua autoimagem hoje não deveria estar tão ligada a ele. Não acho que a maneira como as pessoas trataram você no passado deva influenciar como você as vê ou como age como ser humano hoje. O passado pode ser um lixão conveniente para as expectativas não satisfeitas. (*Ela deveria ter me tratado assim, não assado. Eu deveria ter recebido mais carinho. Eu me arrependo por não ter feito isso ou aquilo.*)

Mas devemos, sim, ver as dores e as decepções do passado com a mente madura, consciente e determinada no presente. Quando nos lembramos de algo de nossa infância, por exemplo, devemos tomar o cuidado de lembrar que todo sentido, associação e integração relacionados a essa lembrança foram feitos por meio da psique subdesenvolvida de uma criança imatura e inocente. Como criança, pensamos que *nós* somos a causa das atitudes que são tomadas a nosso favor ou contra nós, mesmo quando não é o caso. Uma criança não é responsável pelos gritos ou palavrões ditos por um pai ou por abusos — isso é coisa dos pais. Mas uma criança não tem o ponto de vista objetivo de um observador maduro que poderia facilmente dizer: "Seus pais são inseguros e não confiáveis". E mesmo que alguém dissesse isso a uma criança em seu estágio de desenvolvimento, ela não poderia processar o conceito de "meus pais são 'ruins'".

No entanto, isso não acontece apenas na infância. Qualquer influência de qualquer momento de nosso passado pode ser uma explicação conveniente para o modo como pensamos ou nos comportamos hoje; contudo, existe uma enorme diferença entre uma *explicação* e uma *desculpa*. Em algum ponto de nossa vida adulta consciente, precisamos enfrentar a desconfortável realidade de que *nossa autoimagem é e sempre foi escolhida por ninguém além de nós mesmos*. Por isso é o momento de afastarmos todas as dúvidas do passado e também as limitações acerca de quem podemos nos tornar — não temos mais desculpa. É como Erica Jong disse: "Assuma sua vida e o que acontece? Uma coisa terrível. Não se pode colocar a culpa em ninguém".

Nossa visão do passado é ainda mais colorida pelas lentes que usamos para analisá-lo. Quando pensamos a respeito de como o passado nos afetou, não pensamos no *nosso* feito sobre *ele*. Pensamos no que éramos contra *versus* no que éramos a favor. Lembramos do que temíamos, mas não dos nossos sonhos. Refletimos sobre quanto fomos amados *versus* quanto amamos. Pensamos: *Por que tudo isso aconteceu comigo? O que tirei disso tudo? Aonde isso vai me levar?*, mas, talvez, devêssemos pensar: *O que eu fiz acontecer? O que dei? Para onde vou agora?*

Estou tocando nesse assunto porque, no fim, nossa autoimagem é uma profecia autorrealizável — lembre-se, nosso impulso humano faz com que nos comportemos de acordo com essa imagem. Então, se você está levando sua vida com base em uma autoimagem antiga, ultrapassada, moldada pelas opiniões e atitudes dos outros — está em apuros.

Se isso for verdade, seus esforços, *a partir de hoje*, devem definir *quem você é hoje e quem você quer se tornar*, não revivendo o passado, mas *vivendo o futuro*.

Vamos usar esse foco para nosso benefício e estabelecer nossas intenções a respeito de quem queremos ser na vida. Assim, nossos comportamentos têm muito mais chance de seguirem seus próprios padrões.

Costumo pedir aos meus clientes para escolherem e memorizarem seis palavras que se tornam as estruturas-padrão por meio das quais eles atuam na vida; *três palavras a respeito de quem eles são* e *três palavras a respeito de como eles tratam as outras pessoas*. Como vivemos em um mundo social, parece que há duas boas categorias de padrões a estabelecer — quem somos e quem somos com os outros. Ainda que escolher apenas seis palavras para nos ajudar a permanecer congruentes possa parecer uma atividade simples — principalmente depois de tudo o que foi abordado neste capítulo —, é uma das coisas mais importantes que você fará na vida. Sem intenções ou padrões estabelecidos para como nos comportar, somos levados por nada além de nossos impulsos animais imediatos de lutar, fugir ou paralisar. Escolhendo nossa personalidade e comportamento, no entanto, atingimos nosso potencial mais alto como seres conscientes.

Vamos começar selecionando e nos comprometendo com três palavras que, a partir de agora, definirão o traço de quem você é como pessoa. Um traço costuma ser visto como uma característica constante em sua natureza e, ao definir as palavras de quem você quer ser, terá mais chance de absorver esse traço na vida. É a congruência em ação.

Por favor, reserve alguns minutos para pensar em algumas palavras que você pode usar para definir *a si mesmo* em sua vida pessoal a partir de agora, e relacione-as a seguir. Observe: são palavras que servem apenas para você e para como você pensa a respeito de si mesmo. Elas não têm que ser palavras a respeito de como você interage com outras pessoas — isso vem em seguida. Por enquanto, apenas pense nas três palavras com as quais quer se definir para poder usá-las a fim de manter-se ancorado em quem é.

- As palavras que eu adoraria usar para definir o que penso de mim mesmo na vida pessoal são...

- De todas essas palavras, as TRÊS que se tornarão meu padrão e meu mantra sobre como me vejo são...

- Escolho essas três palavras porque...

Só continue lendo quando terminar esse exercício. (E não trapaceie!)

Quando já tiver as três palavras, pode escrevê-las em um cartão e levá-las com você o tempo todo. Já tive clientes que as colocaram no computador, que ajustaram alarmes diários no calendário para que as palavras aparecessem diante deles várias vezes por dia e uns até as tatuaram no corpo. (Espero, sinceramente, que eles tenham escolhido as palavras certas!)

As palavras que escolhi nos últimos 15 anos são *presente, entusiasmado* e *corajoso*. Escolhi essas palavras porque eu as vi como essenciais para me ajudar a me envolver na vida nos momentos difíceis e reais, procurar novas ideias e experiências no futuro que me façam esperar com ansiedade por cada dia e me desafiar a ser visionário e valente. Eu me lembro dessas três palavras diversas vezes por dia — já fiz isso tantas vezes conscientemente, que agora é automático que eu pense nelas umas dezenas de vezes por dia.

Agora, vamos definir seus *três padrões sociais*. São as palavras que você manterá em sua mente sempre que estiver interagindo com outra pessoa. Digo as minhas três palavras para mim mesmo sempre que aperto a mão de um desconhecido, telefono para um cliente, lidero minha equipe ou recebo minha esposa quando ela chega em casa. São meu lembrete a respeito de como me comportar em um mundo guiado para o relacionamento.

Por favor, reserve mais alguns minutos para pensar de novo.

- As palavras que eu adoraria usar para definir a maneira como eu interajo com os outros são...

- De todas essas palavras, as TRÊS que se tornarão meu padrão e meu mantra na interação com as outras pessoas são...

- Escolho essas três palavras porque...

As pessoas costumam ter mais facilidade para escrever essas palavras do que as primeiras, pois temos muitos padrões e expectativas sociais com as quais crescemos. Observe se você pensou bem nas palavras e se está usando os adjetivos que *você*, não outra pessoa, escolheu. Seja muito claro a respeito do porquê essas palavras cabem em você.

Se eu o encontrasse na rua ou em qualquer um de meus eventos, as três palavras que permaneceriam em minha mente são: *comprometido, carinhoso, inspirador*. Escolho essas três palavras porque eu as considero essenciais para me ajudarem a lembrar de demonstrar às outras pessoas que tenho interesse nelas e quero ouvi-las sem distração; que me importo profundamente com quem elas são como seres humanos; e que meu maior papel com elas é fazê-las se lembrar do que é possível e positivo na vida.

Essas seis palavras, quando internalizadas e demonstradas no mundo, podem ter um efeito imediato e de longo prazo em sua vida. Quando trabalhei com Michelle, a mulher do começo deste capítulo, eu a havia desafiado a ser única, corajosa, animada e expressiva. Fiz isso porque aquelas palavras eram o oposto do que ela estava dando a impressão de que era. Mas eu não queria ditar quem ela precisava ser — muitas outras pessoas já tinham feito isso com ela. Então, pedi que dissesse as próprias palavras para descrever sua pessoa de modo ideal e estas, a partir de então, direcionariam seu comportamento. Ela teve dificuldade para pensar nas palavras, mas, quando pensou, vi uma mudança física milagrosa ocorrer. Ela escolheu as palavras pessoais *forte, alerta* e *determinada*. Quando pedi que ela caminhasse pela sala externando esses adjetivos, ela caminhou com mais postura e confiança. Suas palavras sociais foram *honesta, animada* e *graciosa*. Tudo isso apareceu imediatamente quando pedi que ela me contasse uma história a respeito de como sua vida seria se ela vivesse aquelas palavras. De repente, aquela mulher, antes calada e frustrada, tornou-se muito articulada e ambiciosa a respeito do que queria da vida. Ela passou a se mexer mais, sorrir mais, uma atitude mais condizente com sua pessoa. Ela deixou de se conter e de agir como as pessoas queriam. Seu comportamento todo mudou simplesmente porque ela estava concentrada em novos padrões de ser.

O maior poder desse ativador, assim como de todos os outros, vem de sua ativação firme. Se você escrever suas seis palavras aqui, mas não se lembrar mais delas e não direcionar seu comportamento com base nelas, não vai adiantar nada ter feito esse exercício. Uma coisa é ver a si mesmo como uma pessoa a quem todas essas palavras se aplicam. Outra é conscientemente ser essa pessoa com todas as atitudes e interações. Imagine quem você pode ser e *seja essa visão* — isso se chama congruência. Quando essas palavras se tornarem seu mantra e seu padrão pessoal de conduta todos os dias, você terá mais chance de ser congruente com a pessoa que sempre quis ser. Os psicólogos descobriram que, quanto mais conseguirmos regular nosso mundo interno para ressonar com os outros, mais saudáveis e mais adequados seremos. Essa estratégia o ajuda a fazer isso dando uma estrutura com a qual você pode *ver* e se *medir*, assim como suas interações com os outros e, por fim, sua congruência na vida.

Viva suas seis palavras. Todos os dias.

Ativador 2: Ajuste seu indicador de humor

Saiba algo em que a maioria das pessoas não pensa: sentimos a congruência em nossa vida não apenas no modo como nos *comportamos*, mas também em como nos *sentimos*. Se nossas emoções estiverem desorganizadas, não sentimos que existe congruência em nosso mundo interno. Os altos e baixos emocionais constantes, além de nosso controle, guiados pelas outras pessoas ou pelas circunstâncias, fazem com que nos sintamos tristes. De modo parecido, quando nos sentimos de uma maneira, mas sempre agimos de outra — por exemplo, estamos tristes, mas sempre forçando um sorriso —, então, nossa congruência interna/externa parece desajustada. Sem um estado constante de realidade emocional, sentida internamente e demonstrada externamente no mundo social, nos sentimos sem harmonia, incongruentes.

Por outro lado, se tivermos uma *energia* positiva, sustentada e *até emocional*, sentimos que nossas emoções são congruentes com a maneira que queremos nos sentir na vida. Nós nos sentimos estabelecidos e seguros em nosso mundo emocional independentemente do que o mundo nos der. Dessa maneira, *sentir-se* congruente é percebido quando se tem um humor positivo constante.

Nosso humor é nosso tom, qualidade ou atitude emocional prevalecente. É nossa energia firme e emocional a respeito da vida. Podemos medir esse tom geral analisando como você costuma se sentir na vida e como as pessoas mais próximas descreveriam seu humor. (Incluir as opiniões dos outros manterá a honestidade — por exemplo, quando você diz "Estou sempre feliz" e sua esposa o chama de mal-humorado.)

Nosso tom e energia emocionais não são ditados pelas circunstâncias da vida nem são algo com que somos abençoados ou amaldiçoados quando nascemos. Como gosto de dizer: "A hidrelétrica não *tem* energia; ela *gera* energia". Escolhemos a cor de nosso céu.

Claro, todos nós gostaríamos de viver com bom humor. Quando temos essa qualidade emocional duradoura, temos mais chances de ser felizes, inspirados, relaxados e capazes de curtir a vida. Os psicólogos até já descobriram que as pessoas com humor positivo são mais criativas, determinadas e firmes diante dos desafios. Mas, nossa! Quando estamos de mau humor, cuidado! Nós nos sentimos mais tensos e intolerantes, reclamões e críticos. Nossa ideia acerca de nós mesmos e de nosso mundo se esconde embaixo de um véu escuro.

Então, qual humor você gostaria de manter de modo firme? Como você o descreveria? Por que é esse o humor que você quer ter, especificamente? O que você poderia fazer para se manter consciente de seu humor?

Ao permanecer congruente com o humor que quer ter na vida, é útil saber o que influencia o humor de modo geral. Como o humor é nosso tom emocional duradouro, qualquer coisa que afete nossas emoções pode afetar nosso humor. Descobri que os fatores mais importantes para o humor são o movimento físico (é por isso que, quando você ficava irritado, sua mãe dizia: "Por que não sai para dar uma volta?"), o som ou a música (todos temos músicas que melhoram nosso humor), o foco mental (preste atenção ao negativo, e assim se sentirá), a "vibe" social (costumamos tomar o humor de quem nos cerca) e orientação futura (se você se sente animado em relação ao futuro, costuma se sentir assim também no presente).

Tenho usado esses fatores *muito* estrategicamente para tratar a pancada que levei na cabeça no acidente com o quadriciclo. Caminho ou me exercito todos os dias. Minhas músicas favoritas tocam pela casa. Evito todas as coisas negativas. Estou saindo com amigos alegres e minha esposa animada, estou de olho para manter um amanhã mais saudável e emocionante. São estratégias simples para viver em congruência com a maneira que quero me sentir.

Aqui estão mais ideias que você pode implementar no dia a dia para obter e manter um humor positivo:

- Comece todos os dias perguntando a si mesmo: *O que mais espero obter hoje ou o que poderia decidir fazer hoje que me anime a acordar amanhã?* Começar o dia com uma expectativa positiva é o segredo para melhorar seu humor.
- Beba muita água o dia todo — cerca de seis litros no total se tem um estilo de vida ativo e saudável.

A maior parte da fadiga, da fome e das dores de cabeça — coisas que estragam o humor — surge da falta de hidratação adequada.

- Procure motivos para dizer "obrigado" e demonstrar gratidão ao longo do dia. Elogiar os outros e ser grato melhoram o humor de modo significativo.
- Almoce com os amigos. Estar perto de pessoas de quem você gosta e socializar com os outros sempre melhora o humor.
- Escreva em um diário todas as noites, detalhando as experiências vividas no dia e as coisas pelas quais se sente grato, além do que o que aprendeu e o que está esperando que aconteça.

Por fim, nos próximos 30 dias, escreva em seu diário a respeito de seu humor naquele dia e por que se sentiu assim. Então, pense em maneiras com as quais você poderia ter melhorado o humor. O ato de escrever isso todos os dias manterá seu foco e imaginação em como pode, finalmente, começar a se sentir como sempre quis na vida.

Ativador 3: Mantenha sua palavra e vá em frente

"Mantenha sua palavra" é um dos meus mantras de autoajuda preferidos. É a mesma coisa que dizer: "Seja um bom ser humano!".

O mantra não poderia ser mais direto e universalmente aceito como uma boa ideia, mas poucas pessoas fazem isso. Afinal, quantas pessoas de sua vida não conseguem fazer o que disseram que fariam?

O que acontece? Por que, por exemplo, nós nos comprometemos, em janeiro, a perder peso, e não perdemos? Por que afirmamos aceitar as pessoas e então começamos a criticar todo mundo no bebedouro?

As respostas têm muito a ver com nossa atitude casual em relação às afirmações que fazemos na vida, o que, por sua vez, surge das consequências que relacionamos a tais afirmações. Se agimos como se disséssemos *Minha palavra neste mundo não é importante nem inspiradora para as outras pessoas*, então costumamos ser frívolos com o que dizemos. Mas e se imaginássemos que nosso mundo contribuiu tanto para nosso legado quanto para nossas atitudes? E se imaginássemos que o que dizemos é divulgado no consciente coletivo da humanidade? E se simplesmente fingíssemos que nossas palavras e promessas estariam na capa dos jornais amanhã?

Viver com a ideia de que nossa palavra no mundo tem importância e que os outros seres humanos dependem dela para seu senso de justiça, estabilidade e inspiração é o ponto de partida para uma melhor qualidade de vida e uma sensação mais profunda de congruência. As pessoas se comportam no mundo com base nas palavras dos outros, o que tenho certeza de que você reconhece depois de ter feito os exercícios deste capítulo. As palavras contam. As palavras podem causar dor ou inspirar. O que ganha força é perceber que, com o tempo, nossas palavras passam a refletir quem somos e elas podem prejudicar ou ajudar o mundo. É nesse lugar que peço aos meus clientes que vivam.

Precisamos seguir adiante. Além de fazer o que dizemos no mundo e compreender a profundidade de nossas vozes e o impacto que elas têm, precisamos ser atentos e cumprir nossas responsabilidades. É diferente de apenas "cumprir o que você prometeu". Sim, temos que fazer isso, mas, para nos sentirmos totalmente congruentes em nossa vida, temos que cumprir coisas que não verbalizamos. É bem diferente de sentir-se congruente na vida.

A congruência não está apenas em fazer o que dissemos, mas em fazer o que *sabemos* que deveríamos fazer do começo ao fim.

Se você começa a pintar sua casa e não termina, há algo bem dentro de você que fica estranho até o projeto ser finalizado. Talvez essa sensação não seja tão forte ao longo dos dias, mas certamente surge quando você pensa na satisfação com a sua casa; é uma bagagem espiritual não finalizada.

Quais são suas responsabilidades na vida? O que você começou, mas não terminou? O que pode fazer *hoje* para lidar melhor com suas responsabilidades e terminar o que começou?

Esse conceito não é apenas um princípio isolado de autoajuda. Atravessamos um ponto de virada em nossa comunidade mundialmente conectada no qual nos tornamos extremamente conscientes de cumprir nossas promessas e completar nossas responsabilidades uns com os outros. Você pode fazer parte da solução nessa questão de compromissos serpenteantes. Você pode inspirar as outras pessoas com sua ajuda e dedicação firmes. Você pode, em atitudes simples de ser uma boa pessoa, inspirar a si mesmo.

Como pode ver, a congruência é um grande conceito em sua vida. Quando suas atitudes são congruentes com quem você quer ser na vida, como quer se sentir e o que acha que deveria estar fazendo e alcançando, você começa a ter uma formação interna mais forte. Sente-se mais firme, responsável, correto. Um novo nível de harmonia e constância surge em sua vida e você sente orgulho de ser quem é e de como interage com o mundo. Não sente seu mundo incerto e inconstante, pois encontra a firmeza e a certeza dentro de si. A *vida* se torna sua.

PONTOS DE ENERGIA

1. Para viver meu padrão de seis palavras todo dia, os comportamentos que eu teria que interromper ou adotar na vida para ser mais congruente seriam...

2. Três coisas que eu poderia fazer todos os dias para cuidar melhor de meu humor e ter mais congruência no dia a dia em relação a como me sinto são...

3. Cinco compromissos que farei e manterei nos próximos 60 dias são...

Capítulo 5

O IMPULSO PELO CUIDADO

Espero passar pela vida apenas uma vez. Se houver qualquer gentileza que eu possa mostrar ou qualquer coisa boa que eu possa fazer por meus amigos, farei agora, não vou me recusar nem ignorá-los, pois pode ser que eu não viva de novo.

— William Penn

"Acho que ninguém se importa nem um pouco, nem eu, para ser sincero. Próxima pergunta."

O homem à minha frente é um cara grande. Com 1,95 metro, peito largo esticando a camiseta e bíceps do tamanho de um melão... Acho que ele seria capaz de me jogar do outro lado da sala como se eu fosse uma latinha vazia de refrigerante. E, pelo olhar de ódio que estou vendo, é o que temo que aconteça.

Mas não vou permitir que ele mude de assunto.

Então, pergunto de novo: "Quem se importa com você e com quem você se importa?".

Ele arregala os olhos, inclina a cabeça e olha para mim sem acreditar. "Não sou um cara todo cheio de sentimentos. Não estou aqui com você para falar de 'amor'; estou aqui para melhorar meu desempenho. Então, próxima pergunta, treinador, ou vou embora."

Ele está certo; está aqui para aprender a melhorar seu desempenho. Um ex-jogador de futebol americano bem conhecido que agora vende carros. Não foi uma queda na carreira — seus negócios são muito lucrativos, na casa dos milhões. Ele é um dos melhores, mas quer ser *o* melhor. Alguém disse a ele que eu sou o cara que pode energizar a vida das pessoas. Do nosso encontro, ele só quer algumas estratégias para motivar sua equipe e alguns "truques de ninja" para motivar as pessoas a comprar mais carros com ele.

Já estudei esse cara. A maioria de seus clientes é de mulheres. Ele é agressivo demais. Não passa a imagem de alguém que se importa. Seu modo de pensar, sua assertividade e nome o ajudaram a subir na vida, mas terá que conhecer a verdade que todos encontramos em algum momento: apenas os mais humanos, carinhosos e emocionalmente envolvidos se tornam o número um em qualquer missão (ou são felizes de verdade).

Eu acredito nisso. Mas, nesse momento, decido me desligar emocionalmente. Decido entrar no campo de batalha com ele. Arrisco.

"Tudo bem", digo, inclinando-me para a frente na cadeira para observá-lo de cima a baixo, devagar, só para ele saber que o estou analisando. "É preciso ter muita coragem e força para dizer que se é sensível. As questões do coração são questões da vida. Talvez você tenha um buraco no coração ou um bloqueio no cérebro, mas, se precisar de alguns minutos para se preparar, como se estivesse num vestiário ou coisa assim, posso esperar aqui enquanto você entra e reúne a coragem para voltar aqui e conversar comigo como um homem de verdade com um *coração de verdade*."

As pessoas não costumam falar dessa maneira com grandalhões como ele e, quando falam, sempre desequilibram o fortão. Às vezes, também ganham um gancho de esquerda.

Vejo um brilho de surpresa em seus olhos. Então, ele se inclina para a frente. Com uma voz fria e neutra, do tipo que só os homens que travaram batalhas sabem usar, ele pergunta: "É mesmo?".

Não há barulho na sala. Nenhum movimento. Apenas silêncio, uma tensão pesada antes da tempestade. Dois homens se encarando, sem humanidade no olhar. Prontos.

Não hesito. Não sei o que vai acontecer. Minha estratégia desesperada é mostrar para ele que "não estou nem aí", para que ele comece a falar.

De repente, ele se solta. Rosna, recosta-se na cadeira, olha pela janela e de novo para mim. Esboça um sorriso tímido enquanto esfrega as mãos na calça. "Estou vendo que teremos que ir fundo, não é, doutor?".

Isso me faz sorrir. Não sou doutor e ele sabe disso.

Solto a respiração também. Minha voz fica mais suave e olho para ele com compaixão. "Aposto que poucas pessoas sabem quanto você sente. Você *se importa* demais com os outros, não é?"

Ele respira fundo e olha para a direita, pensativo. E, então, para a minha surpresa, o gigante começa a chorar. "Eu *quero* fazer isso", diz ele.

• • •

A capacidade de cuidar e ser cuidado é uma força humana. É o que nos permite receber cuidados quando somos crianças, e é o que permite que demonstremos amor, empatia, gentileza, perdão e altruísmo com os outros conforme amadurecemos.

Em grande parte do mundo acadêmico e profissional, a palavra "cuidado" costuma ser relegada à profissão de cuidador. Os cuidadores — aqueles que cuidam de pessoas enfermas, à beira da morte, idosas ou incapacitadas — costumam ser enfermeiras ou pessoas que cuidam de seus entes queridos em momentos de necessidade.

Mas eu penso no cuidado de um modo muito mais amplo. Todos nós deveríamos nos concentrar estrategicamente em ser cuidadores melhores de todas as pessoas que encontramos na vida. Também deveríamos ser melhores *recebedores* de cuidado e valorizar os pensamentos e gestos carinhosos dos outros. Quando fazemos isso, a vida se acende. (Assim como o nosso cérebro, como você verá.)

Quase tudo que você deseja desesperadamente dos outros pode ser sentido apenas pela demonstração de que eles se importam. Você quer atenção, apreciação, aceitação, simpatia, respeito, adoração, afeição? Essas coisas aparecem em sua vida apenas se uma pessoa se importar com você e demonstrar essa preocupação de um desses modos. Quando os outros demonstram que se importam com você — dizendo que o amam, tocando seu ombro em momentos difíceis, compartilhando o calor de uma palavra amiga —, você se sente reconhecido e valorizado por eles.

Quando você não se sente cuidado na vida, o problema começa a aparecer em níveis psíquicos profundos. Bebês que não recebem cuidados, morrem. Bilhetes de suicídio sempre citam ideias assustadoras de que "ninguém se importou" e de que "ninguém nunca vai se importar". As pessoas que não têm um ambiente de cuidados demonstram comportamento errático, não têm um repertório emocional positivo, se divorciam, traem e abruptamente pedem demissão. (O principal motivo pelo qual as pessoas pedem demissão, em todas as áreas? Falta de valorização — ninguém demonstrava se importar nem era agradecido pelo trabalho árduo e pelas contribuições do funcionário.) O cuidado é uma coisa séria.

Existe um outro lado, também. Além de receber atenção dos outros, quando você não demonstra se importar com as pessoas, a vida perde a cor e a conexão. Você se sente menos comprometido emocionalmente com as pessoas ao seu redor. Os hormônios que regulam o desenvolvimento da ligação social — a vasopressina e o oxitocina, por exemplo — não fluem para a sua cabeça o suficiente e você se sente sozinho.

Se você não toma o cuidado de se importar com as pessoas de sua vida, as pessoas ao seu redor não se sentem cuidadas, amadas, valorizadas, respeitadas ou envolvidas com você em nenhum nível emocional. Então, naturalmente, elas passam a procurá-lo com menos frequência, confiam menos em você, acreditam menos em você, seguem menos você e o deixam mais de lado. Em todas as relações humanas, é uma fórmula muito fácil de entender: quanto mais se importa, mais se conecta.

E, ainda assim, o cuidado é um impulso humano separado da conexão (o assunto do próximo capítulo). Nosso desejo de cuidar é uma necessidade para a sensação mais ampla de que somos seguros, temos valor e somos amados; que, pelas nossas atitudes e pelas atitudes dos outros, alguém se importa conosco. A conexão é mais específica, tem em si um senso de pertencimento e um tipo de relação com os outros. Uma conexão é algo que você tem; cuidado é algo que você dá e recebe.

Aposto que, se você for como a maioria das pessoas, "cuidar" não é algo em que você tem pensado. Se analisássemos sua agenda dos últimos 12 meses, acho que não encontraríamos dezenas de frases do tipo "Oferecer mais cuidados hoje. Permitir que cuidem de mim também".

O que acontece?

Em meu ponto de vista, de todos os impulsos humanos, o cuidar recebe menos atenção. As pessoas raramente falam sobre isso. Por ser uma virtude humana poderosa, poderíamos pensar que ela seria o foco de conferências e best-sellers sobre a psicologia. Mas o irmão mais bonito do cuidado, o *Amor*, recebe todos os confetes, apesar de ser impossível sentir ou demonstrar amor sem cuidar. Nem mesmo a *Gentileza*, a irmã altruísta do cuidado, recebe mais atenção, apesar de que, se você não se importa, não cuida e não procura demonstrar gentileza a alguém.

Como os cuidados recebem pouca atenção, é fácil fazer enorme progresso nesse âmbito da vida. Antes de eu compartilhar alguns ativadores que aumentam sua capacidade de dar e receber cuidados, vamos ver *por que* tantas pessoas sentem-se desconectadas do cuidar.

Todos somos feitos para demonstrar que nos importamos com os outros — mas alguns de nós foram desconectados de nossas emoções e funcionamento mental de um modo que bloqueia ou nos impede de dar, cuidar. Isso, como você verá, foi o grande problema da história que contei na abertura deste capítulo.

Quando digo que somos "feitos" para cuidar, digo no sentido literal. Nosso cérebro é muito bem equipado, biologicamente formado para se aproximar e se importar com as emoções e experiências dos outros. Essencialmente, seu cérebro foi feito para imitar o que você vê e sente nos outros. Já sentiu isso antes ao se aproximar de um grupo de pessoas e perceber que elas estavam tristes. Sua variação emocional provavelmente se adequou à delas — um fenômeno que os cientistas chamam de "contágio emocional". Isso acontece devido a um sistema de neurônios-espelho, que se acionam de um modo que faz com que sintamos e imitemos os outros. São chamados neurônios "espelho" porque causam uma reação lógica e emocional dentro de nós que reflete o que vemos nos outros. Tudo isso acontece automática e subconscientemente. Claro, podemos escolher agir ou não de acordo com essas motivações neurais, mas lembre-se do básico da ciência do cérebro: quanto mais acionados, mais os caminhos neurais são fortalecidos e mais provável se torna a mesma reação no futuro. Então, se sempre vemos os outros se comportando de determinada maneira, nosso cérebro nos dirá para imitar tal comportamento. É por isso que alguns adolescentes fumam quando outros fumam; que os bebês sorriem quando as mães sorriem; e que tantos de nós bocejamos ou nos sentimos impacientes quando outra pessoa também se sente assim. Graças a nossos neurônios-espelho, sentimos o que vemos. Então, quando você vê alguém que precisa de atenção e amor, esses sentimentos costumam surgir dentro de você de modo compreensivo e você quer dar atenção e amor à pessoa à sua frente.

Mas, para algumas pessoas, os neurônios que devem acionar as emoções de compaixão e cuidado foram comprometidos. Por exemplo, no começo do capítulo, falei sobre meu confronto com o grandalhão. Uma coisa que eu disse a ele foi: "Talvez você simplesmente tenha um buraco no coração ou um bloqueio no cérebro". Isso não foi um insulto. Eu estava descrevendo o que pode ocorrer fisicamente em seu corpo quando o cuidado — ou qualquer outra emoção positiva — desaparece ou é interceptado.

Eu me lembro de ter trabalhado com o gigante certo dia, disposto a aprender com seu corpanzil de 1,95 metro. Ele disse: "O que gostaria de abordar e consertar hoje é o fato de eu ser tão desligado, Brendon. Não tenho emoções fortes, cara. Minha esposa acha hilário o que estamos fazendo aqui, mas ela espera que você possa me tornar mais... não sei, cuidadoso, sensível, alguma coisa assim".

A preocupação dele ilustra a realidade com que todos os seres humanos lidam. Em algum momento de nossa vida, todos somos bloqueados de nossas emoções e das alegrias de sentir e expressar maior emoção — incluindo o cuidar. Entender como e por que isso acontece e também como reabrir os portões para uma vida mais rica, comprometida e satisfatória emocionalmente é o que o gigante teve que aprender.

Às vezes, é a cultura, os amigos e parentes que condicionam nossas crenças a respeito da expressão emocional e nossos padrões e sentimentos de valor a respeito do cuidar. Mas acontece, também, de modo mais amplo. São os milhões de experiências que temos dentro de nós mesmos e os milhões de interações com os outros que constituem quem somos e quanto nos importamos.

Duas experiências desse tipo me ocorrem, e eu acho extremamente importante que você as conheça. As duas levam ao que eu chamo de "bloqueio cerebral emocional". Uma experiência tem a ver com ansiedade demais; a outra, com atenção de menos.

Saiba o que aconteceu com o gigante. Ao longo de sua vida, ele não se sentiu cuidado nem amado o suficiente. Rompimentos diversos e críticas mil o deixaram "desconectado" e "frio, desligado por dentro", segundo ele. O que ele não sabia era que essa descrição não era apenas uma metáfora.

Quando um fato emocional muito grande acontece na vida, sua mente e seu cérebro entram em modo de proteção. O processo biológico funciona da seguinte maneira: algo ruim acontece e seu sistema nervoso estendido — seu corpo, cérebro, área límbica, córtex — acende imediatamente. Grosso modo, as emoções costumam "ficar verticais", subindo dos sentidos de seu corpo ao tronco cerebral, para a área límbica de seu cérebro, integrando-se, por fim, com partes relevantes do cérebro, incluindo o córtex pré-frontal médio, que mostra quanto de foco e atenção devem ser dados àquela emoção. Claro, tudo isso acontece bem rápido. E não se trata de um processo linear, por causa das ramificações amplas de conectividade neural no cérebro. Mas você entendeu: as emoções aumentam e o cérebro decide quanta atenção dar a isso.

Em épocas de grande ansiedade e estresse, a mente pode evitar essas sensações, desligando, de modo eficiente, a sensação de nossas regiões do subcórtex ao córtex pré-frontal, de modo que não tenhamos que ter a sensação em níveis altos de consciência. Isso permite que evitemos, minimizemos ou "desliguemos" nossos sentimentos. Essa habilidade de se fechar emocionalmente costuma ser chamada de mecanismo de defesa. E é bom que o tenhamos. Conforme evoluímos, muitas das emoções de luta ou fuga, que nos tornam humanos, não são úteis. Quando você está em uma reunião e alguém o expõe de modo constrangedor, as emoções de seu corpo dizem para você se levantar e sair correndo da sala naquele instante. Felizmente, sua mente acalma a emoção e manda o comando para que você fique firme, concentrado na discussão e no objetivo.

Em casos de traumas maiores, também é bom que a mente se desligue e tire a consciência das sensações ruins que estejamos vivendo, física ou emocionalmente. Vítimas de ataque, estupro e agressão física costumam dizer que se sentiram aterrorizadas, mas que, em determinado momento, as emoções e a experiência mudaram e elas "foram para outro lugar" enquanto estavam sendo machucadas. A mente delas desligou a consciência da situação e as levou para outro lugar.

Por isso que o mecanismo de defesa da mente é uma bênção. Porém, quanto mais sentimos dor e trauma, mais o padrão se aciona, mais os caminhos neurais se fortalecem para evitar a emoção. De repente, deixamos de integrar e sentir nossas sensações com tanta intensidade no dia a dia. *E quanto menos emoção sentimos, menos cuidamos de nós mesmos e dos outros*. A emoção, antes de mais nada, é a faísca que nos leva a cuidar.

Felizmente, também temos o dom da presença mental e emocional, o que nos permite escolher como lidar com nossas emoções. Os terapeutas costumam usar esse dom para nos ajudar a reviver o passado e acontecimentos traumáticos, de modo que possamos lidar com as emoções ou integrá-las. Às vezes, eles nos ajudam a recriar o sentido todo da experiência. Na verdade, os melhores terapeutas são aqueles que ensinam seus pacientes a lidar melhor com a emoção e aumentam sua tolerância para lidar com a ansiedade e com as emoções negativas. É por isso que tantos terapeutas pedem que seus pacientes "permaneçam com a emoção". Ao reconectar as pessoas a suas emoções, os terapeutas ajudam-nas a encontrar uma sensação maior de amor-próprio e empatia pelos outros.

Então, quando nosso amigo gigante disse que se sentia "desligado" do mundo emocional, ele estava descrevendo não apenas um sentimento, mas também uma tendência física a respeito de como o cérebro funciona. Depois de todos os rompimentos e críticas dolorosas, ele parou de permitir a si mesmo sentir a dor. As conexões neurais que permitem que a emoção surja e saia da região do subcórtex para o córtex pré-frontal, ou "frente da mente", passaram a não ser utilizadas. Seu mundo emocional parecia sem graça porque seus circuitos neurais tinham sido prejudicados.

Tudo isso tem consequências que vão além do que a maioria de nós pensa. Não apenas deixamos de sentir as emoções de modo geral, mas também começamos a pensar de maneira diferente. Saiba o que aconteceu no passado do gigante: ele foi criado por pais emocionalmente inexpressivos. Já tinha sido magoado tantas vezes, que permitiu que a parte esquerda de seu cérebro fechasse seus impulsos subcórticos e parou de sentir as próprias emoções. Os caminhos neurais da parte direita de seu cérebro foram enfraquecidos, e sua parte esquerda do cérebro começou a ditar todas as regras.

Ainda assim, ele conseguiu chegar ao topo de seu esporte, impulsionado pelas brilhantes estratégias que tinha. O problema era que, no esporte, seus neurônios-espelho passavam o dia todo vendo homens tentando ser durões.

Isso tudo fez com que ele me procurasse em busca de orientação. Aquele cara era bom de verdade e raramente prestava atenção às suas palavras internas, ou às dos outros. Ele não via motivos para as pessoas o aceitarem ou amarem nem para que as pessoas amassem ou aceitassem umas as outras. Ele não gostava de demonstrar que se importava com os outros, pois nunca recebeu cuidados.

Ele, como tantas pessoas no mundo, precisava de uma nova estratégia de jogo.

Como podemos superar o condicionamento do passado? Como podemos nos treinar para cuidarmos melhor de nós mesmos e dos outros, e permitirmos que os outros também cuidem de nós? Como podemos nos tornar uma sociedade que é mais gentil, compreensiva e carinhosa?

Como sempre, a mudança real acontece com compromisso real. Temos que ser mais conscientes de nossos objetivos e escolhas, e firmes em nossos esforços de fazer isso acontecer. Para ser digno de receber mais cuidados, primeiro devemos aceitá-lo e, claro, retribuir.

Como o grandalhão, meu cliente, estamos prestes a descobrir que colocar a estratégia do cuidado em nossa vida pode mudar o jogo totalmente.

Ativador 1: Cuide de si mesmo

Antes de podermos receber dos outros ou dar livremente, devemos ser congruentes com nosso impulso interno cuidando, em primeiro lugar, de nós mesmos. Seu corpo e seu cérebro querem saber desesperadamente que você está cuidando deles, procurando o melhor para sua saúde e para sua vida de modo geral. Quando você *sabe* que não está cuidando de si mesmo, é quase impossível sentir intensidade na vida.

Cuidados melhores consigo mesmo são a base de todo o desenvolvimento pessoal. Mas, ainda assim, no mundo de mudança rápido e constante em que vivemos, muitos de nós não cuidamos de nós mesmos. Estamos tão ocupados tentando manter o ritmo, cuidar de tudo o que aparece no caminho e agradar aos outros, que costumamos cuidar de nós mesmos por último. É por isso que a maioria das pessoas é desidratada, obesa, estressada e não dorme direito. Ainda assim, nenhuma dessas realidades depende dos outros. O modo que você come, bebe, equilibra as responsabilidades e descansa depende só de você.

Está na hora de começar a cuidar de si mesmo. Você deve se importar com a maneira que se sente, com o que pensa, com o que quer, do que precisa e o que faz com que se sinta feliz. Igualmente importante é ter planos e rotinas adequados, que permitam a você fazer todas essas coisas e ainda cuidar de si.

Eis o que eu recomendo:

- *Reserve um mínimo de sete horas de sono todas as noites*. Se há algo que sabemos a respeito dos cuidados consigo mesmo, é que ter uma boa noite de sono é a melhor coisa que você pode fazer por seu cérebro, corpo e vida. Claro, os pais de um bebê recém-nascido não têm essa realidade — dormir poucas horas por noite é o mais comum. Mas, sem exceção, podemos aprender a gerenciar nossos compromissos, conseguir ajuda e encontrar maneiras criativas de garantir o sono.

- *Lembre-se: porções menores, mais qualidade*. Seu corpo nunca se sentirá cuidado se você enfiar muita comida dentro dele ou se envenená-lo com *fast-food*. Concentre-se em ter um prato principal na refeição, não um prato grande cercado por outros pratos grandes. Ao fazer isso, cuide para que pelo menos um terço do prato seja formado por legumes e verduras. Uma dieta com base em legumes e verduras — como as dietas vegetarianas e veganas — garante a alimentação do corpo de modo mais alcalino e mais livre de dores, incômodos e doenças, incluindo câncer.

- *Exercite-se pelo menos três vezes por semana.* Na High Performance Academy, mostramos que fazer exercícios físicos três horas por semana, apenas, pode melhorar drasticamente sua saúde de modo geral, além de melhorar o funcionamento do cérebro. Se quer conselhos a respeito de exercícios físicos, recomendo que você faça pelo menos dois exercícios cardiovasculares longos por semana: uma hora de exercícios aeróbicos e pelo menos um exercício mais curto e intenso por semana, que seria uma atividade mais anaeróbica, como musculação, lançamento de peso etc. (Como sempre, faça o que é apropriado e possível para você e para sua situação de saúde atual, e consulte seu médico ao realizar novos exercícios.)

- *Medite.* A neurociência provou que a meditação é poderosa não só para reduzir os níveis de estresse, mas também para o crescimento de novos neurônios e ativação de nossas capacidades para que tenhamos mais criatividade, empatia e conquistas. Procure meditar duas vezes por dia, mesmo que seja por 10 a 20 minutos no meio da manhã e no fim da tarde. Se Oprah, Russell Simmons, Jerry Seinfeld e milhões de pessoas no mundo todo conseguem encontrar um tempo para meditar, você também consegue. Para saber como meditar de modo eficiente, visite www.TheChargeBook.com/resources.

- *Beba muita água.* Você deve beber cerca de seis litros de água por dia. Nem todo mundo concorda comigo nesse aspecto, tudo bem, mas, se você mantiver um estilo de vida saudável e ativo, então de seis a sete litros não é tanto assim. Por exemplo, dois litros até a hora do almoço, dois litros à tarde e dois litros entre o jantar e a hora de dormir. Um desses litros deve ser bebido até uma hora depois de seus exercícios físicos. Beba água limpa e fresca. Experimente. Você vai se surpreender com o aumento de sua energia física e mental.

Vamos mais fundo. Outra maneira de cuidar de si mesmo é permitir-se tirar uma folga. Se você é como a maioria das pessoas que faz coisas demais, é crítico demais consigo mesmo. Você é muito crítico em relação às suas fraquezas e lutas na vida, e normalmente não reconhece e não se recompensa por um trabalho benfeito. Seja paciente e gentil consigo mesmo. Saiba que as críticas que faz contra si mesmo costumam ser as mais prejudiciais que você receberá.

Por fim, procure seu lado mais emocional. Envolver suas emoções e o lado direito de seu cérebro costuma acionar os neurônios da empatia. Ao trabalhar com o gigante, comecei com um pedido que ele considerou muito simples, até estranho. Pedi que ele começasse, conscientemente, a "ligar-se" aos sentimentos que tinha em seu corpo, em três momentos diferentes do dia: antes de cada refeição, depois de uma conversa (com qualquer pessoa), e uma hora antes de dormir. Estabeleci esses momentos porque eles são fáceis de ser lembrados. Eu o aconselhei a se sentar por um ou dois minutos e perguntar: *O que estou sentindo agora e por quê?* Pedi que inspirasse e expirasse profundamente, e "sentisse o sentimento" e, o que quer que sentisse, "permanecesse com o sentimento". Expliquei que ele não tinha que ser sugado para dentro dos dramas emocionais. Só tinha que se sentar com as emoções algumas vezes por dia, pois eu sabia que isso abriria o fluxo para o lado direito de seu cérebro e, por fim, seu impulso de cuidar mais. Também pedi ao gigante que registrasse, em um canto separado de sua agenda, algumas observações a respeito de atos de cuidado, gentileza e amor que ele testemunhasse e demonstrasse durante a semana.

Eu sabia que ele consideraria aquela atividade artificial. Você deve pensar o mesmo. Mas eu sabia que, se ele persistisse e a fizesse por algumas semanas seguidas, se ligaria ao seu mundo emocional de novo. Nesse processo, começaria a fortalecer ou criar novos caminhos neurais em seu cérebro. O cuidar, em si, é uma habilidade, e quanto mais você a pratica, melhor se torna e mais a ideia e o comportamento passam a ser automáticos.

Por mais simples que essa estratégia seja, você pode ficar chocado com os resultados. Experimente. Nosso gigante, de repente, percebeu que estava se tornando mais claro e mais ligado às suas emoções. Ele disse que, depois de duas semanas, começou a se sentir mais "firme" e se sentiu "emocionado". Disse também que, pela primeira vez em décadas, sentiu o amor por dentro. Quando perguntei de onde vinha o amor, ele disse: "Ninguém disse nada. Acho que foi apenas meu coração derrubando minhas proteções, aparecendo, dizendo olá, como um velho amigo".

Ativador 2: Seja mais vulnerável e permita que os outros cuidem de você

Por mais que queiramos sentir que os outros se importam conosco, é impressionante perceber quantos de nós nos fechamos ou ignoramos as expressões de emoção e carinho das pessoas para conosco. Não pedimos ajuda quando precisamos, mesmo que os outros ofereçam. Recebemos um e-mail de alguém perguntando como estamos e enviamos uma resposta de uma linha, sem perceber que a pessoa estava de fato interessada na nossa vida e abrindo o caminho para que conversássemos. Não percebemos que o fato de nosso cônjuge arrumar a casa é um sinal de que ele nos ama.

Com frequência, nossa consciência e receptividade às tentativas de cuidado das outras pessoas têm muito a ver com o modo com que vivenciamos os cuidados no passado. O nível de atenção, importância e cuidado que seus pais dedicavam a você provavelmente moldou seu estilo de interagir com os outros. Seus pais davam sinais de que se importavam quando você chorava ou precisava de alguma coisa. Isso criou uma base para você concluir: *Sou digno de cuidados e amor?* Sabe-se que, por exemplo, se você foi criado por pessoas atentas e carinhosas, costuma demonstrar essas mesmas qualidades com os outros mais adiante. O oposto também ocorre: se você recebeu poucos cuidados na infância, costuma se importar pouco consigo mesmo e com os outros. Mas o passado passou e devemos escolher de novo como queremos que nossa vida seja.

Se você não se sente "digno" de receber cuidados ou se tem "muito medo de cuidar" porque, no passado, machucou-se ao abrir seu coração, está na hora de repensar.

Você é um filho de Deus e só isso já o torna digno de cuidado e amor. Além disso, não se esqueça de que permitir que os outros lhe deem cuidado, atenção e amor é uma das maiores alegrias da vida. Se sua guarda está levantada, derrube-a. Se construiu uma barreira de defesa para se proteger e deixar todas as pessoas malvadas de fora, não se esqueça de que essa barreira também impede a entrada das pessoas boas.

Estar vulnerável, pedir ajuda, permitir a entrada das pessoas — tudo isso exige coragem. Então, sejamos corajosos e vamos nos abrir mais uma vez para os cuidados e apoio dos outros. Aqui está uma maneira simples de fazer isso. Pegue seu diário e reserve alguns momentos para anotar todas as áreas em sua vida nas quais você está enfrentando desafios. Leve em consideração todos os aspectos — sua realidade emocional, mental, social, profissional, financeira e espiritual. Quais desafios ou problemas você tem enfrentado em cada área? Agora, em cada uma delas, escreva suas maiores ambições e seus sonhos.

Depois de escrever todos os desafios e as ambições, chegou a hora de tomar uma decisão: você resolverá esses problemas e realizará esses sonhos sozinho ou vai pedir ajuda? A resposta para essa decisão ditará a dificuldade ou frustração a ser enfrentada na próxima década de sua vida. Eu o aconselho a dividir seus resultados com outras pessoas, a pedir ajuda, a se abrir e permitir que os outros o ajudem, incentivem, orientem — *cuidem de você.*

Ativador 3: Seja mais presente, interessado e atento aos outros

Se pudermos cuidar de nós mesmos e permitir que os outros cuidem de nós, estaremos no meio do caminho para ativar totalmente esse impulso. O restante de nosso progresso está em demonstrar mais cuidados no mundo.

"As crianças de hoje não precisam de nossos presentes; precisam de nossa presença." Foi isso o que disse o reverendo Jesse Jackson a um grupo de seguidores a respeito de como cuidar e mobilizar os jovens. Acho que esse é o conselho mais relevante que posso dar a você sobre relacionamentos: não os impressione com suas "coisas", mas sim com sua presença.

Nós nos tornamos uma sociedade tão presa ao superficial, que quando encontramos pessoas que estão realmente presentes conosco, elas fazem a diferença. Sabemos quando elas querem estar conosco. Quando nos encontram, não ficam conferindo as mensagens no telefone. Não ficam olhando ao redor no restaurante para ver quem está por perto que possa ser mais interessante do que nós. Não se mostram distraídas e se concentram na única coisa que acreditamos ser a mais importante: nós.

Sem dúvida, o motivo principal pelo qual seus relacionamentos não são tão intensos nem recebem tantos cuidados quanto você gostaria é que, francamente, você quase nunca está "no" relacionamento. Sua presença é distraída. Quando está com uma pessoa, presta atenção em uma longa lista de outras coisas, não apenas nela. Sua mente está focada na lista de afazeres do dia seguinte ou no que você tem que fazer depois dessa interação, ou então nas palavras que você quer dizer depois que ela finalmente se calar e chegar a sua vez de falar. Você não está no momento com a outra pessoa, então ela não pode estar no momento nem totalmente "no" relacionamento com você durante a interação. A única maneira de viver os níveis mais profundos da experiência humana é estar mais envolvido no momento, em nossas interações com os outros, totalmente comprometido com o agora e com as pessoas envolvidas.

Manter-se presente em nossas interações com os outros exige grande foco e prática.

A partir de agora, quando alguém falar alguma coisa, lembre a si mesmo: ESTOU PRESENTE. Se esse fosse o único lembrete mental que você dá a si mesmo para ampliar seu impulso de cuidar, e para melhorar seus relacionamentos, e se você pensasse nele de modo constante antes e durante todas as interações, o cuidado, a gentileza e o amor em sua vida desabrochariam.

Mas a nossa presença com os outros também deveria ter um objetivo, que é demonstrar que nos importamos e queremos aprender algo com eles. Estar presente permite que sejamos curiosos e prestemos atenção nos outros. A curiosidade é um segredo para os bons relacionamentos. E é possível que, quando você se abrir para cuidar das pessoas ao seu redor, fique surpreso ao descobrir quanta coisa tem para conhecer, aprender e valorizar nelas.

Tente este teste simples: escreva o nome das dez pessoas com quem você interage com mais frequência. A lista provavelmente inclui seu parceiro (se você tiver um), colegas de trabalho, amigos e familiares. Quando terminar a lista, complete as informações a respeito de cada pessoa:

- Os três principais objetivos dessa pessoa são...
- O artista preferido dessa pessoa é...
- Os três melhores amigos dessa pessoa são...
- As três melhores experiências da vida dessa pessoa foram...
- As três piores experiências da vida dessa pessoa foram...
- O prato preferido dessa pessoa é...
- Essa pessoa adoraria poder comprar um...

Essas informações são aleatórias, claro, e muitos diriam que não são relevantes. Mas o que a falta de conhecimento sobre as pessoas mais próximas de nós diz sobre nós mesmos?

Há um velho ditado que diz: Há dois tipos de pessoas no mundo — aquelas que entram em uma sala e dizem, "Cheguei!", e aquelas que entram em uma sala e dizem, "Ah, você está aqui!".

Seja o segundo tipo. Dê sua atenção aos outros. Pergunte mais sobre eles. Seja tão curioso a respeito das outras pessoas de modo que elas passem a ser curiosas a seu respeito. (Isso acontece quase automaticamente, graças aos neurônios-espelho de nosso cérebro.)

Todos queremos alguém que se importe com quem somos e com o que pensamos e sentimos. É por isso que devemos ver as pessoas como se elas tivessem uma placa pendurada no pescoço, na qual se lê: POR FAVOR, ME ESCUTE E ME VALORIZE. Quando você faz perguntas a respeito da realidade de alguém, é como se você tivesse lido a placa dessa pessoa e, em troca, ela vai querer saber mais sobre você e também vai se importar.

Ao perguntar sobre a vida de outras pessoas, há uma pergunta que parece demonstrar sua atenção mais do que as outras. Essa abordagem por si só mudou a minha vida e serei eternamente grato por ela. Eu a aprendi em uma aula de comunicação interpessoal. Eu me lembro de que muitos alunos gostaram dela, e a colocaram em prática por algumas semanas. O que costuma fazer diferença na minha qualidade de vida, no entanto, é a minha persistência, e expor essa pergunta às pessoas que conheci nos últimos 15 anos tem sido mais do que importante.

A estratégia é simples. A partir de agora, sempre que alguém contar alguma coisa para você, tenha o cuidado de perguntar: "Nossa! Como você se sentiu quando isso aconteceu?". Acrescentar a palavra "Nossa!" tira da pergunta o tom de terapeuta. (Em nenhuma circunstância diga: "Humm, sei... conte-me como se sente em relação a isso".) Fazer essa pergunta a alguém é um presente, pois faz com que a pessoa pare para pensar e, além disso, mostra que você se importa com as emoções dela. Também é um presente para você, pois tornará suas interações com os outros muito, muito mais profundas e significativas.

As pessoas mais felizes e de mais alto desempenho que conheço são extremamente atenciosas. Elas colocam o cuidado com elas mesmas e com os outros no topo de suas prioridades na vida. Elas demonstram que se importam com os outros de maneiras muito atenciosas e físicas, e têm coragem de pedir cuidados quando precisam. Para elas, cuidar é uma prática contínua da vida, não um conceito sensível, e como elas abordam essa área da vida com muito domínio, o resultado é um viver repleto de emoção. Se você quiser se sentir vivo de novo, *cuide* de novo.

PONTOS DE ENERGIA

1. Cinco maneiras com as quais vou começar a cuidar melhor de mim...

2. Se eu estivesse disposto a ser mais vulnerável na vida, provavelmente começaria pedindo mais ajuda nas seguintes áreas...

3. Três maneiras com que começarei a demonstrar mais cuidado com as pessoas em minha vida são...

Capítulo 6

O IMPULSO PELA CONEXÃO

Faz bem lembrar que a população toda do universo, com uma exceção superficial, é composta por outras pessoas.

— John Andrew Holmes Jr.

Acompanho Dan para dentro de sua casa e percebo estilhaços na porta que a impedem de se fechar totalmente. O vidro quebrado se espalha por toda a saleta. A pequena mesa de canto, no corredor, está alguns centímetros fora de seu alinhamento com a parede, e uns porta-retratos sobre ela ainda estão deitados.

Dan observa que estou analisando a cena e dá de ombros com timidez.

"Não tivemos tempo de arrumar as coisas."

Descemos a escada. Dan aponta para a última porta à direita. Vejo pedaços de vidro ali também.

"Diga ao Shane que eu o amo, está bem? Faça o que tem que fazer e me encontre na cozinha quando terminar. Depois, talvez possamos tomar alguma coisa?"

Eu concordo e sorrio, e então caminho em direção à porta. É um dia em que odeio o que faço e, ao mesmo tempo, sinto-me honrado por ter desenvolvido habilidades tão únicas. Não há nada mais difícil do que um amigo pedir que você o ajude com seus filhos.

Chego à porta do quarto de Shane e olho para dentro, onde o encontro sentado à sua mesa, escrevendo. Sua mãe, Rita, está sentada à sua direita em uma cadeira, lendo. Ela me vê e abre um sorriso, aliviada.

"Shane, olha só, o Brendon chegou!"

Ele olha na minha direção, mas não em meus olhos.

Eu me aproximo do batente e da porta destruída, que ainda está presa pela dobradiça inferior. Sei que não tem graça, mas, às vezes, tentar quebrar o gelo mostra às pessoas que você se importa.

"Caramba, Shane, você envia uma mensagem de texto e eles mandam uma equipe da SWAT que invade o local como se fosse uma casa de venda de drogas igual a dos filmes?"

Na noite anterior, Shane enviara uma mensagem de texto para Nina, sua ex-namorada, na qual escreveu: "Estou armado. E vou puxar o gatilho por sua causa. Foda-se você, foda-se todo mundo". Nina, por acaso, estava na companhia de uma de suas melhores amigas, cujo pai, felizmente, era policial.

Shane só bufa e continua olhando para sua lição de casa. Rita caminha em minha direção e me abraça. Olha para mim com esperança, e então se vira para sair. "Shane, vou descer. Vou ficar o dia todo em casa, querido." Ele não reage quando ela sai.

Eu dou a volta na cama, até o lado da mesa de Shane, e me sento. Decido esperar que ele termine o que está fazendo. Shane escreve por mais um minuto e finalmente me convida para a conversa, ainda que não pareça.

"E aí", diz ele, "eles mandaram a polícia ontem à noite e agora *você*, não é?"

"Bom, acho que depois que tiraram todos os malandros que embrulhavam a cocaína lá embaixo, acharam que seria seguro me mandar pra cá."

Para minha surpresa, ele sorri. Pensei que demoraria mais.

Eu sabia, antes de entrar na casa, que não conversaria com Shane como faz um terapeuta, professor ou adulto preocupado. Ele tem 16 anos e os adolescentes têm um jeito diferente de tocar em assuntos sem abordá-los de fato. Se querem falar sobre algo, apenas insinuam para ver sua reação.

"Eles acabaram com as portas, cara. Devem ter mandado uns brutamontes."

Ele bufa de novo e não olha para mim. Mas tenta me acertar.

"Eram maiores do que você."

Eu dou risada.

"Ah, sim, aposto que sim. Não sei se já contei pra você, mas tentei entrar no Exército. Eles não me aceitaram porque eu não conseguia fazer muitas flexões de braço e me recusava a dormir em quartos cheios de caras com camisetas grudadas no corpo."

Shane ri de verdade. Seu pai já foi do Exército, então eu sabia que ele daria risada. E ele sabe que meu pai era da Marinha, então eu sabia que ele perceberia que eu só estava brincando.

Estou disposto a passar o dia falando com ele desse jeito. A melhor maneira de se aproximar de um adolescente é não falar sobre nada em especial, demonstrar que você é um fracassado ou rejeitado, e, só quando for o momento certo, mostrar que você não está nem aí para isso.

Ele baixa a guarda antes do esperado.

"Eles disseram que eu não estava armado, certo?"

"Sério? Se os caras eram maiores do que eu, seria bom que você tivesse pelo menos um spray de pimenta."

Ele ri de novo e, pela primeira vez, olha em meus olhos. Recebo aquele olhar de aprovação que todos os pais de adolescentes sonham em receber.

"Não, eu não tinha uma arma. Escutei os caras batendo na porta lá embaixo e não atendi. Não sabia que eles quebrariam tudo, como fizeram."

Regra número um quando um adolescente se abre: reagir do mesmo modo e então fechar a boca.

"Fiquei surpreso por eles terem invadido também."

"Pois é, pra que isso? E se eu estivesse armado mesmo? Eles teriam atirado em mim ou tentado me convencer a entregar a arma, ou coisa do tipo. Mas pra que invadir a casa desse jeito?"

"Me pareceu estranho também. Me surpreendeu. Talvez porque eles conhecessem você, sei lá."

Shane para e olha para a sua direita, pela janela.

"Bom, acho que agora todo mundo me conhece."

"Todo mundo quem?", pergunto.

"Todo mundo. Todos os alunos da escola. Tenho certeza de que a Nina contou para todo mundo. E tenho certeza de que os policiais entraram em contato com a escola e todos os pais, vizinhos, sei lá. Eles querem que eu comece a ir a um psicólogo amanhã, acho."

"Que bom que eles não prenderam você."

"Acho que preferiria ser preso. Como vou voltar para a escola agora?" Ele olha para mim como amigo pela primeira vez. É uma dúvida de verdade.

"Você simplesmente vai para a escola e vai dizer 'Caramba, minha namorada ficou doida e ligou para a polícia, e eles invadiram a minha casa e eu tive que tirar as meninas que estavam comigo pela porta dos fundos'."

Ele ri de novo, e agora sei que posso ajudar.

"Ou então pode ir, dizer a seus amigos que você está bem e decidir começar de novo. Ninguém sabe o que pensar de você agora, mas estarão observando você, então, mostre às pessoas quem você quer ser e quem você quer que elas saibam que você é."

"É."

Permanecemos sentados por um tempo e ele diz: "Sabe, eu não teria feito isso. Só fiquei triste e com a sensação de que ninguém se importava. Eu estava bravo com a Nina, entende? Só queria assustá-la para que ela se importasse, não sei. Todo mundo quer saber o que eu estava pretendendo com aquilo e por que fiz o que fiz. Não sei o que estava pensando. Acho que só queria alguém que me entendesse".

Quando me levanto para ir embora, ele me dá um aperto de mão e um daqueles olhares bacanas de novo. Quando atravesso a porta destruída, ele diz: "Obrigado, Brendon. Sei que você está tentando fazer com que eu me sinta melhor. E já estou melhor. Se eu tivesse amigos como você, não teria feito o que fiz".

"Eu sei, Shane. As amizades salvam vidas. E apesar de sua última experiência, as meninas também salvam. Amanhã, depois de encontrar o psicólogo, vamos comer uma pizza e posso dar umas dicas sobre meninas. Combinado?"

Ele concorda, e quando desço e conto a Dan e Rita tudo isso, eles começam a chorar, aliviados. Mas digo que o trabalho árduo só começou. Eles terão que aprender a se conectar de modo diferente com o filho a partir desse momento. Ele esteve no limite. É um garoto diferente agora.

• • •

Todos nós queremos nos sentir ligados às pessoas que nos cercam. O desafio de nossa sociedade moderna é que, graças à mídia social, estamos mais conectados às pessoas do que antes, mas tais conexões são mais superficiais do que nunca. Em um passado não muito distante, nossas amizades se limitavam aos nossos vizinhos, então, pensar em quem eram nossos "amigos de verdade" era um processo curto de eliminação — tínhamos poucas pessoas a considerar. Hoje, temos centenas ou milhares de "amigos" on-line. Mas quantos deles são *reais*? Quantos contam? Em quantos nós confiamos? Para quantos poderíamos telefonar em épocas de crise ou alegria? Suas amizades têm um papel tão importante em sua felicidade na vida como o tipo de trabalho que você realiza ou o tanto de dinheiro que ganha. É por isso que, finalmente, chegou a hora de você pensar no fator amizade de sua vida. Este capítulo indicará o caminho.

Se as amizades têm papel importante em sua felicidade, então, os efeitos das relações íntimas são supernovas. Nenhuma área influencia a satisfação na vida tanto quanto o relacionamento com seu cônjuge ou parceiro. Quando você está apaixonado e está tudo bem, nossa! Que alegria! Vocês trocam amassos como adolescentes e trocam mensagens de texto estupidamente melosas. Você sente uma ligação emocional e espiritual profunda com a pessoa com quem quer passar esse momento e todos os outros. Nada, e eu repito, nada dá mais ânimo à vida do que um amor intenso. Os psicólogos descobriram que os 10% das pessoas mais felizes no mundo têm uma coisa em comum: todas elas têm uma vida social intensa, satisfatória, além de relacionamentos íntimos consistentes.

O impulso por conexão — casual e íntima — é tão forte que, às vezes, acabamos dedicando muito mais tempo às pessoas do que elas merecem. Você sabe bem sobre o que estou falando. Você esteve em relacionamentos horrorosos e permaneceu tempo demais (a menos que tenha se casado com a namorada dos tempos de escola, que continuou sendo doce, mesmo na fase adulta). Você tem amigos estranhos, negativos e ambiciosos que deveria ter abandonado há anos.

O que poderia alimentar esse comportamento estranho? Pode colocar a culpa em Deus ou na evolução, mas, no fim, os dois levam a um extremo: seu cérebro. Nosso cérebro, seja por inspiração divina ou mutação genética, tornou-se um garfo oscilante para a conexão social e os relacionamentos. Nosso desejo de se ligar a alguém ou fazer parte de alguma coisa tem mais peso do que quase qualquer outro desejo — às vezes, até mais do que o desejo de sobrevivência. Shane disse que estava disposto a abrir mão de sua vida porque não se sentia importante e não tinha ninguém para amar. Por outro lado, eu abriria mão da minha também — não por falta de amor, mas por causa dele. Se eu tivesse que levar um tiro pela minha esposa, não pensaria duas vezes.

As conexões nos relacionamentos são como doces nas áreas de recompensa do cérebro — uma boa conexão ocorre, ainda que momentaneamente, e *pum!*, somos afetados: dopamina, vasopressina, oxitocina. Nós nos sentimos eufóricos, conectados e grudados.

Sem dúvida, o impulso por conexão tem nos mantido vivos como espécie. Ficamos menos suscetíveis a ataques e à morte quando caçamos e permanecemos juntos. Perpetuamos nossa espécie quando fazemos sexo. Aprendemos mais depressa em grupos sociais, melhorando as habilidades para vencer predadores e dominar nosso ambiente. Em épocas modernas, não teríamos cultura, locais de trabalho e Facebook (nossa!) se não fôssemos levados a compartilhar, aumentar nossa inteligência e nos conectar com as pessoas.

O problema é que por mais que queiramos nos ligar aos outros, também queremos exercer nossas habilidades no mundo e em nossos relacionamentos. É onde o conflito entra — a euforia de se ligar aos outros costuma virar amargura. Naturalmente, todos temos valores e pontos de vista individuais que sabemos que são importantes. Quando alguém questiona o que consideramos importante ou como vemos as coisas, no entanto, entramos num modo defensivo. Quanto mais defensivos nos sentimos, mais queremos exercer nossa voz, impor pensamentos, sentimentos, padrões. Isso pode levar à compreensão ou ao conflito (normalmente, ao conflito e, depois, à compreensão).

Se tudo isso for verdade, talvez, o desafio em melhorar nossos relacionamentos seja aprender a entender e comunicar nossas necessidades de independência em relacionamentos interdependentes. Talvez todos nós devêssemos aprender a honrar a individualidade uns dos outros conforme nos aproximamos. Afinal, a maioria das coisas que nos colocam em apuros nas relações — críticas, defesa, competição, discussões — surge de uma falta de compreensão, aceitação ou reconhecimento da singularidade e individualidade de cada um.

É muito mais fácil falar do que fazer, claro. Mas a luta para formar conexões e relacionamentos melhores, mais profundos e mais fortes vale a pena. Você pode fazer tudo o que está sendo sugerido no livro, mas, se não conseguir estabelecer conexões significativas na vida, tudo isso terá servido para quê? Sentir-se feliz e energizado é uma coisa, mas poder dividir essa energia e entusiasmo com as pessoas com quem você se importa é o marco real de uma Vida Intensa. A verdadeira felicidade duradoura vem da conexão e do amor com os outros, então, é melhor que você aprenda a fazer isso o mais rápido possível. As estratégias a seguir o ajudarão a fazer exatamente isso.

Ativador 1: Defina e crie seus relacionamentos ideais

Poucas pessoas já pararam por tempo suficiente na vida para perguntar a si mesmas: *O que exatamente eu quero de meus relacionamentos? Que tipo de amigos eu quero? Que tipo de amores eu quero? E como devo atrair, manter e aprofundar minhas relações com eles?*

Mas essas perguntas são as que os Intensos fazem. Eles estão, de modo consciente, criando a própria vida *e* todos os relacionamentos dentro delas para serem do mais alto nível possível.

Amplificar seus relacionamentos com os outros começa com a definição de como suas relações ideais devem ser e, então, criar os comportamentos e interações para torná-los uma realidade. Esse trabalho é importante, pois, quanto mais você sente que está em relações ideais, mais o impulso por conexões profundas e importantes é saciado.

Há quatro tipos de relacionamentos que abordaremos nesta seção: família, amigos, amores e colegas. (Deixaremos de lado, por enquanto, o quinto tipo de relações — os conhecidos —, uma vez que os maiores níveis de conexão e alegria ocorrem nos quatro primeiros.)

Para começar, pegue seu diário ou o computador, pois pedirei que você pense e escreva antes de continuar.

Por favor, responda às seguintes perguntas:

a) O que define uma relação familiar feliz e profundamente conectada, na sua opinião?

   O que você teria que fazer para melhorar e aprofundar os relacionamentos com seus familiares?

b) O que define uma amizade feliz e profundamente conectada, na sua opinião?

   O que você teria que fazer para melhorar e aprofundar os relacionamentos com seus amigos?

c) O que define uma relação íntima feliz e profundamente conectada, na sua opinião?

   O que você teria que fazer para melhorar e aprofundar o seu relacionamento íntimo?

d) O que define uma relação entre colegas/colegas de trabalho feliz e profundamente conectada, na sua opinião?

O que você teria que fazer para melhorar e aprofundar os relacionamentos que tem com as pessoas nessa área?

Sempre faço essas perguntas a mim mesmo e aos meus clientes. Faço as mesmas perguntas a você porque é importante que comece com o objetivo de seus relacionamentos em mente — para definir o que você quer e se esforçar para tornar realidade. Por mais simples que essa atividade seja, ela pode levar a resultados fortes se você levá-la a sério.

Fiz essa mesma atividade com Shane, o garoto do começo do capítulo. Quando perguntei o que ele considerava uma vida familiar feliz, ele disse que envolveria muita diversão, autenticidade, troca, otimismo, incentivo e disposição, por parte dos pais, a deixá-lo correr riscos e viver novas experiências. Ele permitiu que eu mostrasse suas respostas aos pais dele, que ficaram surpresos — não pela descrição em si, mas por verem que não estavam no caminho certo para tornarem a vida familiar ideal, na visão de Shane, uma realidade. Eles acreditavam que, como Shane estava na adolescência e já começava a expressar mais independência, podiam parar de planejar passeios e aventuras em família. Expressavam interesse na vida escolar, mas não incentivavam a pessoa que o filho estava se tornando. E a lista era grande. Por fim, tomar conhecimento dessa lista ajudou os dois a se tornarem pais melhores.

Ao falar sobre amigos, Shane disse que queria amigos mais comprometidos e curiosos em relação à vida fora de sua comunidade. Queria amizades definidas por maior troca e aventura.

Perguntei se ele estaria disposto a compartilhar essas ideias com os amigos de verdade que já tinha e se poderia dar início a novas amizades pensando nessas coisas. Ele entendeu, e durante o primeiro ano em que trabalhamos juntos, ele lembrou a si mesmo de ser "o aluno curioso" na escola. Entrou em alguns grupos de estudo, procurou amigos com afinidades e passatempos parecidos com os que gostava, pediu para ser monitorado por seus dois professores e começou a monitorar alunos de séries abaixo da dele. Conquistou grandes amizades na escola e tornou-se um homem comprometido e feliz.

Isso me leva à seguinte conclusão: você deve pensar em compartilhar com os outros como o relacionamento ideal com eles seria. Se eles souberem, terão mais chances de se conectar melhor com você. É claro, você deve perguntar a eles como acreditam que um relacionamento ideal com você seria.

É algo muito simples: perguntar às pessoas o que elas desejam de nós no relacionamento e contar a elas sobre nossas expectativas. Mas sempre nos esquecemos de fazer isso. Eu me lembro de ter perguntado à minha mãe, certa vez, o que a ajudaria a se sentir mais ligada a mim, seu filho do meio. Ela disse: "Você teria que me telefonar todos os domingos para conversar e dizer que me ama". Comecei a fazer isso e já o faço há quase 15 anos.

Há duas maneiras de aprofundar os relacionamentos que você mantém com as pessoas de sua vida: uma é por acaso, quando vocês são unidos por uma tristeza ou algum outro acontecimento; a outra, de modo consciente. Se você estiver disposto a realizar o trabalho de definir e compartilhar o que quer, e se estiver disposto a escutar e satisfazer os desejos dos outros também, verá que todos os seus relacionamentos crescerão. Seja claro a respeito do que quer e do que os outros querem, e aja para criar relacionamentos dos quais os dois lados se orgulhem.

Faça isso para sempre, e terá relacionamentos felizes, saudáveis e duráveis.

Ativador 2: Pratique a projeção positiva

Os grandes professores e os grandes casais sabem de uma coisa. Se querem receber o melhor de seus alunos e cônjuges, devem ver o melhor neles e esperar o melhor deles. Essa é a maior das verdades sociais: *você encontra o que procura*. Se projetar traços e expectativas positivas nos outros, não apenas perceberá tais características positivas com mais frequência, como também as pessoas vão mostrá-las com mais frequência.

O desafio é que muitos de nós somos cuidadosos ou desconfiados demais. Já nos ferimos antes, então a máquina de ansiedade em nossa mente começa a procurar problemas. Os erros das pessoas se tornam o foco de nossa análise social. A lógica faz sentido: se eu conseguir descobrir o que uma pessoa tem de errado o mais rápido possível, mais rápido conseguirei evitar ser ferido por ela. Com o tempo, deixamos de ver as qualidades das pessoas e vemos apenas as fraquezas e os comportamentos que podem nos incomodar ou ferir.

É o nosso filtro social pessoal em ação, com base em nossa experiência de dor no passado. Acrescente a isso o contexto altamente desconfiado e crítico no qual vivemos, e é incrível que nos conectemos a alguém. Nossa sociedade negativa tem nos ensinado a procurar (e comentar) o lado negativo uns dos outros. A imprensa sobrevive com os muitos momentos de "flagras" que captam com políticos e celebridades. *Escândalo: essa pessoa é uma mentirosa. Escândalo: essa pessoa engana. Escândalo: essa pessoa disse algo estúpido. Escândalo: essa pessoa ficou gorda naquele vestido*. Esse jornalismo de "flagras" só tem aumentado a procura por traços ruins, grandes erros e falhas superficiais dos outros.

Ver o mundo por lentes negativas tem consequências mais trágicas do que se pode imaginar. Considere, por exemplo, os famosos estudos sobre expectativa no qual um grupo de crianças recebe incentivos de pessoas que dizem que elas são espertas e capazes, e o outro grupo recebe críticas. Adivinhe qual grupo tem melhor desempenho? Adivinhe qual grupo se sente melhor? Adivinhe qual grupo progride na vida? Adivinhe qual grupo afirma estar mais feliz décadas depois? Isso mesmo: o grupo que recebeu o presente da "projeção positiva". Qualquer professor do mundo diria a mesma coisa: quanto mais coisas positivas vermos e projetarmos em nossos alunos, mais eles se "encaixam" nessa expectativa.

Esse conceito não se aplica apenas nas crianças. Pesquisadores descobriram que os casais mais felizes do mundo veem uns aos outros como mais espertos, mais capazes, mais carinhosos e mais tomados de boa vontade do que o comportamento pode demonstrar. Os casais felizes inventam mais desculpas pelo mau comportamento ou falhas um do outro. *Ah, ele só estava cansado; não quis dizer aquilo. Ela não costuma agir desse modo em público; deve ter se distraído.* Essas desculpas surgem do fato de que veem seus parceiros de uma maneira positiva, de modo geral.

Isso pode parecer fechar os olhos para a realidade ou encobrir a verdade com uma capa de otimismo, mas a questão é que essas crianças e esses casais são *mais felizes* e têm mais chance de adotar a verdade positiva simplesmente porque espera-se que façam isso. Quando as pessoas escutam alguém dizer que elas são atenciosas, charmosas e agradáveis, começam a se comportar desse modo; verão o comportamento cansado ou distraído como incomum, e não como algo normal delas. Ao levar a vida acreditando que as pessoas são, de modo geral, boas e interessantes, você verá os aspectos bons e interessantes de cada indivíduo com quem interagir.

Carregar a tocha do otimismo para dentro de seus relacionamentos sociais é provavelmente a melhor coisa que você pode fazer para começar a se sentir melhor com a humanidade. Se você vê as pessoas como inteligentes, carinhosas, interessantes e solícitas, elas costumam se mostrar desse modo. Então, projete traços positivos nos outros e deixe que eles *incorporem* tais traços.

Um dos resultados mais fortes da projeção positiva é que você deixa de ver os outros como obstáculos ou concorrentes e passa a enxergá-los como membros de uma equipe ou concorrentes de valor na estrada da vida. Essas distinções são essenciais a todas as suas ligações na vida. Se tempestades ou oportunidades surgem e você vê os outros como obstáculos à sua segurança ou ao seu sucesso, você passará a evitá-los, a deixá-los de lado e deixará de agir com gentileza e bondade. Mas se os considera companheiros de equipe, passa a tentar encontrar um modo de enfrentar a tempestade ou de buscar sucesso *juntos*. Vocês alavancam o sucesso e as habilidades uns dos outros, e chegam mais longe do que chegariam sozinhos. Além disso, perceba a importante diferença entre ver alguém como concorrente e ver essa mesma pessoa como oponente. Quando enxerga alguém de modo negativo, como "concorrente", você imediatamente o vê como um obstáculo ao ponto aonde quer chegar. Você limita sua visão. Mas quando vê alguém como um oponente de valor, você reconhece os pontos fortes dele e compreende que são esses pontos fortes que ajudarão você e o desafiarão a empenhar-se e a demostrar suas qualidades.

Para projetarmos algo nos outros de modo positivo, temos que, de certo modo, criar uma *ideia* sobre essa pessoa e sobre os seres humanos de modo geral. Você deve acreditar que ela é boa, capaz, bem-intencionada. O que aconteceria se você começasse a ver as pessoas de sua vida como brilhantes, valiosas e envolvidas no caminho para seus sonhos? Se você visse os outros desse modo, o que aconteceria com suas interações com eles?

É claro que ver os outros envolvidos em uma luz de bondade

não é fácil. Para isso, você precisa parar de julgar as pessoas e investir tempo em comprometer-se e conectar-se com elas, ainda que no começo suspeite de que vocês não têm nada em comum. Para isso, você precisa reconhecer e valorizar a singularidade delas. Precisa ver o que têm de melhor e acreditar que a bondade e a humanidade fazem parte de quem elas são, parte de seu caráter. Resumindo, é preciso ter amor.

Naturalmente, os conflitos acontecem e é difícil sempre projetar o melhor em nossos entes queridos. Então, analise um estudo realizado. Os pesquisadores de casamentos descobriram uma fórmula poderosa que você precisa conhecer! Os casais felizes que acabam passando a vida toda juntos têm em comum a proporção com que compartilham comentários positivos em vez de negativos. A porcentagem é de cinco para um. Então, você deve procurar elogiar cinco vezes mais do que criticar em seus relacionamentos. Seja um incentivador, não um crítico. Unidas, sua intenção de projetar algo positivo no outro e também a decisão de fazer cinco elogios para cada reclamação mudarão sua vida para sempre.

Ativador 3: Encontre e cultive os "Amigos de Crescimento"

Pessoas do mundo todo afirmam que a família e os relacionamentos íntimos são as principais fontes de seus sentimentos de conexão e amor. A fonte secundária são as nossas amizades e vale a pena pensar sobre como criar mais amizades em sua vida.

Para minha surpresa, a maioria das pessoas não tem noção real de como suas amizades são vitais à saúde mental e à felicidade. Em diversos estudos, os pesquisadores de uma grande variedade de disciplinas descobriram que a qualidade de nossos relacionamentos com base na amizade é um dos fatores mais importantes para determinar a estabilidade, o humor, a ambição, a variação emocional, o crescimento e a satisfação de maneira geral.

Com nossas amizades, é bom ter em mente: cuidado com as pessoas de quem se cerca. Ainda que isso pareça um conselho simplório, você ficaria surpreso ao ver quem a maioria das pessoas chama para seus círculos de amizades. Também ficaria surpreso ao ver quantas pessoas quase não têm amigos. O norte-americano tem, em média, um ou dois amigos mais chegados. É uma pena, mas nos dá um sinal claro de como podem aumentar a satisfação na vida de modo imediato.

Vamos analisar seu grupo de amigos. Responda às seguintes perguntas:

1. Quantos amigos próximos, de verdade, você tem? (Você próprio pode definir "próximo" e "de verdade".)
2. Com que frequência você os encontra pessoalmente?
3. Com que frequência conversa com eles?
4. Em uma escala de um a cinco, um sendo o ponto mais baixo possível, quanto esses amigos próximos sabem sobre você?
5. Em uma escala de um a cinco, um sendo o ponto mais baixo possível, quantos desses amigos próximos o incentivam a correr atrás de seus sonhos?
6. Em uma escala de um a cinco, um sendo o ponto mais baixo possível, quantos desses amigos próximos lhe dão conselhos, inspiração, o ajudam e o desafiam a ser uma pessoa melhor?
7. Em uma escala de um a cinco, um sendo o ponto mais baixo possível, quanto você se diverte quando está com esses amigos próximos?

Com essas perguntas e suas respostas, você pode descobrir muito sobre si mesmo e sobre seu círculo de amizades. Também pode observar até que ponto se sente apoiado, compreendido, conectado e vivo em suas amizades. É difícil conquistar a amizade das pessoas, mas esse é um território no qual devemos entrar juntos se quisermos alcançar um nível novo de vida.

Sem exageros, aqui estão as respostas de que você precisará para viver uma Vida Intensa:

1. De 4 a 12.
2. Você deve encontrá-los, ou pelo menos um deles, uma vez por mês.
3. Você deve conversar com eles, de preferência com muitos deles, uma ou duas vezes por semana, no mínimo.
4. Cinco.
5. Cinco.
6. Cinco.
7. Cinco.

Se minhas sugestões parecem impossíveis de seguir, como seu orientador, devo ser sincero: sua vida precisa ser seriamente repensada.

Como uma sociedade, muitos de nós passamos mais tempo escolhendo o estilo e o número de fios dos lençóis que usamos em casa do que escolhendo nossos amigos. À revelia, então, temos família, amigos, colegas de trabalho e conhecidos que são inseridos em nossa vida. Nem sempre podemos escolher essas pessoas. Mas podemos escolher duas coisas: quanto tempo nos dedicamos a elas e quanta energia gastamos procurando expandir o círculo e a qualidade de tais relacionamentos.

O velho ditado é real: não podemos escolher a família, mas podemos escolher os amigos. Agora, está na hora de levar isso ao pé da letra. Estrategicamente, tome a decisão hoje de começar a se cercar de amigos interessantes que ajudam a elevar sua vida ao nível de energia e potencial que você sabe que ela tem.

Para ajudá-lo a fazer isso, pedirei a você que tome algumas decisões difíceis a respeito das pessoas com quem passará seu tempo daqui para a frente. E aviso com antecedência: fazer isso não será agradável.

Sejamos sinceros: pode haver alguns amigos que não estão acrescentando nada à qualidade e à direção desejada de sua vida. Pode parecer algo muito egoísta de se dizer, eu sei. E ainda que pareça ir contra ao que eu disse sobre se aproximar das pessoas — sobre aceitá-las e vê-las pelas qualidades positivas que têm —, a verdade é que podemos desenvolver relacionamentos profundos com poucas pessoas. Nesse caso, precisamos encarar o fato de que é melhor conviver com algumas pessoas e não conviver com outras. Todas as pessoas com quem mantemos o hábito de telefonar e manter contato podem não estar contribuindo de fato para as nossas experiências e felicidade. Há carregadores de bateria, sugadores de bateria e há aqueles indivíduos que não fazem diferença — os "neutros". Para viver uma Vida Intensa, temos que analisar quem são essas pessoas.

Na High Performance Academy, uma das minhas estratégias mais controversas é ajudar as pessoas a fazerem isso: encararem a realidade a respeito das pessoas de sua vida. Especificamente, faço as pessoas se concentrarem em categorizar suas amizades e descobrir com quais amigos elas desenvolverão relacionamentos mais profundos. Assim, elas são forçadas a escolher aquelas com quem deixarão de interagir tanto.

É por isso que a atividade encontra tanta indecisão e resistência. Mas, quando termina, as pessoas sempre me dizem que ela foi uma das estratégias mais fortes que aplicaram para se sentirem mais vivas e ligadas. Por causa desses resultados, compartilho a estratégia com você aqui, ainda que ela traga um desconforto temporário.

Vamos começar. Em seu diário ou em um pedaço de papel, anote os nomes de todos os amigos que você já teve na vida, um nome por linha. Entre eles, estarão os amigos do Ensino Fundamental, os do Ensino Médio, da faculdade, do trabalho, dos esportes e de seus passatempos.

Em seguida, escreva uma descrição breve (a) do que fez com que você os escolhesse e gostasse deles como amigos e (b) por que você ainda é ou deixou de ser amigo deles.

Inevitavelmente, esse exercício traz à mente muitos amigos antigos de quem você já se esqueceu ou com quem perdeu contato. Tudo bem. Parte da vantagem dessa atividade pode ser retomar contato com amigos distantes.

Agora que você está com sua lista de amigos, está na hora de dividi-los em três categorias: os velhos amigos, os amigos de manutenção e os amigos de crescimento.

Os amigos do primeiro grupo, os velhos, são exatamente isto: velhos, ultrapassados. São pessoas que já foram seus amigos no passado e com quem você não quer mais manter contato. Mas é importante que você decida colocar alguns de seus amigos *atuais* nesse grupo. Digo isso porque imagino que há alguns amigos na sua vida com quem você não quer mais interagir e que não imagina tendo participação importante em seu futuro. Por mais difícil que possa ser, em algum momento precisamos decidir quem queremos manter no palco da amizade. A partir de agora, quem você colocar em "velhos amigos" ficará onde deve ficar, no passado. Serão as pessoas que você valorizará em sua mente e nas lembranças para sempre, mas elas deixaram de desempenhar um papel importante em seu futuro. O segundo grupo se chama "amigos de manutenção", pois são as relações que manterá pelo resto da vida. Os amigos de manutenção são aqueles que você gostou de ter conhecido e com quem ainda pretende manter contato de vez em quando. São as pessoas a quem você ainda envia cartões de Natal ou de aniversário, cartas ou e-mails algumas vezes no ano. Pode ser que você telefone para eles de vez em quando para ver como estão. Por favor, marque como "amigos de manutenção" as pessoas que se encaixam nessa descrição.

Para muitos de nós, os amigos de manutenção se tornam pesos mentais em nossa vida, pois, sempre que pensamos neles, dizemos a nós mesmos: *Nossa! Eu deveria manter mais contato com essa pessoa*. Mas, sejamos honestos: se você não está mantendo contato mais frequente com essas pessoas, é porque (a) você não se sente tão próximo delas, (b) simplesmente não as vê alegrando sua vida, (c) não as vê participando de seu futuro, ou (d) continua culpando a falta de tempo, mas, na verdade, você não prioriza esses indivíduos. Se for o caso, está na hora de tomar a decisão difícil de, uma vez por todas, colocá-los no grupo de amigos de manutenção e *encarar numa boa* entrar em contato com eles poucas vezes por ano. Eu não vejo os amigos de manutenção como "ruins", mas sim como amigos com quem quero conversar de vez em quando para saber como estão. Sempre manterei contato com eles, mas não me preocuparei em criar um contato mais profundo ou uma amizade mais profunda. Então... a partir de hoje, chega de sentir culpa pelos amigos de manutenção. Mantenha em sua mente que eles são amigos de manutenção e divirta-se nas poucas vezes em que conversar com eles, como no aniversário e nas festas.

Não se trata de exorcismo nem de excomungar ninguém. Ofender, afastar e ignorar os velhos amigos e os amigos de manutenção porque eles não satisfazem alguns critérios não é a mensagem aqui. Muitos autores de livros de autoajuda fazem sugestões discretas para que você deixe de lado as pessoas negativas de sua vida, tratando-as como se não passassem de uma salada que você não quis comer. Para abrir espaço para coisas novas na vida, você não tem que incendiar pontes antigas, por mais fácil e conveniente que isso possa ser.

Pessoalmente, sinto que muitas pessoas não valorizam seus amigos, esquecem-se deles ou nunca se envolvem o suficiente com seus círculos de amizade para receberem algo em troca. Então, não estou dizendo, de jeito nenhum, que você deve destruir os relacionamentos construídos. O universo provavelmente colocou cada um de seus amigos em seu caminho por motivos conhecidos ou não. Valorize isso e valorize os amigos, seja qual for o caminho que pretenda seguir no futuro.

Com todos os meus amigos, meu principal conselho não é para que eles larguem seus amigos; é primeiro tentar aproximar-se deles. Sugiro que você se reconecte aos seus amigos íntimos e, compartilhando sua visão de um futuro mais amplo, ou por simples entusiasmo, seja o responsável por aumentar a qualidade das amizades. Lembre-se, há duas coisas que mudam a vida: uma coisa que entra em sua vida ou algo novo que sai de você.

Antes de afastar seus amigos, incentivo você a reunir-se com eles e compartilhar de modo verdadeiro e animado — talvez a primeira vez na vida — seus pensamentos, sentimentos e ambições a curto e longo prazos. As amizades só são construídas com a troca de coisas do tipo, com o reviver de histórias e, então, com a criação de novas lembranças.

Assim, compreendo que esse esforço pode não funcionar com alguns de seus amigos atuais. A verdade é que para a qualidade futura de sua vida, há pessoas com quem você terá de limitar a duração e a frequência de exposição. O mais triste é que o mundo está repleto de vampiros amargos, que vivem reclamando, apontando o dedo e roubando a energia, alegria e expectativas de sua vida. Faça com que eles caiam na real, levando-os à luz do dia; mas se eles não mudarem mesmo assim, mantenha-se bem afastado deles.

Aqui está a melhor estratégia nesse caso: se não estiver obtendo a qualidade da amizade de que precisa de um determinado grupo de amigos, procure outro e concentre mais seu tempo, energia e troca. A partir de agora, esteja atento às pessoas interessantes cujos caminhos o universo permitiu que cruzassem o seu. Observe essas pessoas. Convide-as para almoçar. Mantenha contato. Apresente-as a outras pessoas interessantes. Faça com que elas contem o que pensam, o que sentem e o que esperam da vida. Reúna-as para viver aventuras e experiências novas. Esse é o caminho para cultivar relações de verdade, que manterão sua vida intensa e satisfatória.

O ponto principal de sua vida deve ser encontrar e cultivar o que eu chamo de "amigos de crescimento". Como o nome diz, essas são as pessoas com quem você se comprometerá, crescerá e recarregará sua vida. Para mim, os amigos de crescimento são aqueles com quem você conversa pelo menos uma vez por mês ou mais. São aqueles com quem você sai nos fins de semana ou vive grandes aventuras: viagens a novas cidades ou países, passeios de fim de semana. Os amigos de crescimento são extremamente importantes para sua saúde mental e energia espiritual. São as pessoas que se tornam seus principais confidentes, seus companheiros de aventura, os padrinhos de seus filhos.

Meu objetivo para a sua categoria de desenvolvimento de amizades é o mínimo de dez pessoas. Obviamente, as amizades dependem de qualidade, não de quantidade, mas ter mais amigos de crescimento *acrescentará* a novidade e a ligação necessárias para enriquecer sua vida. Muitas pessoas me dizem que já têm dez amigos próximos, mas, quando faço as seguintes perguntas, elas percebem que estão enganadas:

- Você tem vontade de conversar com esse amigo toda semana ou todo mês?
- Você vê esse amigo como parte importante de seu futuro?
- Esse amigo deixaria tudo de lado para ajudá-lo em um momento difícil?
- *Você* deixaria tudo de lado para ajudar esse amigo em um momento difícil?
- Você quer que esse amigo conheça sua família e seus amigos agora e no futuro?
- Esse amigo expõe você a novas ideias e aventuras?
- Esse amigo faz bem para a sua saúde?
- Esse amigo faz você rir muito?
- Esse amigo se importa com suas emoções, bem-estar e felicidade?
- Você pode confiar nesse amigo, independentemente do que aconteça?
- Esse amigo apresenta você a outras pessoas de qualidade?

Se você responder sim a todas essas perguntas, quer dizer que você tem um amigo de crescimento.

Se você acha que ter dez amigos de crescimento é demais ou muito difícil, eu compreendo. Mas você tem a sorte de viver neste planeta, em média, de 60 a 80 *anos*. Será que não consegue criar apenas dez amizades profundas, duradouras e energizantes? No que mais na vida você está se concentrando em criar?

Ter um grupo de pelo menos dez grandes amigos deveria ser um dos cinco principais objetivos de todo ser humano. O entusiasmo, a energia e a conexão que vêm com os grandes amigos são incalculáveis e indescritíveis. Toda pessoa feliz que já conheci tinha conexões profundas com vários amigos. Se você ainda não está nesse patamar, deve começar agora. Amizades divertidas e satisfatórias aumentam sua energia — elas são um dos principais ingredientes para uma Vida totalmente Intensa.

Mais uma consideração. O modo certo de cultivar os amigos de crescimento é *sendo um deles*. Seja o modelo para os tipos de amizade que quer na vida. Quer amor? Então, seja um ser humano amoroso e você encontrará e sentirá amor. Você quer amizade? Seja um amigo muito interessado que traz novidade, alegria, cuidado, aventura e proximidade com os outros.

Assim como acontece com todas as coisas que desejamos na vida, acredito que possamos ter esses amigos. Só é preciso concentrar-se e esforçar-se. Você merece ter relacionamentos profundos, amorosos e totalmente comprometidos com as pessoas de seu convívio.

PONTOS DE ENERGIA

1. Cinco coisas que eu poderia fazer imediatamente para criar relacionamentos mais felizes e profundos em minha vida seriam...

2. Se eu fizesse projeções mais positivas em relação ao meu cônjuge ou parceiro, começaria a dar crédito a ele por essas coisas...

3. Os amigos de crescimento que tenho na vida ou que pretendo ter são...

PARTE II

OS CINCO IMPULSOS DE DESENVOLVIMENTO

MUDANÇA
DESAFIO
EXPRESSÃO CRIATIVA
CONTRIBUIÇÃO
CONSCIÊNCIA

Capítulo 7

APRESENTANDO OS IMPULSOS DE DESENVOLVIMENTO

Nosso objetivo é, de modo consciente e proposital, progredir para um estado de ser mais sábio e livre.

— Tom Robbins

Os cinco impulsos básicos que abordamos até agora — controle, competência, congruência, cuidados e conexão —, e como nós os ativamos, claramente influenciam a qualidade e a energia de nossa vida. Quando nos sentimos fora de controle, incapazes de entender as coisas, incongruentes, sem cuidados, desconectados ou distantes dos outros, nossa vida se torna péssima. Mas quando nos sentimos no comando das coisas, capazes de aprender e entender o mundo, integrados com quem acreditamos ser e com o modo com que nos comportamos, cuidando e em contato com nosso coração e o coração dos outros, começamos a sentir uma energia maior e até positiva. Ativar esses impulsos básicos nos ajuda a satisfazer muitas de nossas necessidades biológicas de estabilidade e amor, e certamente faz com que nos sintamos em contato conosco e com os outros. Desse modo, considero as necessidades básicas essenciais à sanidade e ao desenvolvimento de nossa sensação de quem somos e do que integramos na sociedade. Estáveis, seguros, socialmente ligados. É uma ótima receita para o conforto e para a felicidade na vida.

Mas a vida é mais do que se sentir confortável e feliz. Estamos procurando nos sentir energizados e satisfeitos, e, para chegar lá, teremos que usar nossas ambições e assumir um nível totalmente diferente de impulso humano e motivação — os impulsos de desenvolvimento. Os impulsos básicos colocam você no caminho para uma Vida Intensa, mas são os impulsos de desenvolvimento que o levam aos objetivos. Eles fazem com que você mire desejos maiores na vida, desde o desejo de se sentir mais envolvido criativamente ao de sentir transcendência emocional.

Antes de falar sobre os impulsos de desenvolvimento, quero enfatizar que eles não estão totalmente separados dos impulsos básicos ou necessariamente acima destes. Ainda que separar todos os nossos impulsos humanos traga clareza e estrutura para este livro, devemos nos lembrar de que esses impulsos estão sempre ativos em nossa mente, buscando controlar nossa atenção e ativação. Tudo está ligado. Nosso impulso por controle, por exemplo, afeta drasticamente como ativamos nosso impulso por mudança (o primeiro impulso de desenvolvimento e assunto do próximo capítulo). É difícil realizar mudanças em nossa vida, pois não queremos sentir que perdemos o controle. Com isso em mente, é importante saber que o nível com que aprendemos a dominar nossos impulsos básicos afeta nossa habilidade de ativar os impulsos de desenvolvimento. Então, releia os capítulos anteriores, faça anotações e comece a agir.

Os cinco impulsos de desenvolvimento, que chamarei de "impulsos-d", a partir daqui, são: desafio, mudança, expressão criativa, contribuição e consciência. Há algumas coisas que você deve saber sobre esses impulsos que os tornam distintos e mais desafiadores do que os impulsos básicos.

Em primeiro lugar, enquanto os impulsos básicos deixam você mais seguro e estável, os impulsos-d agem para *lhe dar um chacoalhão,* para que você se sinta mais satisfeito. Os impulsos-d são mais difíceis e desconfortáveis de ativar de modo constante. Por causa disso, existe *muito mais resistência* para ativá-los. É relativamente fácil convencer as pessoas a quererem mais cuidados e conexão na vida, por exemplo, mas muito mais complicado convencê-las a criar mudanças e assumir desafios. As pessoas já têm a sensação de que estão se esforçando demais sob a pressão da mudança e do desafio, então, por que desejariam ter mais disso? É o que você descobrirá nos próximos capítulos, um prenúncio de como nosso trabalho se tornará difícil daqui para a frente.

Em segundo lugar, os impulsos-d são mais *orientados ao futuro* do que os impulsos básicos, muitos dos quais automática ou inconscientemente procuram ser ativados diariamente. É fácil e quase automático controlarmos nossos pensamentos no momento, aprendermos algo novo, vivermos com congruência, cuidarmos de alguém em necessidade e conectarmo-nos com alguém ao nosso redor. Mas, para mudarmos nossa vida com esses impulsos-d, temos que *planejar*. Por exemplo, quando pensamos nas contribuições que queremos realizar na vida, temos que pensar muito bem sobre a vida e o legado no futuro. É preciso ter muita visão, também, para decidir o que mudar e quais desafios assumir no próximo mês ou no próximo ano. No entanto, esse trabalho é o que torna os impulsos-d tão envolventes e interessantes — olhar para o futuro e sonhar grande cria entusiasmo, um dos elementos principais de uma Vida Intensa.

Por fim, os impulsos-d exigem coragem. A mudança não vai criar grandes alterações no nível de satisfação. Simplesmente não vai. Para ativar esses impulsos-d de modo ativo, você terá que exigir mais de si mesmo e assumir atitudes mais corajosas do que antes. Terá que enfrentar o medo do fracasso, esquecer preocupações pequenas a respeito de rejeição e até transcender sua consciência para se ligar a algo maior do que você. Será um trabalho importante em sua vida. E valerá a pena.

A *mudança* aciona esses impulsos mais satisfatórios e voltados ao futuro. Os seres humanos têm um desejo insaciável por novidade e variedade, e, para alcançá-los, precisamos, geralmente, mudar a nós mesmos e o mundo. Todo mundo acredita que a grama é mais verde do outro lado da cerca, e o que procuramos fazer para pular para o outro lado é incrível. Mas buscar a mudança simplesmente por mudar é tão perigoso quanto emocionante. Quando dominamos nosso desejo por mudança de modo inteligente e estratégico, entretanto, obtemos todos os benefícios de uma vida nova e com mais qualidade. Por outro lado, se sempre estivermos tentando ativar o mecanismo de liberação da mente, de modo que ele nos ofereça gotinhas do hormônio dopamina — aquele relacionado ao novo —, rapidamente nos cansaremos ou nos viciaremos na mudança sem sentido. Se muitas mudanças ocorrerem, enlouquecemos; se pouca mudança acontecer, nos entediamos. Aprender a ter equilíbrio e entender por que tantos de nós tememos a mudança são os assuntos do capítulo 8.

O impulso mais forte para melhorarmos a vida — e que acredito ser o segredo mais importante de uma Vida Intensa — é o *desafio*. É por isso que nos envolvemos mais em épocas de desafios. Independentemente de o desafio ser imposto por nós mesmos ou pelo mundo, ele nos força a dar total atenção, intensificar os pontos fortes, ultrapassar limites, aprender e crescer. Quando estamos envolvidos em um desafio, perdemos nossa noção de tempo e, até certo ponto, de quem somos. É por isso que você se senta para jogar *video game*, pintar um quadro, escrever um livro ou brincar num touro mecânico e, de repente, quando olha para o relógio, vê que horas e horas se passaram. O desafio é realmente o grande unificador de todos os impulsos, pois ele dá à nossa vida uma mudança que devemos controlar, envolver em competência e, normalmente, gerenciar de modo social (ativando os cuidados e a conexão). O desafio, quer dizer, o problema do desafio é que ele assusta, então a maioria das pessoas o evita, preferindo trabalhar por objetivos mais "práticos". Você verá a diferença entre objetivos e desafios — e vai cair na real — no capítulo 9.

A *expressão criativa* é o grande impulsionador e amplificador da satisfação na vida. Quando estamos nos expressando de modo firme, nos sentimos vivos e cheios de energia. Mas, se nossa criatividade for retirada de nós, lentamente começamos a ter a impressão de que somos apenas mais uma peça na roda de um mundo sem vida e impessoal. Esse impulso é o que faz com que você queira desenhar, tocar um instrumento, dançar, escrever, cantar, planejar, debater, vestir-se bem, inventar, construir e contar histórias. É por isso que você passa horas experimentando roupas novas, procurando a frase certa para expor no Twitter e andando sem parar dentro de uma loja de departamentos. A expressão criativa é o moldador mais importante do "eu" e permite a definição e diferenciação de quem somos dentro de nossa mente e no contexto de nosso mundo social. Infelizmente, a maioria das pessoas não se considera criativa e não percebe como a criatividade é essencial para o sucesso na força de trabalho moderna de hoje e na economia global. Esperamos que você não reprove no "Questionário de Expressão Criativa" do capítulo 10.

O que damos ao mundo é como medimos nosso lugar no mundo e, se já fomos importantes, o impulso por *contribuição* é um desejo essencial para entender e ativar. Se você sente que está contribuindo com o mundo de modo autêntico e significativo, sente a satisfação do orgulho e da realização. Sente que tem importância e que deixou sua marca. Mas qual será sua contribuição *real*? E a contribuição tem que ser um tipo de presente financeiro ou um grande legado? Que tipos de contribuições fazem com que nos sintamos mais vivos? A resposta do capítulo 11 pode surpreender.

O impulso mais difícil de encarar é o da *consciência*. Em nossa essência e nas maiores ambições, desejamos nos transcender e nos ligar a algo maior. Queremos uma sensação mais profunda de conhecimento da realidade e dos relacionamentos com os outros, com o universo, talvez com Deus. Esse impulso nos torna buscadores de sentido, autopercepção, espiritualidade e conexão com a unidade. Ele também nos deixa estranhos, pois queremos buscar sentido em objetos inanimados ou iniciamos guerras para defender algo que nunca vimos ou que nunca conseguimos explicar bem. Como alcançar esse impulso que nos torna humanos de um modo tão único? Quais níveis de transcendência existem para nós? Podemos alcançá-los sem ter que usar roupas de monge? Precisamos ficar sentados em posição de lótus para conhecer esse impulso? Veremos, no capítulo 12.

Os impulsos de desenvolvimento são superiores aos primeiros, mas todos são importantes. Você consegue imaginar-se *não* ativando um desses impulsos em sua vida? Se tirar qualquer um deles, a felicidade desaparece. Compreender e dominar os dez impulsos humanos parece assustador, mas a boa notícia é que encarar os desafios assustadores é uma das maneiras certeiras de voltar a se sentir vivo.

Capítulo 8

O IMPULSO POR MUDANÇA

Quando você para de mudar, você para.
— Bruce Barton

"Não consigo mudar, e isso está destruindo a minha vida." O homem sentado ao meu lado no aeroporto ganha a vida dizendo a empresas como mudar completamente suas infraestruturas de tecnologia. Aparentemente, ele entra em empresas multinacionais com uma pequena equipe e faz com que os dezenas de milhares de funcionários adotem softwares e sistemas mais novos e mais complexos. É um pouco difícil de entender, mas eu me sinto à vontade, uma vez que essa situação é muito comum em minha vida: conheço alguém novo, faço algumas perguntas sobre sua vida e, minutos depois, ele está me contando, com abertura surpreendente, o que faz, o que o deixa feliz e o que o impede de ter a vida de seus sonhos.

A princípio, acho que esse cara tem tudo em ordem. Mas, então, pergunto: "Há áreas em sua vida com as quais você anda infeliz e que o estejam impedindo de ter a vida que quer?".

Ele dá de ombros e, então, com um nível surpreendente de indiferença, diz: "Consigo fazer com que 10 mil funcionários mudem totalmente o modo como trabalham por meio de tecnologias mais novas e mais complexas. Mas não consigo mudar nem mesmo a minha dieta. Continuo acumulando gordura e me prendendo aos hábitos ruins de sempre, minha esposa se torna mais infeliz a cada dia e, francamente, se eu não mudar tudo, sei que vou acabar entediado, sozinho e arrasado. É isso, cara". Ele olha para mim e eu vejo o fracasso em seus olhos. "Sou um cara esperto", ele diz. "Já tentei criar um plano e me manter focado nele, mas nunca funciona. Sinceramente, não tenho ideia de como mudar minha vida para valer. Para mim, mudar é um inferno."

Não é que ele não entenda o processo de realizar a mudança. Provavelmente entende — afinal, é assim que faz as pessoas adotarem um novo sistema. Mas quando estamos fora do trabalho e não estamos sendo pagos para adotar novos sistemas e mudanças, a situação muda totalmente. Não é preciso muito tempo para perceber que o problema desse homem não é apenas a congruência; é uma falta de compreensão de seu impulso por mudança.

Não sou bonzinho, nem mesmo com desconhecidos. Eu peço às pessoas que empunhem a espada na vida e deem o grito de guerra para desafiá-las a viver uma vida boa, forte e comprometida. O que esse homem está me dizendo me faz ter vontade de provocá-lo.

"Então, você está gordo. Sua vida é chata. Sua esposa está muito brava." Sorrio quando ele dá risada; e, então, bato o martelo: "E ainda está me dizendo que é um cara esperto? Como pode dizer isso?".

Faço uma pausa ao dizer esta última parte e olho diretamente para ele por um instante mais longo e desconfortável do que o necessário, de propósito. Quero ver o mecanismo dele de luta ou fuga.

Ele balança a cabeça e não sabe o que responder.

"Bem, é... Nossa, cara... é que..."

Eu sorrio para que ele se sinta aliviado, mas me inclino para a frente, como se fosse revelar um segredo.

"Olha, sou só um cara qualquer que você encontrou em um aeroporto, e acho que o que estou prestes a dizer pode não ser muito bom. Mas aposto que o que direi agora me torna apenas um porta-voz de sua voz interna. E aqui vai, cara: Você *não* está sendo esperto. Se estivesse, focaria em sua saúde, vida e esposa da mesma maneira com que se concentra em dominar seu trabalho. Se realmente estivesse dando atenção e investindo sua disposição nessas mudanças que quer fazer, você alcançaria o que quer. Posso dizer que você é uma pessoa de alto desempenho e muito boa no que faz. Existe um cara muito mais corajoso dentro de você do que o que está do meu lado agora."

Eu não teria dito isso a ele se não achasse que estava certo e se não fosse verdade. Não considero a mudança e o destino coisas que acontecem por acaso, e foi o destino que nos aproximou agora.

Ele reage como eu esperava. Ajeita a postura e balança a cabeça concordando.

"Você está certo. Você está certo."

"Eu sei. Então, vamos ser espertos juntos por um instante. Esses grandes programas de mudança que você diz implementar para fazer as pessoas adotarem seus sistemas. Eles são grandes?"

"Nossa, são enormes. Mudanças completas."

"Entendi. E como essas mudanças são estudadas e planejadas?"

"Elas são totalmente pesquisadas e planejadas. Planejamos tudo. Temos mais planos de trabalho, planilhas e slides de PowerPoint do que você pode imaginar. Nossos recursos são imensos. Até escrevemos e-mails para executivos para enviá-los a seus funcionários durante o processo."

"Entendi. E quanto tempo essa mudança costuma demorar para acontecer? Você a realiza em um ou dois meses?"

"Não, não. São necessários cerca de oito a dez meses para fazer tudo acontecer. E esse tempo é pouco. Antes, nós demorávamos 18 meses."

Olho para ele com a minha melhor cara de "bobalhão".

Ele entende.

"Cara, já sei o que está dizendo. Mudança completa. Totalmente planejada. Esforço. Preciso abordar a minha vida pessoal de um modo diferente. É isso o que você está dizendo."

"Isso. Assim como faz no trabalho, onde muda tudo, você precisa mudar tudo para realizar a mudança radical em sua saúde. Esqueça essa história que você vê na imprensa sobre pequenas mudanças. Comer alguns salgadinhos a menos não fará com que você fique em forma e cheio de energia. Você é mais esperto, mais forte e mais dedicado do que tem mostrado ao mundo, com sua saúde e provavelmente com todos que fazem parte de sua vida. Você tem mais força do que pensa."

Vejo decisão em seus olhos. Não estou apenas animando esse cara para tornar a minha escala no aeroporto mais legal. Eu sei que esse homem, como a maioria de nós, não vai fazer nada a menos que sinta a *faísca* dentro de si para realizar mudanças reais.

"*Droga*. Não sei o que tenho feito."

Dou um tapinha em seu ombro e balanço a cabeça, aprovando, com intensidade no olhar.

"Não importa. Você sabe o que fazer. Vá para casa e coloque a sua saúde nos trilhos. Vá para casa e transforme o mundo de sua esposa. Vá para casa, mude por ela e anime-a. Mude e seja o homem que pode ser."

• • •

Todos sabemos que precisamos mudar em algumas áreas de nossa vida. Mas tantos de nós nos envolvemos no fluxo forte de mudança contínua, que acontece sem que planejemos, que raramente queremos lidar com mais mudanças. Nosso impulso interno, no entanto, exige que mudemos.

O impulso por mudança surge não apenas de nosso chamado biológico para crescer e aprender, mas também de nosso desejo contínuo e consciente por novidade e animação. As células de nosso corpo exigem que mudemos e nosso cérebro exige que aprendamos e nos mantenhamos comprometidos e felizes. Diferente dos cinco impulsos básicos — controle, competência, congruência, cuidado e conexão, que surgem mais de nossa necessidade biológica por estabilidade, autoconhecimento e amor —, o impulso por mudança é de uma ordem consciente superior às outras e exige mais poder de processamento na região frontal do cérebro e mais visão positiva de nossa mente. Por isso é tão difícil. Mas também é por isso que ele nos ajuda tanto a agirmos com coragem e determinação voltadas para o futuro e é o primeiro dos impulsos de desenvolvimento.

Em nível coletivo, pareceria que já dominamos o impulso humano pela mudança. O impulso em nossa sociedade parece ter se expandido como o universo, a uma velocidade rápida e por ordens de magnitude que poucos conseguem compreender. De um jeito ou de outro, nós nos transformamos em viciados por mudança. A vontade de mudar, de crescer e nos expandir tem nos levado a muitas de nossas maiores conquistas: arte, arquitetura, agricultura. Também tem nos levado a nos desenvolver em excesso, dar início a guerras em territórios que não nos pertencem e a procurar dominar e consumir tudo em nosso caminho. A mudança não é necessariamente um progresso, mas ninguém pode duvidar de que nossa cultura está mudando à velocidade da luz.

Porém, individualmente, consideramos a mudança algo difícil. Isso é estranho, uma vez que a mudança tem sido nossa companhia constante e amiga em progresso ao longo da vida. Engatinhamos, caminhamos e então corremos. Mudamos de apenas 50 centímetros para 1,80 metro na fase adulta. Nosso corpo e cérebro se formaram e cresceram por meio de trilhões de células. O ar nos pulmões, os sons nos ouvidos, as imagens nos olhos, os pensamentos na mente e as sensações no corpo mudaram e mudarão a cada instante em todos os dias de toda nossa existência. Nossa experiência de vida e nossa sabedoria se ampliaram a cada novo esforço, interação, fracasso e sucesso. Nossos valores mudaram; nosso comportamento mudou; nossos sonhos mudaram. Em um contexto social mais amplo, parece que a cada dia uma inovação muda o mundo que conhecemos tão bem. Chegamos ao trabalho e encontramos um novo projeto, ou sistema, ou um novo funcionário. Chegamos em casa e escutamos que a mesma coisa aconteceu no trabalho de nosso cônjuge e tentamos conversar enquanto os filhos brincam com um novo aparelho eletrônico. Ligamos a televisão para assistir ao noticiário e o mundo foi abalado por novos escândalos, novas crises, novos dramas e novas celebridades com as quais podemos ficar obcecados. Entramos em nosso shopping preferido e, para todos os lados que olhamos, vemos o quê? Novo! Novo! Novo!

Deveríamos estar acostumados com isso. Mas muitas pessoas não veem nem percebem sua magia ou permanência na vida. Elas a veem como algo intermitente, pestilento, que mostra a cabeça assustadora nos piores momentos; uma interrupção inesperada da certeza. Essa visão vê a mudança como um problema que deve ser temido, evitado ou adestrado. Como isso pode ocorrer? Como algo com que estamos tão familiarizados, algo que conhecemos de modo tão completo e íntimo, pode causar tamanho estresse a tantas pessoas? Por que tantos de nós vemos a mudança com receio?

Como acontece com todos os impulsos humanos, a resposta tem a ver com como analisamos e ativamos a mudança em nossa vida no passado. Independentemente do passado, no entanto, acredito que você possa aumentar a chance de ter a vida de seus sonhos a partir de hoje respondendo a esta simples pergunta: *Eu aceito e causo a mudança?* Se a resposta for sim, você pode seguir o fluxo de vida e chegar ao fim desejado. Se a resposta for não, você sempre se sentirá aterrorizado por causa de uma torrente turbulenta de acaso, e passará a vida agarrando-se a qualquer margem que aparecer.

Se quer aprender algo este ano, aprenda a perceber como se sente, como calcula e como direciona a mudança. Fazendo isso, você se sentirá mais estável, mais animado, mais abençoado, mais determinado. Você deve saber uma coisa: a mudança é o único caminho para seus sonhos, pois, para alcançá-los, você precisa sair de um lugar e ir para outro. Aqui estão os ativadores que tornam sua viagem ainda mais agradável.

Ativador 1: Mude com os ganhos, não com as perdas

É importante reformular a maneira como está pensando na mudança, pois muitas pessoas a temem e simplesmente reprimem o impulso. Mas fazer isso é catastrófico. Quando paramos de ativar o impulso de mudar, a vida se torna o contrário de expansiva e animada; ela parece pequena, estagnada, chata. Nós nos sentimos "bem" com a vida, mas sem mudanças pelas quais esperar, passamos a nos sentir *blasé*. Queremos saber onde foram parar nossa vontade e ambição. Dormimos bem à noite, mas sentimos saudade das noites que costumávamos passar acordados sonhando com um futuro maior, mais forte e mais feliz. E quando sonhamos à noite, deixamos os sonhos morrerem ao nascer do dia, pois perdemos a coragem de realizar a mudança necessária na vida para ir de um ponto ao outro.

Há milhares de motivos pelos quais você pode temer a mudança e vê-la como algo dolorido a ser evitado a qualquer custo. Pode ser que alguém de sua vida tenha morrido e isso tenha causado uma mudança indesejada depressa demais. Pode ser que, sempre que se sentiu confortável, a vida tenha lançado em sua direção um monte de porcarias, por algum motivo. Pode ser que nunca tenha conseguido o que queria sempre que tentou fazer uma mudança. Talvez você esteja apenas com medo de quebrar a rotina ou com medo de ser julgado. Algumas pessoas podem até dizer que você teme a mudança por sua constituição biológica.

Tenho ativado a mudança na vida das pessoas profissionalmente há mais de uma década, e passei a perceber uma coisa: as pessoas não temem a mudança; na verdade, a maioria das pessoas procura mudar. O que elas temem é o que a mudança poderá trazer. Assim, *espera-se* que o demônio do medo tome conta das pessoas.

Não faz sentido que alguns de nós tenham colocado na cabeça que a mudança traz dor. O que aprendi é que a expectativa por três tipos de dores específicas faz com que tenhamos medo da mudança. O primeiro motivo tem a ver com uma *expectativa de perda*. Você imagina a mudança tomando conta de sua vida, tirando algo de que você gosta, ama ou com o qual está acostumado. Você pensa em tudo o que vai perder quando realizar ou passar pela mudança. E como espera perder mais do que ganhar, o medo vem e você se torna medroso ou desmotivado.

Por exemplo, digamos que seu chefe anuncie que sua posição mudou e que você está sendo transferido para um novo departamento. Você pode encarar essa notícia com uma de três emoções principais: curiosidade, otimismo ou medo de perder. Se for com medo, você se concentrará tanto em perder — o bom escritório; a posição que lutou tanto para conseguir no departamento atual; a chance de trabalhar com seus colegas preferidos; a certeza de saber o que fazer no dia —, que tal expectativa de perda causará todo o prejuízo.

É claro, quem está de fora de sua vida, diria: "Olha, pode ser para o seu bem". Eles dirão a você para ser otimista e concentrar-se no que pode ganhar e não no que pode perder. Afinal, essa pode ser a chance de crescimento que você queria. Talvez traga um escritório melhor, colegas melhores, salário melhor. Talvez a nova função seja mais divertida, envolvente e significativa. As pessoas estão certas, claro. Você deve se concentrar mais no que ganhará do que no que perderá. Os otimistas são mais felizes com motivo.

Ainda assim, sabemos que é quase impossível manter o equilíbrio ao receber a notícia de uma mudança inesperada. Tememos pelo que perderemos e esperamos ganhar alguma coisa. Então, deve haver uma terceira opção para lidar melhor com as mudanças que a vida traz, não é? Chegaremos a esse ponto em breve, porque há mais dor a caminho.

O segundo motivo pelo qual você provavelmente teme a mudança nasce de sua *expectativa de processar a dor*. Você fica sabendo sobre a nova vaga e sobre o departamento e começa a se preocupar com o tamanho da dificuldade que será reunir seus pertences, separar tudo em pastas, dizer adeus aos seus colegas, e aprender novas habilidades e termos do outro departamento. Se o novo departamento ficar em outro prédio, você terá que aprender um novo caminho para chegar ao trabalho, terá que conhecer novos lugares para almoçar, novos locais para estacionar. O esforço que você fará é tão enorme e frustrante, que você sentirá que passar pelo processo de mudança será um grande transtorno.

Claro que ninguém é motivado por um transtorno, então, aqui, você também deve alterar seu foco. Em vez de pensar no esforço que a mudança exigirá, pense nas novas experiências e nos relacionamentos que se desdobrarão à sua frente. A mente gosta de novas experiências e relacionamentos, mas não gosta de transtornos. Aqui, então, seus amigos razoáveis diriam: "Pense, você conhecerá um monte de pessoas novas e vai aprender algo novo que pode desafiá-lo mais do que agora". Seguindo esse bom conselho, você pode pensar que começará com uma ficha limpa nesse novo departamento e que poderá reinventar sua personalidade no trabalho, será mais assertivo do que antes, entenderá mais do jogo, desenvolverá mais relacionamentos divertidos e centrados na amizade com as pessoas que o cercam, fará mais perguntas e terá melhores expectativas, então, dessa vez, caramba!, é a sua chance e você vai adorar tudo.

Mas esse otimismo pode ser difícil de manter, graças ao terceiro tipo de dor que você associa com a mudança: a expectativa de *superar a dor*. Você pensa: *bem, com certeza há coisas a ganhar aqui e, sim, o processo pode ser divertido e vantajoso; mas e se, no outro lado dessa mudança, as coisas não derem certo, e se piorarem?* Esperar superar a dor quer dizer que você teme que as coisas não sejam boas quando a mudança ocorrer — que a grama não seja mais verde do outro lado da cerca. E se eu estiver sendo dispensado? E se eu detestar meus novos colegas? E se eu não for tão bom lá quanto sou aqui? E se meu chefe novo me odiar? E se houver demissões no ano que vem? E se a máquina de cópias de lá não for tão boa quanto a daqui?

Essa expectativa é a cobertura do bolo de pessimismo. Você acrescenta preocupações a respeito da dor resultante àquelas preocupações a respeito da dor da perda e da dor do processo, e completa o triângulo do medo. E, *voilà*! Não tem chance de esperar por essa mudança com alegria. Se o triângulo do medo passar por outras áreas de sua vida, em um número suficiente de vezes com intensidade razoável, um dia você acordará morrendo de medo de mudar.

Espero que seus amigos possam acabar com esses medos de novo. Eles sugerirão que você pare de pensar nos possíveis resultados negativos a longo prazo e comece a se concentrar nos positivos. Eles dirão: "Você precisa pensar nas possibilidades de sucesso, não nas armadilhas".

É um ótimo conselho, que você deve seguir. Para isso, só precisa trocar as perguntar negativas que estão rondando sua mente (E se não der certo?) por perguntas mais positivas (E se isso me levar um passo adiante?). Ao se concentrar nos resultados positivos, você pode pensar que será mais capaz, feliz e até mais seguro na nova vaga. Pode pensar nas novas habilidades que desenvolverá; em como será mais envolvido e terá melhores contatos entre os departamentos; que será mais valorizado e que as novas possibilidades o levarão a novos resultados e terá as portas abertas para você.

Se você acha que estou querendo despejar otimismo sobre uma mudança indesejada, acertou. Mas o que mais se pode fazer? Você pode aceitar a mudança ou detestá-la. Pode direcionar-se conscientemente para se sentir positivo na vida ou pode permitir que o medo o leve. Como sempre, é uma escolha.

Também é importante perceber que a expectativa por esses três tipos de dor — perda, processo e resultado — não surge em nós quando forças externas apresentam uma nova mudança em nossa vida. Ela também aparece quando escolhemos mudar alguma coisa. Digamos que você finalmente decidiu melhorar sua saúde e, em vez de seu chefe mudar sua carreira, você o faz primeiro.

Você se sente motivado e pensa: *Está na hora de fazer uma dieta, parar de fumar, fazer exercícios com frequência e procurar um emprego novo*. Seja qual for a motivação que tenha para fazer essas mudanças, em sua mente, saiba que as dores de perda, processo e resultado mostrarão a cara feia. Você precisa estar preparado para enfrentá-la.

Para manter esses medos sob controle e ficar em vantagem, você precisa parar de pensar no esforço doloroso envolvido na mudança e começar a se concentrar nas experiências prazerosas que o processo trará. Em vez de se preocupar com o enorme esforço exigido para preparar refeições diferentes, concentre-se nas novas experiências que terá: aprenderá novas maneiras de aumentar sua energia e disposição por meio dos alimentos; aprenderá a preparar refeições mais gostosas mais depressa e com menos dinheiro; aprenderá a comer alimentos que fazem bem a você e ao planeta, compartilhando receitas com amigos e familiares e surpreendendo suas visitas com pratos saudáveis. Tenha essa mesma disposição quando reestruturar suas preocupações iniciais para largar o cigarro, começar a fazer exercícios ou a procurar um novo emprego. Pense: *Aprenderei novas maneiras de lidar com meu estresse e com os vícios e, no processo, nunca mais serei controlado por nada que me prejudique. Vou me divertir com um novo grupo de pessoas, que, como eu, estão comprometidas com os exercícios e interessadas em ter mais energia. Poderei me sair melhor na entrevista e me reposicionarei no mercado de trabalho para poder, finalmente, moldar o que faço, e terei um salário condizente com minha capacidade.* O mantra passa a ser: a mudança traz novas experiências, novas lições e novas qualidades.

Você também terá que prestar atenção às expectativas da dor do resultado que estarão à espreita. Será muito tentador ficar obcecado com perguntas do tipo: *E se eu passar por todo esse inferno de dieta e não emagrecer? E se eu parar de fumar e recomeçar mais para frente? E se eu começar a fazer exercícios e os quilos não forem embora? E se eu largar meu emprego e conseguir outro pior do que o que deixei?* O padrão aqui é que, sempre que você se concentra na mudança, acaba fazendo a si mesmo uma pergunta que termina com um elemento negativo. E se eu fracassar? E se a vida ficar pior? E se eu me sacrificar e ainda assim não conseguir o que quero?

De novo, esses tipos de perguntas apenas matam a sua motivação de fazer as mudanças necessárias para melhorar sua vida. Sabendo disso, você faz a troca para perguntas positivas: *E se eu encarar essa dieta e ficar mais magro, saudável e feliz? E se eu parar de fumar e recuperar a capacidade pulmonar para brincar com meus filhos, subir a escada sem ficar ofegante e ter o controle mental e físico que farão com que eu nunca mais segure um cigarro na vida? E se eu me exercitar e ficar mais esguio, forte e definido, podendo comprar roupas que mostram a minha boa forma? E se eu pedir demissão e conseguir uma carreira que eu ame de verdade e que me permita criar e contribuir em todos os níveis que sei que posso?*

Mudar a maneira como pensa na mudança desses modos pode ser a transformação de pensamento mais poderosa que você fará na vida. Mas não podemos parar por aqui. Em algum momento, para dominar seu destino, você terá que começar a ver a mudança como algo prazeroso em si, como algo que traz novo aprendizado e crescimento independentemente de ser iniciada por você ou não. É nesse momento, quando você passa a gostar da mudança, que a transformação em sua vida se intensifica.

Ativador 2: Tenha clareza, pense grande e seja corajoso

É claro, o medo e a falta de abertura à mudança não são as únicas coisas que impedem as pessoas de transformarem a própria vida. Às vezes, o problema é mais tático do que emocional ou conceitual. Para muitas pessoas, o impulso por mudança não ocorre simplesmente porque elas não têm clareza nem ambição.

Quase todas as pessoas com quem trabalho acreditam ter clareza. Elas sabem o que desejam, pelo menos é o que me dizem. Isso se aplica a pessoas de alto desempenho que acabo de conhecer e também a transformadores de alto nível que oriento individualmente. Você deve pensar que eles sabem o que querem antes de me contratar — como trabalho principalmente com as palestras, não oriento ninguém individualmente por menos de um quarto de milhão de dólares por ano —, mas ficaria surpreso. Descobri que poucas pessoas, talvez apenas duas a cada duzentas, têm a verdadeira clareza a respeito do que estão tentando alcançar na vida (têm menos clareza sobre o que precisam para chegar lá). É compreensível que nem todos saibamos qual é o nosso propósito na vida. Mas, para as mudanças normais, você imaginaria que todos sabemos o que tentamos conseguir. Infelizmente, não é bem assim.

O primeiro passo para realizar qualquer mudança na vida é ter uma visão definida e detalhada do que você quer alcançar. Parece básico, não é? Mas acho que você tremeria na base se eu pedisse para descrever exatamente *o que tem tentado* mudar e atingir na sua vida financeira, por exemplo, nos últimos 12 meses. Perceba a ênfase aqui. Não quero saber o que você *quer* mudar ou conseguir; quero saber *o que tem* tentado fazer. A maioria das pessoas consegue responder imediatamente à pergunta: "O que você gostaria de mudar e conseguir em sua vida financeira no próximo ano?". Mas poucas conseguem dizer *o que têm* tentado fazer para conseguir mudá-la, o que demonstra que não têm agido com clareza. (Tirei o coelho da cartola; agora você sabe como eu descobriria se você tem clareza a respeito de *qualquer* área de sua vida.)

Então, como conseguir clareza e escolher o que queremos fazer ou mudar? A resposta, como costuma ser o caso, está na pergunta em si. Para ter clareza, devemos escolher o que fazer, o que pressupõe que temos um banquete de opções à nossa frente. Para encontrar a clareza, você tem que ter opções e é isso que impede que pessoas bem-intencionadas tenham clareza na vida. Elas se esquecem de que precisam reunir e explorar as opções e oportunidades antes de escolher o que fazer. Essa linha de questionamento explica por que tantos universitários não sabem o que fazer com a própria vida — muitos ainda não têm experiência suficiente na vida para poder escolher suas carreiras, paixões e propósitos.

Vou explicar um jeito fácil de conseguir clareza: pense em uma área de sua vida e, antes de decidir o que fazer ou mudar, realize uma pesquisa para ver o universo de opções e possibilidades disponíveis nessa área. Digamos que você está tentando encontrar clareza em seus objetivos na vida financeira. É certo dizer que, se você tiver informação limitada acerca das opções financeiras, terá menos clareza para decidir o que quer fazer. Algo dentro de você perguntará: *E se eu estiver perdendo alguma coisa? Como posso ter certeza de que tenho todas as informações para fazer uma boa escolha? Não sei nem mesmo o que quero, pois não sei quais são minhas opções.* É difícil ter visão se você nunca viu nada, então, comece seus esforços para encontrar clareza reunindo pesquisa e tendo uma ideia das opções. A partir daí, escolha o mais certo para você, imite os outros que tiveram sucesso em sua área de interesse e siga em frente.

O aspecto mais importante da clareza é escolher uma mudança que você deseja profundamente e se inspirar para trabalhar para ela independentemente dos desafios que surgirão. Com frequência, o fracasso em mudar acontece porque a pessoa não queria tanto mudar e, então, ela não tentou o suficiente por tempo suficiente. É uma das grandes verdades da vida: as pessoas lutam com garra apenas por coisas nas quais acreditam profundamente.

O desafio é que temos uma epidemia de caprichos de meio interesse no mundo. Permitimos ser neutralizados em relação a qualquer desejo ou ambição real de mudança por seguirmos o conselho dos "realistas" e os mantenedores de *status quo*, que dizem que devemos estabelecer objetivos INTELIGENTES (específicos, comensuráveis, atingíveis, relevantes e com prazo específico). Mas esses objetivos inteligentes nunca atiçam a imaginação nem fortalecem a vontade. Somos, agora, uma cultura repleta de objetivos, planilhas e planos que não inspira vontade, ímpeto nem coragem.

O impulso pela mudança real — o tipo de mudança que altera seu curso de vida, negócios e o mundo em geral — vem de um desejo profundo e forte de fazer algo grande e significativo. Ninguém se une às grandes equipes para dar cabeçadas e ninguém entra em uma empresa para poder (se tudo der certo), um dia, compartilhar uma ideia (se tudo der certo) em uma sala de conferências repleta de colegas de trabalho entediados. Aqueles que vivem uma Vida Intensa veem as plateias a seus pés, cantando, pedindo coisas grandes, e querem atingir objetivos grandes, ultrapassar obstáculos e correr livremente, o que os "realistas" chamariam de loucura. Quem vive uma Vida Intensa não consegue se imaginar em uma sala de reunião em meio a um lenga-lenga. Eles veem suas ideias na vida de consumidores do mundo todo. O desejo verdadeiro é assim: não querer nada menos do que o máximo, do que a contribuição mundial. É esse nível de impulso que nos leva a correr riscos, a empenhar nossos melhores esforços e apostar todas as fichas, não por ingenuidade, mas sim por ignorar os pessimistas e desejar realizar algo importante.

Você quer mudar? Então, não procure uma visão, um chamado ou uma simples mudança em qualquer área que não seja inspiradora. Se está tentando ter clareza em algo em sua vida, torne esse objetivo tão grande, importante e chamativo que você saia da cama todos os dias motivado por ele, até alcançá-lo ou morrer. Crie um desejo que não conheça limites e que até o assuste um pouco, que exija o melhor que existe em você, que o tire de seu mundo e o coloque em um terreno novo e desconhecido. Esse tipo de desejo muda sua vida e também muda o mundo.

Mas não se espelhe em mim. Falarei agora de um homem que teve o ímpeto de mudar e levou os Estados Unidos a níveis mais altos do que os imaginados — e, fazendo isso, ultrapassou tudo o que sabíamos.

> *Decidimos ir à Lua. Decidimos ir à Lua nesta década e fazer outras coisas, não porque elas são fáceis, mas porque elas são difíceis, porque esse objetivo servirá para organizar e medir o melhor de nossas energias e habilidades, porque esse desafio é o que estamos dispostos a aceitar, que não queremos postergar, e que pretendemos vencer, e os outros também.*
>
> *Com certeza, tudo isso custará muito dinheiro... os gastos no espaço logo aumentarão ainda mais... porque demos a esse programa uma alta prioridade nacional — ainda que eu perceba que se trata, de certo modo, de um ato de fé e visão, pois não sabemos quais benefícios nos esperam.*
>
> *Mas se eu dissesse, meus caros compatriotas, que devemos mandar para a Lua, a 500 mil quilômetros da estação de controle de Houston, um foguete enorme de mais de 900 metros de altura, do comprimento de um campo de futebol feito com novas ligas de metal, algumas das quais ainda não foram inventadas, capaz de suportar calor e pressões diversas vezes maiores do que já vimos acontecer, com uma precisão maior do que a do melhor relógio, levando todos os equipamentos necessários para propulsão, orientação, controle, comunicações, alimentação e sobrevivência, em uma missão não testada em um corpo celestial desconhecido, e então voltar para a Terra com segurança, entrando na atmosfera*

com velocidade superior a 50 mil quilômetros por hora, causando um calor que atingiria metade da temperatura do sol — quase tão quente quanto está hoje — e fazer tudo isso, e fazer tudo isso direito, e fazer tudo isso antes de esta década terminar — então, devemos ser corajosos.

Muitos anos atrás, perguntaram ao grande explorador britânico George Mallory, que morreria no Everest, por que ele queria escalá-lo. Ele respondeu: "Porque ele existe".

Bem, o espaço existe, e vamos escalá-lo, e a Lua e os planetas existem, e novas esperanças de conhecimento e paz existem. E, assim, ao embarcar, pedimos a bênção de Deus na mais perigosa, desafiadora e maior aventura na qual o homem já embarcou.

— PRESIDENTE JOHN F. KENNEDY, 12 DE SETEMBRO DE 1962

Você quer mudar sua vida? Seja corajoso de novo. Encontre sua Lua. Procure algo tão grande e excitante que seja inimaginável para você e para as pessoas de seu convívio. Tenha a coragem de entrar em ação, de testar, de fracassar, de se levantar de novo, de fracassar de novo, de se envergonhar por tentar, de fracassar mais um pouco, de se levantar, sorrir e seguir em frente — é assim a coragem, e a única abordagem à mudança que aumentará sua energia e ajudará sua vida a deslanchar.

Ativador 3: Faça escolhas reais

Conforme você avança com coragem em direção a uma visão clara e definida, seja claro em relação ao que quer e ao que não quer em seu caminho. Faça escolhas reais *antes* de estabelecer um novo caminho.

Isso faz com que eu me lembre de uma das ferramentas simples, porém imensamente populares, que usamos na High Performance Academy. Ela se chama "This-That Rule Tool" (Ferramenta da Regra "Isso e Aquilo"). Você pode fazer o download no site www.TheChargeBook.com/resources.

A ideia é que você crie frases sobre as coisas que quer (this/isso) e sobre as coisas que não quer (that/aquilo), de modo que tenha clareza e foco em seu caminho para mudar. Tem a ver com tomar decisões reais com as seguintes afirmações:

1. Quero isso, não aquilo.
2. Faça mais isso, menos aquilo.
3. Quando isso acontecer, faça aquilo.
4. Sempre escolha isso, não aquilo.
5. Faça isso agora, depois aquilo.

1. *Quero isso, não aquilo*. Antes de planejar qualquer coisa, seja muito claro e direto a respeito do que quer *e* do que não quer. É surpreendente quantas pessoas não consideram o que *não* querem. Elas se lançam em direção a um objetivo e costumam alcançá-lo, mas acabam arrasadas no fim. Esse é o clichê do cara que quer um milhão de dólares e trabalha muito para conseguir e *consegue* — à custa de seus grandes interesses, saúde e família. Ele acaba se tornando um milionário, mas percebe que o dinheiro não era a única coisa que ele queria na vida. Imagine se ele tivesse dito: *"Eu quero um milhão de dólares na conta em dez anos (isso), mas não quero ficar preso a tarefas administrativas de que não goste, não quero ficar gordo e sem saúde, não quero trabalhar nos fins de semana nem perder o contato com minha família (aquilo)"*. Se ele tivesse a visão de manter isso à sua frente e correr atrás do objetivo, acredito que sua vida teria sido diferente. Às vezes, é importante manter um olho no objetivo e outro ao redor para saber se você está em apuros.

2. *Faça mais isso, menos aquilo*. Para chegar a um objetivo, precisamos começar ou continuar algumas coisas, e temos que parar outras. É essencial ter clareza acerca dessas atitudes de

começar-parar conforme você planeja seu caminho para a vitória. Vamos continuar com nosso amigo que se tornou um milionário à custa de seus interesses, saúde e família. Ele estaria melhor se tivesse estabelecido algumas regras, como: delegue mais. Realize um trabalho criativo que o envolva. Faça refeições mais saudáveis. Saia mais com sua esposa à noite e passe mais fins de semana com os filhos. Você não pode mais permitir que os outros controlem seus horários e ditem seu trabalho e seus interesses. Não pode mais comer *fast-food* nem passar uma semana longe da academia. Não pode mais se esquecer de aniversários.

3. *Quando isso acontecer, faça aquilo.* Aprendi o poder incrível de pedir aos clientes que criem um novo comportamento em cima de outro já existente — o que chamo de "cabide de hábitos". Por exemplo, digamos que eu tenha uma cliente que tenha três filhos, trabalhe em casa e queira perder peso. Ela já tentou fazer dieta e exercícios, mas não consegue encontrar ritmo nem resultados. Um de meus primeiros passos seria descobrir como é a rotina dela e os hábitos que já tem e, então, "enganchar" novos hábitos a eles. Posso descobrir que ela leva os filhos para a escola um dia sim, um dia não, alternando com seu marido. Se meu plano para ela envolver exercícios, posso sugerir que ela insira o exercício em seu hábito de levar as crianças. Sua nova regra torna-se esta: *Quando eu deixar as crianças na escola (isso), irei para a academia logo depois (aquilo).*

Nosso pobre milionário poderia ter criado regras assim: *Quando eu parar para almoçar todos os dias, enviarei uma mensagem de texto para minha esposa para paquerá-la. Quando for às reuniões, compartilharei pelo menos uma ideia pela qual eu seja apaixonado. Quando sair do trabalho, comprarei alguns legumes frescos no caminho para casa. Quando chegar em casa, vou cumprimentar meus filhos e perguntar como foi o dia deles; estarei presente e prestarei atenção às respostas que eles me derem.*

Criar novos hábitos em cima de antigos é muito mais que útil, e você deve reservar um tempo para analisar como pode fazer isso ao criar seu plano de mudança.

4. *Sempre escolha isso, não aquilo*. A vida, inevitavelmente, entra no caminho que imaginamos para alcançarmos nossos objetivos. Tempestades acontecem; as táticas fracassam; as boas intenções trazem resultados ruins. É assim que o mundo é. Em épocas de incerteza, conflito, provação e fracasso, que tipos de escolha você fará? Essa regra serve para você estabelecer algumas regras básicas às quais pode recorrer quando situações similares surgirem. Pense no que poderia ter acontecido com nosso pobre milionário se ele tivesse criado as seguintes regras:

- Sempre escolher o que gosto (isso) e não um lucro de curto prazo (aquilo).
- Sempre escolher uma salada (isso) e não batatas fritas (aquilo).
- Sempre escolher os jogos que prometi assistir com meus filhos (isso) do que uma oportunidade aleatória de trabalho (aquilo).

Regras assim são divertidas de criar e escrever, pois elas envolvem automaticamente nossas prioridades e personalidade.

5. *Faça isso agora, depois aquilo*. A maioria das escolhas difíceis que fazemos na vida tem a ver com o dilema: *agora ou depois*? Sem consciência desse fato, e um bom conjunto de regras, sempre temos dificuldade a respeito de quando agir. Eu já havia entrevistado dezenas de pessoas em minha área a respeito de como e quando elas cresciam, e depois de tomar conhecimento do sofrimento e da distração que crescer rápido demais havia causado, estabeleci algumas regras para mim mesmo. Você deve fazer a mesma coisa.

Para completar a história de nosso pobre milionário, imagine se ele tivesse começado com seu conjunto de regras que ditasse o seguinte: *Comandarei a empresa pelos próximos cinco anos (isso, agora). Depois, vou delegar mais e fazer com que outra pessoa a gerencie no sétimo ano, quando meus filhos tiverem 10 anos (depois, aquilo). Começarei a fazer exercícios aeróbicos uma vez por semana esta semana (isso, agora). Depois, a partir da quarta semana, acrescentarei o treino de resistência (depois, aquilo). Vou tirar duas semanas de férias com minha família este ano (isso, agora) e então, no próximo, acrescentarei mais duas semanas (depois, aquilo).*

Esses são exemplos simples e curtos. Suas regras não devem ser assim — reserve um tempo para pensar bem nas regras, e escrever páginas e páginas delas. Então, mantenha seu "livro de regras" ao seu lado o tempo todo, o releia e reescreva tudo pelo menos uma vez por mês pelo resto de sua vida. Se isso parece trabalhoso demais, sem problema; tenho certeza de que você se sairá bem seguindo o mesmo sistema que tem seguido todos esses anos, e ficará feliz de conseguir exatamente os mesmos resultados conseguidos neste ano. Estou brincando, claro. Mesmo sistema, mesmo resultado. Experimente o meu e depois me diga se deu certo.

PONTOS DE ENERGIA

1. Uma grande mudança que tenho adiado em minha vida por medo da perda, do processo ou do resultado é...

2. Uma mudança clara, corajosa e nova que eu poderia fazer em minha vida seria...

3. As regras isso-aquilo que posso aplicar a essa mudança clara, corajosa e nova seriam...

Capítulo 9

O IMPULSO POR DESAFIO

Os covardes morrem várias vezes antes de sua morte;
o corajoso só experimenta o gosto da morte uma única vez.
— William Shakespeare, *Júlio César*

"Não vale a pena arriscar."

Estou tendo uma conversa com uma grande estrela que construiu sua carreira na música e na televisão testando os limites. Depois de passar uma hora descrevendo com muita empolgação um novo programa que quer produzir, ela diz que ele "mudaria o modo com que vemos a televisão". E passo a gostar dela imediatamente, porque ela xinga quando fica empolgada, mas sem querer. Não que eu goste do palavrão em si; apenas gosto de ver as pessoas se descontrolando com seu entusiasmo.

"O risco?", pergunto.

"Pois é. Em Hollywood, você é julgado pelo seu último programa. Se eu assumir o risco e o programa não emplacar, minha carreira estará acabada."

"É assim mesmo?", pergunto. "Parece que muitos astros e diretores se saem muito bem com filmes e programas. Se não fosse assim, nunca teríamos essa conversa sem fim a respeito da grande volta de tal e tal programa."

"Bom, isso é o que todo mundo pensa", diz ela, bebericando sua limonada. "Mas, para cada volta, há milhares de nós presos no purgatório. Não acredite em tudo o que ouve."

Eu sinto a energia em minha garganta e quero fazer meu trabalho, dizer a essa mulher que a vida pode ser muito mais envolvente, plena e viva se ela se arriscar por seus interesses. Mas ela é muito famosa e não estou aqui como orientador, mas como convidado.

Eu me controlo e ela casualmente passa para outro assunto com nosso amigo em comum, que nos apresentou. Os dois conversam por alguns minutos. Tento me manter presente, mas me flagro olhando para a piscina e para o belo paisagismo do local, perdido em pensamentos a respeito do que ela disse. Por fim, não consigo mais me segurar.

"Sinto muito por interromper", digo. "Tem uma coisa me incomodando, e se eu não disser o que é, vou me odiar e não estaria sendo um bom amigo." Olho diretamente para ela. "Eu preferiria me queimar a comprometer meu talento e meus interesses apenas para andar sobre ovos. Você deve estar sentindo a mesma coisa. Acho que deveria mandar tudo para o inferno e seguir sua paixão; faça o seu programa."

Ela e meu amigo riem de minha intensidade. A risada dela é mais do tipo "que cara bonitinho, tão ingênuo". A risada de meu amigo é de surpresa misturada com embaraço.

Eu mantenho minha posição. "Diga-me por que estou errado. Afinal, durante uma hora você estava explodindo de empolgação enquanto falava sobre o projeto. Por que não correr atrás dele? O que você tem a provar para as pessoas?" Ela não sabe que estou aprontando com ela.

"Olha, não tem nada a ver com provar coisa alguma. Já tenho minha estrela na calçada. Mas precisamos ter cuidado com nossa carreira hoje em dia. Talvez, um dia, eu faça o que quiser, mas, por enquanto, manterei o projeto guardado por um tempo."

Sei que sou agressivo demais com as pessoas. Tento energizá-las o tempo todo, com muita intensidade e insistência. Quero muito ter um almoço agradável com essa mulher e meu amigo sem fazer bobagens. Ela tem milhões de fãs e eu adoro seu trabalho. Não quero sair da linha, mas preciso viver de modo congruente. Preciso ser a pessoa corajosa que acredito ser.

"A síndrome do *um dia*? Você está ferrada."

Ela e meu amigo olham para mim, surpresos. Eu saio impune graças apenas ao sorrisão provocador que estou dando.

"Você não vai investir nesse programa *um dia,* assim como ninguém alcançará seus sonhos *um dia.* E acho que você também está errada. Você *tem, sim,* tudo a provar. Acho que você tem que provar que é importante e não pode fazer isso com prudência. Ícones e lendas não agem desse jeito. Também acho que você precisa provar a si mesma que não é do tipo que adia as coisas e que é alguém que segue seus sonhos, e não o vende por uma falsa segurança. A vida não é vivida na segurança; ela é vivida no desafio. A outra opção que tem é tornar-se uma drogada esquecida, e você não quer isso." Volto a sorrir de modo provocador, e ela e meu amigo riem de novo.

"Certo. Você não precisa convencer uma artista de que ela precisa ultrapassar os limites e ser relevante para ser notada e sentir-se satisfeita." Ela diz isso de um modo que eu percebo que estou sendo bem-visto. Mas, então, ela me surpreende: "Mas e se eu fizer isso porque você está dizendo e nada der certo? Que responsabilidade *você* tem? É fácil motivar os outros quando seu nome e reputação não estão em jogo. E se tudo der errado? Eles não vão expor *você* nas manchetes."

Boa pergunta, e eu passo a gostar dela ainda mais.

"Você tem razão. Não estou envolvido e não sei como é ter a sua fama e tudo o que vem com ela. Sou só um cara que veio parar na sua casa e está tomando toda a sua limonada. Mas posso dizer — se você desafiar a si mesma a fazer esse programa e ele não der certo, vou me sentir péssimo, porque, por mais que seja a sua arte, *esta* é a minha arte: incentivar e desafiar as pessoas a correrem atrás de seus sonhos. Então, tenho participação na suposta derrota. Meu nome está em jogo com você, no momento. Você tem uma visão e um sonho. Não permita que eles morram. Lute por eles. Não porque é seguro ou porque agradaria aos outros. Faça porque você sente o desejo de realizar esse sonho. Se quer ser prudente, deveria se aposentar agora e jogar golfe com os outros homens idosos de Hollywood. Não faça isso. Seja o ícone e *lidere* essa indústria. Escolha sua arte e desafie a si mesma a pensar de modo tão grande e corajoso quanto o que a levou a chegar aonde está hoje. E, se tiver coragem, vá além."

Ela olha para mim e o olhar deixou de ser frio e se tornou direto, como vemos nos olhos de alguém apenas quando a ficha do desafio cai e a pessoa está se preparando — o olhar do tipo que precede algo grande, o "pode ter certeza absoluta de que vou conseguir".

Ela confirma com um meneio de cabeça.

"Vou mudar a televisão com isso."

Eu apenas confirmo com ela e devolvo o olhar de certeza.

Ela continua assentindo, comprometendo-se, colocando o plano nos trilhos em sua mente. E então, ela olha para nosso amigo. "Já entendi por que você trouxe esse cara. Preciso de alguém que me faça acordar."

• • •

Só existe uma palavra a ser colocada em sua mente que pode definir o caminho para uma vida comprometida e mobilizar as grandes energias de potencial em você: *desafio*.

Todo o crescimento psicológico e espiritual que você tem experimentado como ser humano tem sido resultado do que eu chamo de "desafio real". Foi o crescimento de seus conceitos sobre si mesmo, de suas habilidades, crenças e capacidades mentais e físicas que foram criadas por uma exigência maior de sua parte e de seu ambiente. Foi nesses momentos que sua concentração foi fortalecida, que sua habilidade e melhores esforços foram reunidos e sua vontade, força e coragem foram testadas. Foram os momentos em que a luta significou algo a você e você se concentrou na atividade em questão de uma maneira que seu senso de tempo e sua autoconsciência pareceram desaparecer. Foram os momentos doces em que você surpreendeu até a você mesmo, ultrapassando seus limites e empenhando-se com mais esforço, criatividade e consciência. Foi quando a mudança real e o crescimento aconteceram. E aposto que foi quando você se sentiu mais vivo e envolvido — *mais intenso* — do que nunca.

Atualmente, todos temos muitos objetivos em nossas agendas e nos ocupamos com diversas tarefas, atendendo a interesses conflitantes, tentando agradar aos nossos chefes, parceiros e filhos. Mas existe uma grande diferença entre ser desafiado de verdade e simplesmente ocupar-se realizando as tarefas do dia ou carregando a cruz das expectativas dos outros. Essas distinções iluminam o caminho para sua maior felicidade.

É importante diferenciar objetivos e desafios. Um objetivo pode ser um item em uma lista de afazeres. Nada no estabelecimento de um objetivo exige quase tudo de você; um *desafio*, por outro lado, é algo que aumenta seus esforços e habilidades. Pensar no objetivo é pensar no destino — tem a ver com conseguir algo. Pensar no desafio inspira imediatamente pensamentos a respeito do caminho — tem a ver com dar algo a mais de *si mesmo*. Neste capítulo, falarei mais sobre o destino e o caminho, e sobre os cinco critérios de um bom desafio.

Você também tem que ter consciência de que ser ocupado não é a mesma coisa que ser desafiado, assim como a mudança não é a mesma coisa que progresso. Passamos grande parte da vida realizando atividades de manutenção comuns — acordamos, comemos, vamos ao trabalho, voltamos, limpamos a casa, fazemos compras e organizamos as coisas. Sim, temos listas de afazeres e temos que cuidar de tudo e ainda lembrar de buscar as crianças, mas, se formos sinceros, essas atividades mal desafiam os limites de nossas habilidades.

Em grande parte, o estresse que as pessoas sentem na vida raramente está relacionado ao desafio real, o tipo que aumenta nossas habilidades e faz com que nos sintamos envolvidos e em desenvolvimento. A maior parte do estresse de hoje vem da distração e da procrastinação. Nessa época de excesso de informação e acesso rápido à internet, muitos de nós gastam tempo demais em atividades que não são importantes e acabam sem tempo. A isso, somamos nossa tendência a procrastinar, pois não nos importamos com as atividades que temos que fazer e, de repente, a sobrecarga se instala conforme mais prazos vencem.

Claro, há muitos fatores externos e estressantes também. Temos a sensação de que estamos sempre ocupados, então, simplesmente "não é possível assumir mais nada" na vida. Ou, como a estrela sentiu no começo do capítulo, tememos as repercussões se assumirmos novos riscos. A boa notícia é que essas desculpas são todas absurdas, e eu prometi, no começo deste livro, que trarei o grito de guerra. Neste capítulo, quero dizer que está na hora de ultrapassar a reclamação comum a respeito do que "as pessoas" querem que você faça com sua vida. Está na hora de acelerar seu potencial e finalmente ativar esse ímpeto por desafio de um modo que traga de volta a energia do compromisso e do progresso em sua vida. Você pode sentir mais energia na vida, e o modo certo de fazer isso é reunir suas maiores energias para os desafios reais.

Ativador 1: Escolha desafios satisfatórios

O desafio é o caminho para o compromisso e o progresso em nossa vida. Mas nem todos os desafios são criados de modo igual. Alguns fazem com que nos sintamos vivos, envolvidos, ligados e realizados. Outros simplesmente nos sobrecarregam. Saber a diferença ao estabelecer desafios maiores e mais corajosos a si mesmo é essencial para sua sanidade, sucesso e satisfação.

Como escolher "bons" desafios? Pode ser útil saber que os desafios que trazem comprometimento e satisfação total em nossa vida têm cinco coisas em comum. Em primeiro lugar, eles exigem *singularidade de foco,* ou seja, são atividades poderosas que exigem nossa atenção completa e a concentração no momento. Esses desafios, então, não são insignificantes nem permitem o excesso de tarefas. Eles nos absorvem porque envolvem nossa presença mental e física. Pintar um quadro, ensinar uma atividade a seus filhos, criar um site, planejar ou fazer uma apresentação — são todos exemplos de esforços que exigem que você se concentre. Para inspirar uma singularidade de foco, um desafio deve ser importante para você e deve ser algo que você sente que deveria fazer neste momento. Se for comum e não tiver um prazo, você não se comprometerá. Então, ao escolher o próximo desafio de sua vida, escolha um que seja significativo e que exija sua concentração total.

Em segundo lugar, grandes desafios *aumentam nossos esforços e capacidades,* exigindo um pouco mais do que o melhor de suas habilidades e qualidades. Eles estão um pouco além de suas habilidades atuais, então exigem que nos comprometamos totalmente... e cresçamos. O segredo aqui é escolher desafios que vão além de nossa zona de conforto. Saber esse segredo explica por que tantos de nós nos fascinamos com *video games.* Você já jogou um jogo de *video game* que *não* tinha níveis de dificuldade? Bem, a vida pode parecer um jogo, também, quando escolhemos nos envolver em atividades que exigem que testemos e desenvolvamos nossas habilidades. Se você é um palestrante que sempre usa anotações, decidir não usá-las na próxima apresentação exigirá esforço. Se você é um bom tenista, jogar com um adversário melhor exigirá mais esforço. Se é um executivo, assuma um projeto que é levemente superior à sua capacidade. Não precisa decidir pular do nível um de dificuldade para o nível dez; isso só o fará se sentir sobrecarregado. Aborde seu próximo desafio como uma oportunidade de ir do nível um ao nível dois ou três, e satisfará os critérios para um desafio satisfatório.

Em terceiro lugar, está a habilidade de *avaliar o desempenho*. Isso quer dizer que você tem a oportunidade de saber como está indo — para avaliar seu progresso ou para obter feedback de fora. Correr costuma se tornar uma experiência mais satisfatória quando podemos calcular a velocidade e a distância que percorremos. As apresentações vocais ficam mais satisfatórias se pudermos ver o rosto da plateia e as reações à nossa voz. Fazer dieta fica mais animador quando subimos na balança e vemos o progresso. Apesar de tudo isso parecer intuitivo, o fator mais surpreendente é que poucas pessoas param para avaliar o progresso em seus desafios. Elas se inspiram, começam e então desistem quando não "sentem mais vontade" de continuar. Mas uma onda de motivação, seja ao ver os resultados ou ao ser redirecionado, costuma acontecer em pontos de checagem em qualquer projeto. Então, enfrente seu próximo desafio com a intenção de avaliar seu progresso pelo caminho.

Em quarto lugar, desafios satisfatórios trazem uma *sensação de completude*. As pessoas conseguem correr uma maratona porque sabem que o desafio tem uma linha de chegada. Os executivos que trabalham muito, totalmente envolvidos em um projeto, fazem isso porque têm um prazo a cumprir que acreditam importar para seu desafio de contribuir totalmente e chegar ao topo. Esses exemplos mostram que ter algumas "linhas de chegada" em mente e a crença em uma recompensa são fatos extremamente importantes para enfrentar qualquer desafio. Tal conceito torna-se ainda mais importante conforme assumimos desafios cada vez maiores. Por exemplo, se pretende assumir o desafio de acabar com a pobreza no mundo, precisa construir o desafio e suas expectativas de modo que sinta estar alcançando conquistas significativas. Se você seguir em frente por 40 anos, mas nunca tiver a boa sensação de realizar projetos importantes e repletos de sentido, perderá seu senso de comprometimento. É por isso que os agentes de mudança em empresas sempre criam *pequenas vitórias* em um plano de mudança. Tais ganhos dão a oportunidade de melhorarem o desempenho — *estamos tendo sucesso!* —, mas também oferecem momentos em que as pessoas percebem que completaram algo importante — *terminamos isso!*

Por fim, os desafios mais enriquecedores são aqueles que permitem a você *compartilhar sua experiência e suas conquistas*. Escalar o Monte Everest satisfaria todos os seus critérios anteriores, e isso, por si só, faria dessa uma experiência maravilhosa. Mas escalar o Everest *com outra pessoa* seria infinitamente melhor. Subir uma montanha e saltar para comemorar é ótimo; fazer isso e então se virar para abraçar alguém e reconhecer a experiência e a conquista com essa pessoa é indescritivelmente mais satisfatório. Nem toda troca precisa ser tão épica. Tentar bordar um tapete cheio de detalhes se encaixa nos quatro primeiros critérios também. O que torna a atividade satisfatória, no entanto, é mostrar o novo tapete a entes queridos, que se impressionarão e comemorarão ou, no mínimo, usarão a peça que você criou. Normalmente, *falar sobre o ato e celebrar* como encaramos e vencemos os desafios é a cereja do bolo. É importante que você entenda como é essencial para sua mente e deseje assumir desafios cada vez mais complexos. Ainda que você vença um enorme desafio e sinta a vitória, não é forte o bastante. Pode ativar o lado esquerdo de seu cérebro, que diz, *Eu consegui*, mas não ativará o lado direito, mais social, que desesperadamente quer dizer, *Olha, mãe, consegui!*

Imagine a diferença das sensações nas seguintes situações. Você treina muito para completar uma maratona, e depois de levar a mente e o corpo além do que pensou ser possível por mais de 50 quilômetros, você finalmente cruza a linha de chegada e levanta os braços, num sinal de vitória. Em um dos finais da história, você caminha sozinho até seu carro, vai para casa, toma um banho e nunca mais toca nesse assunto. No outro final, você abraça seus amigos corredores e aqueles que lhe deram apoio, vai almoçar com alguns amigos e familiares e fala sobre a dificuldade, a luta e como foi mágico ultrapassar o limite da possibilidade. Decida: qual *é* mais importante e satisfatório?

Estes são os critérios para criar e experimentar os desafios que fazem com que você se sinta vivo:

- Singularidade de foco.
- Aumento do esforço e da capacidade.
- Avaliação do desempenho.
- Sensação de completude.
- Compartilhamento da experiência e do resultado.

Imagino que, se você pensar em qualquer momento feliz, de triunfo ou comprometimento, em sua vida, esses fatores estavam em ação. Agora que tem consciência deles, use-os de modo inteligente e, de forma estratégica, crie novos desafios para si.

Ativador 2: Concentre-se no caminho e não tema a rejeição

Ao saltar montanhas e conquistar o mundo, é bom saber, com antecedência, onde ficará preso. Inevitavelmente, todos enfrentamos novas dúvidas e medos conforme assumimos desafios cada vez maiores, então, eu seria relapso se não os abordasse.

Costuma haver dois vilões mentais que todos enfrentamos quando encaramos um caminho para um novo sonho: as expectativas não satisfeitas e um medo paralisante de rejeição.

Todos nós compreendemos as expectativas não satisfeitas. Todos nos envolvemos e trabalhamos muito em projetos no passado e sentimos que não fomos recompensados nem reconhecidos tanto quanto esperávamos ou desejávamos. É a vida. E como é a vida, está na hora de mudarmos nossa abordagem em relação ao que esperamos do desafio. Para ter uma Vida Intensa, você precisa alterar suas crenças a respeito de por que assumir um desafio.

Para a maioria das pessoas, assumir um desafio tem a ver com o resultado — a recompensa no fim da estrada do esforço. Elas aceitam novos projetos no trabalho porque acreditam que conseguirão aumentos. Decidem perder peso porque, assim, ficarão mais magras para entrar em uma calça jeans menor. Aprendem um novo idioma para poderem pedir comida em outro país. Competem para ganhar um troféu e a admiração do público. Em cada caso, essas pessoas buscam resultados.

Concentrar-se no destino e não no caminho é algo que estamos culturalmente condicionados a fazer nos primeiros estágios da vida. O desafio de aprender o alfabeto é conseguir a estrelinha dourada. Estudar e trabalhar com afinco nos garantem bons relatórios de desempenho... e entramos em uma boa faculdade... e conseguimos um bom emprego... e um salário melhor... e compramos uma boa casa e um bom carro... e então, uma casa melhor e carros melhores... e assim vai. Essa dinâmica de estudar muito, trabalhar muito, como dizem para fazermos, fará com que consigamos tudo o que quisermos (normalmente, algo que dizem que deveríamos querer): dinheiro, riqueza, poder, status, conquistas e acúmulo.

Todas essas recompensas de esforço são recompensas extrínsecas, recebidas do mundo externo. Infelizmente, nossa vida se torna a rotina de assumir desafios que são guiados por tais recompensas, e, de repente, acordamos um belo dia e sentimos que estamos mortos por dentro.

Por quê? Porque as recompensas extrínsecas, como já dissemos, não nos satisfazem, de fato. O dinheiro aumenta a felicidade até você obter a média salarial do país em que vive. Fama, poder, status e acúmulo material costumam aumentar um pouco a felicidade, mas só no primeiro ano em que você os conquista e, geralmente, apenas porque a sensação de ter essas armadilhas é nova e pode trazer orgulho (e isso apenas se você os tiver alcançado por esforços diretos). O problema das recompensas extrínsecas é que elas nunca bastam e nos colocam em um caminho que lentamente se torna mais íngreme na esteira do *mais*. Um dia, acordamos com muitas das recompensas extrínsecas que temos procurado há tanto tempo, mas, ainda assim, não sentimos nada por elas.

Para evitar isso, precisamos seguir a sabedoria dos mais velhos, que diziam que devíamos nos *concentrar no caminho e não no destino*. Não se preocupe se terá o ápice do sucesso ou não em seu caminho. Em vez disso, concentre-se no momento durante o caminho: aproveite-o, viva-o e aprenda com ele. Preste atenção ao que está à sua frente, um passo por vez, entregando-se aos esforços e aos novos conhecimentos, habilidades e capacidades que tem adquirido pelo caminho. Aprenda a aproveitar o processo de assumir novos desafios e a *comemorar seu esforço* e também os resultados. Quanto mais se concentrar no caminho, mais os desafios parecerão envolventes e superáveis.

É claro, esse conselho é ótimo para o desenvolvimento pessoal, mas realistas dirão que as pessoas têm muito medo de encarar grandes desafios e se livram dos resultados porque os seres humanos, segundo eles, têm medo do fracasso e da rejeição social. Se você for como muitos dos leitores, um motivo pelo qual não assume grandes desafios na vida é por ter medo de como os outros o julgarão pelo caminho (ou nos erros).

Então, vamos enfrentar esse medo da rejeição de frente para podermos superá-lo.

Acontece que a rejeição social não é algo que acontece com tanta frequência quanto você teme. Já fiz a seguinte pergunta a plateias de várias partes do mundo: "Quantas vezes você já foi rejeitado de um modo que o magoou profundamente? Não estou falando de um daqueles pequenos momentos embaraçosos nos quais alguém disse não gostar de seus sapatos ou cabelos. Eu me refiro ao tipo de rejeição que machucou de verdade, que impediu você de ser quem é ou que alterou sua identidade para sempre. Estou me referindo à rejeição que magoou e que realmente importou. Quantas vezes?".

Já fiz essa pergunta a públicos do mundo todo. A faixa etária média das pessoas que participam de minhas palestras é de 40 a 55 anos, então eles não são mais crianças. Sessenta por cento é formado por mulheres, a maioria com famílias, a maioria ganha um salário acima da média da renda dos países em que vivem. Normalmente, peço que as pessoas levantem o braço conforme vou aumentando o número: "Quantas vezes? Duas? Cinco? Sete? Dez? Quinze? Vinte?".

Entre centenas de plateias e centenas de milhares de pessoas, a média da resposta nunca varia: sete. A maioria das pessoas, durante sua vida e a caminho da aposentadoria, já foi rejeitada de um modo que realmente as magoou apenas sete vezes.

Normalmente, depois dessa pergunta, faço mais uma, oposta: "Quantas vezes vocês já foram incentivados por outra pessoa, de um modo que teve um efeito *muito positivo* em sua vida?". E aplico a mesma dinâmica. "Quantos de vocês foram aceitos, incentivados e impulsionados dessa maneira uma vez? Duas? Cinco vezes? Sete? Dez? Quinze? Vinte?" Quando faço isso, a plateia começa a rir. Todo mundo mantém a mão erguida até o vinte. Então, continuo. "Quantos diriam que foram cem vezes? Quinhentas? Mil? Mais de mil?" Todas as mãos continuam levantadas.

Saiba o que é mais fascinante a respeito de tudo isso. Todos tememos a rejeição, mas *acontece que a rejeição realmente importante quase nunca acontece*. A maioria dos adultos se lembra de ter sido rejeitado de um modo que realmente teve impacto na vida ou identidade apenas sete vezes.

Então, aquilo que nos impede de assumir desafios maiores na vida quase nunca acontece. Ainda que acontecesse cerca de 100 vezes até os 40 anos, seria o bastante para convencer você a parar de correr riscos, de se expressar, de tentar? Para mim, também não.

Mas não perca o restante da história. Sete é o número médio de pessoas que, de modo significativo, nos rejeitaram até a fase adulta, mas, em contrapartida, *milhares* de vezes fomos apoiados e incentivados. Conhecemos centenas ou milhares de pessoas na escola, trabalhamos ou interagimos com centenas, se não milhares de pessoas na fase adulta (colegas de trabalho, clientes, vizinhos, pessoas do Facebook), e, de modo geral, eles nos aceitaram ou apoiaram. Se não nos apoiaram, pelo menos permitiram que cuidássemos de nossa vida, não nos julgaram nem nos rejeitaram de um modo que alterou nossa identidade.

Tudo isso me leva a fazer uma pergunta: na estrada em direção ao nosso destino, em quem e em quê você vai prestar atenção? Às sete ou oito pessoas ruins — cujas análises eram muito mais sobre elas mesmas do que sobre você —, afinal, o que o espelho reflete? Ou aos milhares de incentivos e encorajamentos que tem recebido e que agora pavimentam o caminho ao progresso? Escolha.

Colocar as atitudes de sete pessoas, por mais que tenham ferido você, em cima de suas expectativas para sempre não é justo nem saudável. É claro que existem pessoas no mundo que simplesmente sentem prazer em julgar os outros e não escondem isso de ninguém. Há quem odeie tudo e todos, os cínicos e os críticos. São as pessoas que a estrela do começo do capítulo temia, mas que acabou superando (e ela foi indicada a um Emmy).

Em vez de dar a esses críticos poder sobre você ou sobre seu futuro, ignore-os ou, no máximo, sinta pena deles. Eles são fracos que só conseguem sentir poder alimentando-se das fraquezas que percebem nos outros. São aqueles que perderam os sonhos e a ligação com a esperança e a humanidade. São as pessoas que você não pode deixar que se apoderem de suas ambições e sufoquem sua vontade de desafiar a si mesmo, os outros ou a sociedade. As opiniões odiosas e desinformadas desses indivíduos são insignificantes e você não pode permitir que seus sonhos morram só porque alguém tenta atrapalhar sua escalada ao topo da montanha.

Termino com minha frase favorita sobre o assunto:

> *Não é o crítico que conta; nem o homem que aponta onde o forte hesita nem onde o benfeitor poderia ter feito algo melhor. O crédito deve ser dado ao homem que está no campo, cujo rosto está sujo de terra, suor e sangue; que resiste bravamente; que erra, que encontra problemas, pois não existe esforço sem erro e sem problemas; mas quem se esforça para realizar os feitos; que conhece os grandes entusiasmos; as grandes devoções; que se dedica a uma causa digna; que conhece muito bem, no fim, o triunfo da grande conquista e que, na pior das hipóteses, fracassa, mas pelo menos fracassa encarando o desafio, de modo que seu lugar nunca seja com aquelas almas frias e tímidas que não conhecem nem a vitória nem a derrota.*
>
> — THEODORE ROOSEVELT, TRECHO DE SEU DISCURSO "CIDADANIA EM UMA REPÚBLICA", FEITO EM SORBONNE, PARIS, NO DIA 23 DE ABRIL DE 1910.

Ativador 3: Estabeleça desafios mensais

Tenho estabelecido um desafio pessoal a cada mês há 15 anos. Como uma pessoa criativa, que usa o lado direito do cérebro, isso exigiu *enorme disciplina* de minha parte. Mas tanto os caminhos quanto os destinos (por enquanto, pelo menos) têm sido mais envolventes e satisfatórios do que eu poderia imaginar. Tenho me sentido verdadeiramente *vivo* em todos os meses de minha vida (na verdade, quase todos os dias) desde que tomei a decisão de fazer isso. Meus dias são tomados por um fluxo autêntico de contentamento porque estou sempre envolvido em buscas e desafios intensos. Nos últimos 15 anos, que foram incrivelmente divertidos e animados, tenho sentido todas as recompensas intrínsecas e extrínsecas que acompanham uma vida completamente vivida. Realizo um trabalho que amo e considero importante, construí diversas marcas multimilionárias e garanti o futuro de minha família com as minhas melhores habilidades. Pode acreditar, já caí de cara no chão milhares de vezes, mas sempre com uma atitude alegre, sabendo que, no mínimo, eu estava aprendendo — errando e aprendendo. Já me reuni com presidentes de países, viajei o mundo, comprei casas para parentes, doei milhões de dólares a causas e interesses nos quais acredito profundamente. Meu amigo Paulo Coelho diz que uma das melhores coisas a respeito dos Estados Unidos é que podemos compartilhar nossos sucessos com orgulho, como ilustrações do que é possível, sem ser considerado fútil. Espero que isso seja verdade e que você consiga ver que não compartilho nada disso para impressionar as pessoas, mas sim para mostrar o potencial de estabelecer desafios firmes para si.

Atribuo quase todo o meu sucesso pessoal e financeiro a Deus, em primeiro lugar, a minha família e mentores em segundo lugar, e, em terceiro lugar, aos modos como tenho me desafiado e escolhido enfrentar os desafios da vida. Destes, a melhor coisa que fiz foi estabelecer desafios mensais para mim.

Um desafio pessoal mensal pode ser experimentar um novo esporte, aprender uma nova habilidade, cuidar de um grande projeto criativo, ter maior participação em uma série de reuniões ou abraçar uma nova crença. Os desafios dos últimos meses têm sido melhorar minha habilidade de escutar as pessoas, jogar raquetebol melhor e criar mais vídeos de treinamento para meus fãs.

Sempre destaco um desafio a cada mês e o enfrento com zelo e disciplina. Como com qualquer outra habilidade, estabelecer desafios pessoais e me esforçar para vencê-los exige foco, disciplina e comprometimento. Felizmente, quanto mais fazemos isso, mais gostamos e mais o impulso pelo desafio se torna ativo, assim como parte de sua vida.

Para começar, pegue uma folha de papel. Desenhe 12 quadros na página, cada um representando um mês do ano. Dentro de cada quadro, escreva uma descrição, com uma a quatro palavras, de um desafio que você vai enfrentar naquele mês. Talvez você escreva "escutar", "treinar com mais afinco para uma maratona", "criar um site", "começar a dieta" ou "amar".

Seja qual for seu desafio, perceba que normalmente não é o nome nem o assunto do desafio que o torna tão importante. O importante é estabelecer desafios reais, que tenham alguma importância para você, que forcem seus limites, que o tornem um ser humano mais forte e melhor. Você pode se tornar o dono de seu destino estabelecendo desafios reais e vencendo todos eles, divertindo-se e compartilhando o processo ao longo dele.

Vamos falar dos tipos de desafios que você estabelecerá. Por enquanto, falamos sobre os desafios de desenvolvimento pessoal. Também há os desafios sociais e de ajuda que você pode estabelecer.

Eu me forço a estabelecer um desafio social uma vez por mês para acompanhar meu desafio pessoal. Assim, o faço no primeiro dia do mês, com uma avaliação a cada domingo e outra no fim do mês. Os desafios sociais são objetivos que exigem que você aumente suas interações com outros seres humanos. São esforços para melhorar sua capacidade de ouvir, a empatia, o perdão, a aceitação, a camaradagem, a liderança, o trabalho em equipe, as trocas, o networking e as habilidades de amar, entre outras. Também são esforços para *sair mais* e interagir com novos grupos e redes de contatos.

No mesmo pedaço de papel que você usou para os desafios pessoais, estabeleça os desafios sociais.

Por fim, estabeleça alguns desafios de *ajuda* para si mesmo ao longo do ano, relacionados a uma causa que você acredita precisar de mais mão de obra, voluntariado ou dinheiro. Outras pessoas usariam o termo "problemas sociais" aqui, mas não quero confundir isso com o desafio anterior, nem acredito que os problemas são sociais. Para mim, os grandes desafios que enfrentamos em nossa época — pobreza, guerra, educação ruim, economia ruim, destruição ambiental, fome, moradias inadequadas e saúde precárias — são problemas mundiais. Eles afetam a todos em todas as sociedades e, se não cuidarmos deles, o mundo em si, não apenas a sociedade, passará a correr perigo.

Com isso em mente, concentre alguns dos desafios do mês em contribuir para o mundo — um desafio de benfeitoria que envolva suas atitudes e o levem a fazer a diferença.

Para combinar com o tema deste capítulo, quero dizer algo mais sobre criar desafios sociais e de ajuda a si mesmo: não tente fazer a diferença de um modo pouco engajado — *esforce-se* para conseguir coisas grandes para causas grandes. Eu sei, é fácil resignar-se no mundo problemático de hoje, pensando que não se pode fazer nada significativo para ajudar. Os problemas de hoje são assustadores. Pessoas demais vivem abaixo da linha da pobreza. Milhões não têm acesso a água potável, alimentos, saneamento, atendimento médico e oportunidades. São trilhões de dólares em dívida nacional. Mercados em colapso. Guerras estourando. Políticos em pé de guerra. O ambiente está indo para o inferno.

Esses desafios são sérios e formam alguns dos problemas de nossa era. Ainda que esperemos que a cobertura da imprensa fosse voltada para a difusão do conhecimento e para o comprometimento em enfrentá-los, o oposto tem sido o que de fato ocorre. Os noticiários de hoje raramente educam ou inspiram as pessoas, apenas levam a elas o desprezo e a polarização. Em busca por audiência, até mesmo os melhores noticiários se tornaram desonestos — *Atenção! Atenção! Atenção!* — e pouco fazem para relatar a situação extrema de qualquer assunto que seja. Isso não leva a nenhuma informação de fato, apenas posições, e tampouco a diálogos reais que incentivem a descoberta ou as soluções. Pior ainda, em um esforço de incitar a controvérsia, a imprensa envolveu todos nós em uma mistura social de jogos de empurra-empurra sem razão e infrutíferos.

Enquanto observamos tudo isso de nossas poltronas, acomodados, nos desligamos. A resignação se estabelece — não para se envolver, mas para se irritar. Acompanhamos o tom dos jornalistas, como se dissessem "*Tsc, tsc,* como ousam?!", mas permanecemos, na maior parte do tempo, apáticos. Detestamos o que vemos acontecer, mas as questões são tão amplas, que simplesmente pensamos, *Puxa, o que eu poderia fazer?*

O que você pode fazer vai muito além do que sua imaginação consegue criar. E, ainda assim, esse é o problema. Como está "além" do que sua imaginação consegue criar, é difícil entender, exceto pelos poucos visionários que ousam ver a si mesmos adentrando corajosamente o território do impossível. Então, os visionários sentem que podem mudar o mundo, enquanto o restante da sociedade se afunda em resignação.

Mas todos podemos ser mais visionários e colaboradores adotando duas perspectivas bem simples. Primeiro, devemos parar de pensar que só vale a pena encarar um desafio se ele for fácil de resolver. Você, sozinho, não resolverá o problema da pobreza mundial. Não vai ajeitar a educação, a economia e o meio ambiente. Mas pode escolher fazer parte da solução. E é fazendo parte de uma solução e assumindo um desafio que nos sentimos vivos, ainda que nunca vejamos os frutos de nosso trabalho na vida. Entre no desafio e você vai passar a se sentir parte da solução.

Em segundo lugar, para soltar as amarras da resignação, devemos parar de pensar que precisamos enfrentar esses problemas sozinhos. Fazer nossa parte é importante, mas precisamos nos concentrar em fazer parte de uma comunidade ou criar um grupo de pessoas comprometidas em abordar as maiores necessidades de nosso mundo.

Margaret Mead disse isso de um modo mais claro: "Nunca subestime o poder de algumas pessoas comprometidas a mudar o mundo. Na verdade, é só assim que ocorrem as mudanças".

Está na hora de se envolver com os problemas e desafios da sociedade. Fazer isso provavelmente nunca trará recompensas extrínsecas ou soluções completas que você testemunhará enquanto estiver vivo. Mas o destino não é importante; o importante é o caminho e sentir que fizemos algo com nossa vida que ajudou o mundo.

Se quer se sentir melhor em relação à sua vida, precisa se sentir melhor em relação ao mundo. A melhor maneira de fazer isso é desafiar a si mesmo a ser um participante ativo da sociedade. Fazer parte da solução sempre é melhor do que apenas observar. Se você ficar observando um navio naufragando e não fizer nada, vai se sentir morto por dentro. Mas entre nos botes salva-vidas, mobilize as pessoas ao seu redor a fazer a mesma coisa e, de repente, voltará a se sentir vivo.

PONTOS DE ENERGIA

1. O próximo desafio grande e corajoso que assumirei na vida será...

2. Se eu parasse de temer a rejeição, um desafio que eu teria assumido mais cedo na vida seria...

3. Os desafios de 30 dias que posso estabelecer para mim mesmo nos próximos 12 meses são...

Capítulo 10

O IMPULSO PELA EXPRESSÃO CRIATIVA

Existe uma vitalidade, uma força de vida, uma energia, uma rapidez, que são traduzidas por você na ação e, como só existe um de você no mundo todo, essa expressão é única. E, se você a bloquear, ela nunca existirá por nenhum outro meio e será perdida.

— Martha Graham

"Você precisa mudar esse cabelo vermelho se quer que alguém a leve a sério."

A mulher sentada ao meu lado no palco, uma famosa "guru" espiritual, está conversando com uma mulher de olhos brilhantes na fileira da frente, chamada Sasha, que tem uma mecha de fios vermelhos no meio dos cabelos compridos. A plateia toda, incluindo Sasha e eu, está surpresa. Depois de falar sobre autoaceitação e poder pessoal por quase uma hora, a guru está dando conselhos não requisitados a Sasha, dizendo que seus cabelos vermelhos a impedirão de ser aceita pelos outros, principalmente pelos membros de um veículo de comunicação certinho.

A guru parece não perceber que a plateia está chocada e segue dando conselhos a Sasha antes de mudar de assunto. Eu permaneço sentado, em silêncio, fervendo de raiva sob as luzes fortes do palco. Tenho a sensação de que as 800 pessoas da plateia querem dizer algo, mas não sei o que sinto naquele momento nem por quê.

Quando terminamos a conversa, a plateia parece ter se esquecido do incidente e a aplaude efusivamente. Mas algo ainda parece estranho.

Naquela noite e na manhã seguinte, analisei meus sentimentos e descobri a fonte de minha raiva. Os comentários da guru me chatearam porque foram incongruentes com o que ela vinha dizendo e, mais especificamente, foram uma violação do relacionamento com um membro de minha plateia. Sasha não havia feito pergunta nenhuma nem pedido conselhos. Só estava ali, sem imaginar o que aconteceria, quando a guru se aproximou dela em uma tentativa de dizer por que todos nós devemos manter uma boa aparência profissional.

Quando estou irritado, bato palmas com força. Naquela manhã, subi ao palco, como costumo fazer, incentivando a plateia toda a aplaudir comigo. Dessa vez, fui um pouco além do normal com os aplausos e dancei, e a sala toda parecia prestes a explodir.

Comecei logo em seguida.

"Uma das coisas que mais adoro na indústria de especialistas — que eu chamo de espaço do conselho sobre 'como fazer' — é a diversidade de vozes e pontos de vista. Aprendo com todo mundo e sei que todos vocês aprendem. Mas cada um interpreta as coisas à sua maneira, e cada um aconselha à sua própria maneira."

Olho para a fileira da frente, à procura de Sasha. Quando a encontro, digo diretamente para ela: "Por exemplo, se eu tivesse visto a mulher de cabelos vermelhos, da primeira fileira, ontem à noite, eu teria dito: 'Continue com sua aparência ruim, garota!'".

Assim que terminei a frase, a plateia gritou, aprovando. Estava claro que a reprimenda e o conselho da guru para

Sasha, na noite anterior, a haviam afetado — naquela manhã, seus cabelos estavam presos em um rabo de cavalo e ela estava vestindo um terninho. Parecia outra pessoa: mais séria, mais contida. Mas essa fachada desmoronou rapidamente quando disse isso de cima do palco, e as lágrimas começaram a rolar depressa em seu rosto.

Meu câmera focaliza Sasha e a plateia começa a gritar e a aplaudi-la. Eu digo: "Sasha, por favor, suba ao palco", e a plateia se levanta, gritando incentivos para ela. O nível de energia na sala sobe para dez.

Pego o microfone e o entrego a Sasha, que, nesse momento, está chorando sem parar. Pergunto: "E aí, fale sobre os cabelos vermelhos".

Ela ri, tenta se concentrar, e então responde:

"É só a minha maneira de lembrar a mim mesma que devo ser livre, criativa e sensual, ser totalmente quem eu sou, sempre que me olho no espelho. Eles me lembram de que devo deixar minha sensualidade aparecer."

Mais aplausos da plateia.

Então, eu pergunto: "E então, Sasha, com o que você trabalha?".

Nesse momento, ela ajeita a postura e, recompondo-se, diz: "Ensino as mulheres a buscarem aquela parte de si mesmas que é livre. Ensino que elas não devem se esconder atrás de fachadas falsas, mas que devem se sentir belas como são e devem viver quem são: mulheres sensuais, lindas, criativas e de espírito livre, que merecem amor e vivem pelo amor".

A plateia fica de pé e aplaude com uma intensidade que eu nunca tinha visto. Sasha foi uma das mulheres mais articuladas e intensas que recebi em meu palco naquele fim de semana, e a plateia sentiu isso. Nunca, na minha vida, senti uma plateia tão desejosa de ver alguém reconhecido e aceito como no caso de Sasha. Eles também sentiram que os comentários da guru na noite anterior foram, além de incongruentes, uma afronta à individualidade e ao espírito criativo que reside dentro de todos nós. Aplaudindo Sarah, eles estão aplaudindo o ser selvagem e livre dentro deles.

Peço que a plateia me ajude a assegurar a Sasha, cantando, que ela é linda exatamente como é. Eu puxo o coral com alguns versos da canção "You Are So Beautiful", de Joe Cocker.

Naquela noite, convidei Sasha e seu irmão para o nosso jantar VIP, oferecido a nossos melhores clientes. Quando conheci seu irmão, que é anos mais jovem que ela, ele me puxou de lado e disse: "Quero agradecer pelo que fez com minha irmã hoje. Ontem à noite, quando a palestrante a julgou de modo tão agressivo, eu, como irmão e homem, senti vontade de me expressar para protegê-la. Acho que a plateia toda se sentiu impotente, mas todos queriam defender Sasha. Você ter reconhecido o fato e elogiado minha irmã foi algo muito importante para ela. Mudou sua vida, literalmente. E, assim, você se tornou meu irmão".

• • •

Acredito que não existe nada mais forte na vida do que permitir que nossa individualidade se mostre, iluminar o mundo com nossa singularidade divina. Para algumas pessoas, parte dessa expressão envolve tingir uma mecha de cabelo de vermelho. Para outras, é expressar-se de modo criativo por meio do trabalho, da arte, da música ou das interações diárias com os outros. Independentemente de qual seja a maneira, sabemos de uma coisa: nunca tente estragar a individualidade ou a expressão criativa de outro ser humano. Por sorte, a maior parte de nosso mundo e mesmo a economia comemoram, agora, o espírito criativo e o recompensam de muitas maneiras. Quando postamos um vídeo criativo, ele é assistido. Quando compartilhamos ideias criativas, elas são divulgadas. Quando ficamos diante de uma plateia, abrimos o coração e comemoramos a magia que existe dentro de nós, as pessoas se levantam e aplaudem.

O impulso pela expressão criativa nos chama a manifestar, de modo físico e social, nossos talentos, qualidades e perspectivas únicos. De modo mais simples, você é quem é, e você é diferente dos outros graças à maneira única com que se expressa.

Quando você se sente em contato com seu lado criativo e o expressa de modo firme, sente-se mais vivo e envolvido. Quando percebe seu lugar e perspectiva únicos no mundo, sente alegria em compartilhar suas ideias e sentimentos por qualquer meio, seja pintando telas, cantando em um palco ou tocando piano. No trabalho, você pode fazer mais perguntas, pode passar mais tempo formando suas opiniões e compartilhar mais suas ideias com os outros. Também tem um senso maior de participação quando assume novos desafios e projetos, uma vez que cada um deles traz novas oportunidades de deixar sua marca no mundo.

Neurologicamente, estar em contato com seu lado criativo significa que você está ativando mais o lado direito de seu cérebro. É o hemisfério que costuma processar o pensamento e os conceitos de modo mais geral; interpretar como as coisas são ditas e ligá-las ao seu corpo e às suas emoções; sintetizar elementos únicos em um todo maior; visualizar o futuro, e assim por diante. Eu também o vejo como o ponto *perturbador* da mente, permitindo que desconstruamos e repensemos como as coisas são, ajamos contra o social ou convencionalmente aceito e reformulemos e recriemos a nós mesmos e o mundo que nos cerca.

Esse é um capítulo a respeito de como voltar a ter contato com seu lado criativo e tornar-se mais inteligente e estratégico para expressar, de modo criativo, quem você é no mundo. Os riscos provavelmente são maiores do que você imagina. Se você perder o contato com sua expressão criativa, perde o contato com aquilo que é único em você — e, assim, perde a ligação consigo mesmo. Ativar seu impulso pela expressão criativa é uma das estratégias mais rápidas para encontrar felicidade e satisfação. Também é a melhor maneira de garantir seu emprego no futuro.

O futuro do mundo do trabalho

Notícias ruins da Nova Economia: se você não conseguir entrar em contato com seu lado criativo e expressar de modo completo suas ideias e talentos, qualidades e pontos de vista únicos, provavelmente perderá seu emprego.

O mundo realmente mudou e favorece um novo tipo de trabalhador, que eu chamo de "colaborador criativo". A pessoa que consegue ser individualmente criativa no trabalho e socialmente disposta e interessada em colaborar com outros é quem vence.

Não se engane com meu discurso para não confundi-lo com os chavões criativos de um autoproclamado "inconformado". Todos os dados que temos na força de trabalho de hoje apoiam essa mudança criativa, e eu certamente não fui o primeiro a perceber a tendência.

No livro *A ascensão da classe criativa*, o autor Richard Florida comenta que, nos anos 1900, menos de 10% dos trabalhadores norte-americanos realizavam um trabalho criativo. A maioria das pessoas realizava um trabalho repetitivo e rotineiro nos campos ou nas fábricas. Mas o trabalho físico rotineiro foi substituído, há muito tempo, pelo esforço mental da economia de conhecimento. No começo dos anos 2000, quase um terço da força de trabalho estava realizando trabalho criativo. Engenheiros, artistas, cientistas, designers e trabalhadores criativos e com estudos começaram a responder por quase *metade* de toda a renda e salários dos Estados Unidos — quase 2 trilhões de dólares. A classe criativa estava guiando mais a economia do que a manufatura e os serviços juntos.

Em 2005, Daniel Pink, autor de *A Whole New Mind*, declarou criativos os novos governantes do mundo, dizendo: "O futuro pertence a um tipo bem diferente de pessoa com um tipo bem diferente de pensamento — os criadores e os reforçadores, os reconhecedores de padrões e os criadores de sentido. Essas pessoas — artistas, inventores, designers, contadores de história, cuidadores, consoladores, grandes pensadores — colherão, a partir de agora, as maiores recompensas da sociedade e dividirão suas maiores alegrias".

Nada disso quer dizer que as pessoas que usam a parte esquerda do cérebro devem ser esquecidas — elas só precisam ser melhoradas. Pensar de modo lógico e sequencial, e ser bom em análise, idiomas e listas sempre será essencial ao sucesso. A questão é que tais características, sozinhas, não são mais suficientes em um mundo tão dirigido pela criação e inovação. Sua inteligência precisa ser combinada à sua habilidade de contar histórias, de modo que possa se conectar melhor e comunicar suas ideias de modo mais eficiente. Suas criações funcionais têm que ser elevadas pelo design estético, de modo que as pessoas vejam a beleza no que você cria e vende. Seu pensamento linear seria mais bem aplicado a uma visão mais ampla e a uma imagem que combine emocionalmente com aquelas que você guia. Resumindo, você precisa colocar sensibilidade criativa em tudo o que faz no trabalho.

Até mesmo os titãs da tecnologia de hoje são apenas plataformas de autoexpressão. Já é coisa do passado, quando a tecnologia era voltada à funcionalidade e era popular por causa do que permitia que as pessoas fizessem ou conseguissem. As planilhas, processamento de palavras, PowerPoint — as coisas da Microsoft — dominavam o mundo. Não mais.

Hoje, o que torna a tecnologia bacana e uma usina econômica tem menos a ver com o que ela permite que você faça e mais a ver com o modo como ela ajuda em sua expressão. Na verdade, quando os observadores da tecnologia acreditam que a conexão e a comunidade guiam o sucesso do software, eles estão se esquecendo de uma realidade mais profunda. O interessante é que todas as plataformas de tecnologia de hoje — Facebook e YouTube, por exemplo — têm sobrevivido não apenas em razão de suas funções comunitárias, mas, em grande parte, porque ocorreram em um momento em que o mundo estava à procura de plataformas que permitissem às pessoas compartilhar suas coisas com o mundo. A esfera da mídia social não é guiada por um desejo de se conectar e reunir fãs e seguidores, mas sim por um desejo mais profundo que temos de nos expressar de modo criativo. Postar frases, reflexões sobre nossas experiências e impressões que temos de lugares que visitamos e de coisas que vemos são esforços distintamente criativos. A vantagem da mídia social é que ela permite que nos expressemos de modo criativo no mundo, mas a função de conexão da mídia social é apenas esta: uma vantagem. A expressão criativa é o que impulsiona o Facebook, Twitter, YouTube e todas as outras plataformas modernas.

A grande mudança do ambiente de trabalho em relação à criatividade tem grandes implicações em sua vida profissional. A antiga máxima social do "faça bem o seu trabalho e você o manterá" morreu no começo dos anos 1990, quando a redução do quadro de funcionários, a otimização e a terceirização dominaram o mundo da estratégia de negócios. Manter um emprego hoje não tem a ver com "realizar um bom trabalho" nem com ser inteligente e agradável. Tampouco com organizar e gerenciar informações ou pessoas. Hoje, você tem que ser um inovador, acrescentar novo valor e vantagem competitiva por meio da participação criativa e das colaborações. Se você não for criativo e colaborativo, ninguém escutará o que tem a dizer e, rapidamente, você se verá marginalizado com tarefas normais ou, provavelmente, desempregado e vendo seu trabalho sendo terceirizado. Seu papel no trabalho agora é, basicamente, julgado pela maneira como cria novas ideias, ferramentas, tecnologias, conteúdo e campanhas que ajudam seus clientes e colegas de trabalho a alcançarem seu maior potencial ou se expressarem de modo mais completo.

A boa notícia a respeito de tudo isso é que a demanda por criatividade no trabalho está nos permitindo chegar a um nível totalmente novo de autonomia, voz e contribuição ao nosso dia a dia. Quando você consegue dar seu toque pessoal a um projeto, você sente que está causando um impacto real. Ver suas ideias sendo seguidas pelos outros e dando frutos é uma das maiores recompensas do trabalho, e a colaboração criativa em jogo nas empresas modernas torna isso possível.

É claro que a expressão criativa é importante tanto na vida pessoal quanto na profissional, e, se quisermos nos sentir totalmente expressados (e vencer na Nova Economia), temos que ter seriedade nisso. Vamos começar avaliando até que ponto você tem se expressado criativamente.

Ativador 1: Aumente a expressão criativa em todas as áreas de sua vida

Para ajudá-lo a perceber como é criativo e, também, injetar mais criatividade em sua vida, é importante que, em primeiro lugar, você compreenda que tudo o que faz é um ato de autoexpressão e criatividade. A maneira como você escreve os e-mails, veste-se para trabalhar ou decora sua casa é um ato de expressão. Nosso trabalho aqui é entender quanta voz criativa você está colocando nessas atitudes.

Se observar sua casa e pensar em seu trabalho e não conseguir enxergar-se ali, estamos com problemas.

Vamos começar com um teste simples de cinco partes que já apliquei em milhares de clientes, e que chamo de "Questionário de Expressão Criativa". Em uma escala de zero a dez, sendo que zero significa nada e dez significa o máximo, marque quanto vê e sente seu estilo pessoal, voz e marca em diversas áreas de sua vida. Vamos lá.

Questionário de Expressão Criativa

- *Casa:* Quanto de "você" você vê e sente em sua casa? Seu estilo único se espalha pelo local? Você teve ajuda para escolher as cores das paredes, os móveis, a luz, o layout? Sua casa reflete quem você é como pessoa? Pense em todas essas perguntas e dê uma nota a si mesmo.

- *Trabalho*: Quanto de "você" você vê e sente no trabalho? Seu espaço de trabalho tem apenas a sua essência, com itens, fotografias ou design escolhidos por você? Você sente que seus colegas de trabalho têm noção de suas qualidades, estilo e personalidade? Seu estilo próprio e contribuição criativa permearam os cinco últimos projetos nos quais trabalhou? Pense em todas essas perguntas e dê uma nota a si mesmo.

- *Relação íntima:* Quanto você vê e sente sua voz e seus valores na relação íntima com seu cônjuge ou parceiro? Vocês dois fazem coisas que gostam e escolhem fazer? Seu parceiro compreende seus valores, estilo de comunicação, manias e ambições na vida? Você sente que dá brilho e uma independência divertida a seu relacionamento? Pense em todas essas perguntas e dê uma nota a si mesmo.

- *Amizades*: Quanto vê e sente sua voz e valores em suas amizades? Você faz coisas com seus amigos que gosta e que escolhe fazer? Seus amigos compreendem seus valores, estilo de comunicação, manias e ambições na vida? Você sente que dá brilho e independência divertida a suas amizades? Pense em todas essas perguntas e dê uma nota a si mesmo.

- *Lazer*: Quanto de "você" você vê e sente em sua vida de lazer fora da vida profissional, familiar e social? Você lê os livros que gostaria de ler? Está se dedicando a passatempos que lhe dão a impressão de estar se expressando de modo único? Pense em todas essas perguntas e dê uma nota a si mesmo.

- *Contribuições*: Quanto de "você" você vê e sente na maneira que está contribuindo com o mundo, de modo geral? Você sente que está deixando sua marca única no mundo? Sente que seu trabalho e seu voluntariado refletem sua essência? Sente que está dando voz e contribuição à sua comunidade e ao mundo, de modo geral? Pense em todas essas perguntas e dê uma nota a si mesmo.

Agora, some todos os pontos das categorias. Se sua pontuação geral não alcançar 45 ou mais, então sua vida está sem algo muito importante: *você*. Uma pontuação menor do que essa significa que você não está expressando quem é em alguns dos domínios mais importantes de sua vida. Isso também sugere que você provavelmente está enganando a si mesmo e as pessoas ao seu redor, impedindo que elas vejam e conheçam seu eu real, autêntico, único e criativo. Se sua pontuação for essa, está na hora de trazer um compromisso renovado para a vida e expressar claramente quem você é. O mundo quer ver mais de *você* em sua vida. Há mais de 7 bilhões de pessoas no planeta. Entre elas, você é único. Viva isso.

Também já notei que quanto mais alta a pontuação, mais feliz a pessoa é. Isso faz muito sentido. A criatividade que sentimos no dia a dia tem muito a ver com nossa expressão e satisfação na vida. Por sorte não há nada muito difícil em aumentar a criatividade em cada um desses domínios — só é preciso ter foco e firmeza. Volte ao "Questionário de Expressão Criativa" agora e transforme-o em seu "Guia de Expressão Criativa", escrevendo em cada uma das categorias e perguntando a si mesmo como pode trazer mais criatividade a essa área da vida. Separe um tempo para fazer isso agora, antes de continuar. Você verá que o simples fato de criar essas ideias lhe dará energia, revelando uma das grandes alegrias desse impulso — só o *pensar* em como ser mais criativo na vida pode fazê-lo se sentir energizado, envolvido e entusiasmado.

Ativador 2: Estude as pessoas e crie

Tenho sido abençoado por trabalhar com muitos dos artistas, cantores, atores, autores e designers mais criativos do mundo, e descobri que, apesar de cada um deles ser incrivelmente único, todos tiveram a mesma abordagem no desenvolvimento da criatividade. Todos são ávidos observadores de pessoas e amam criar.

Enquanto muitas pessoas veem os criativos como artistas, criadores ou gênios solitários, que trabalham sozinhos em seus estúdios e escritórios, na verdade, os criativos são pessoas incrivelmente sociáveis cuja criatividade depende de suas interações com o mundo. É por isso que quase todo criativo do mundo daria a você exatamente o mesmo conselho se você perguntasse: "Como posso me tornar mais criativo?". A resposta seria: "Observe as pessoas e explore o mundo".

Certa vez, trabalhei para uma grande empresa de roupas que estava se esforçando para ser vista como mais criativa no mercado de trabalho. Para ajudar os executivos a soltarem a imaginação, os donos levaram até lá uma das firmas de design mais famosas do mundo, para orientar seus executivos. Os designers pediram para eles fazerem uma coisa: *comprar*. Sim, isso mesmo. A empresa sugeriu que seus executivos fossem para o "campo" (aos shoppings): observassem as pessoas comprando; fizessem anotações e perguntas aos clientes a respeito do motivo pelo qual compravam o que estavam comprando; percebessem o que eles próprios gostavam e não gostavam e, então, voltassem para seus escritórios, refletissem sobre a experiência e, então, começassem a criar. Por esse conselho, a empresa cobrou centenas de milhares de dólares.

As pessoas mais criativas do mundo são, essencialmente, observadoras. Elas sabem que o brilho da expressão criativa costuma vir não da solidão, mas de nossa inspiração social. É por isso que se interessam pelo modo que as pessoas se comportam, interagem, se comunicam, usam produtos, trabalham, compram, adoram e organizam. Nesse sentido, todas são parecidas com antropólogos. Você pode aprender muito com elas. Se quiser se expressar de modo mais criativo na vida, comece a observar as pessoas como uma *prática*, prestando muita atenção em como os outros se expressam de modo criativo. Observe o que eles gostam e não gostam, como se expressam e como não se expressam. Às vezes, só o fato de prestarmos atenção nas pessoas nos ajuda a perceber coisas novas dentro de nós mesmos.

Nem toda análise das pessoas consegue dar vida à nossa expressão criativa. Você pode observar as pessoas no shopping ou no aeroporto como uma fonte de inspiração, mas, se quiser mais inspiração criativa, faça o que a maior parte das pessoas criativas faz: envolva-se na arte. Observar uma trupe de dança profissional pode lhe despertar a vontade de dançar. Ver a galeria de um artista pode fazer com que você queira começar a pintar. Ouvir um grande músico pode fazer com que você queira aprender a tocar um instrumento. Ainda que todos esses exemplos não se apliquem a você especificamente, não há dúvida de que se cercar da criatividade expressada pelas artes envolve e desenvolve o hemisfério direito de seu cérebro e seus neurônios-espelho. O que você vê é o que sente vontade de fazer, então, observar a arte faz com que você se sinta mais artístico. E isso só pode ser algo positivo.

Quando nossa energia criativa na vida parece estar diminuindo, é importante se lembrar de tudo isso. Se você chegar a esse ponto, saia de sua casa e se envolva no mundo de novo. Lembre-se de que os gênios adoram companhia.

Aprendi essa lição enquanto escrevia este livro. Depois de vários sucessos criativos, incluindo um livro na lista dos mais vendidos do *The New York Times*, caí na armadilha de procurar a solidão na criação de meu trabalho seguinte. Pensei: *Se eu escapar de toda a insanidade do mundo, poderei pensar melhor*. Porém, na solidão, logo me vi incapaz de escrever de modo criativo. Então, por acaso, conversei com outro autor muito bem-sucedido, que me lembrou da importância de sair de casa e envolver minha mente social e curiosa. No dia seguinte, comecei a sair para almoçar em um café popular e comecei a observar as pessoas; fui a um museu da região e convidei alguns amigos para nos reunirmos e contarmos boas histórias. Naquela noite, escrevi melhor, como não fazia há semanas. Este se tornou o mantra para curar meu cérebro depois da lesão: "ligar-se a seu cérebro significa ligar-se às pessoas e ao mundo".

Tente fazer isto hoje: abra o jornal e veja as atrações de sua cidade para o fim de semana. Vá a um show, escute uma sinfonia, veja uma exibição, faça um curso. Entre na cena artística local, ainda que não tenha nenhum outro motivo além da vontade de se cercar de pessoas criativas fora de seu mundo de trabalho. E então, enquanto observa atos de expressão criativa, pergunte a si mesmo: *O que eu acho disso? O que isso me inspira a pensar, fazer ou me tornar?*

Como você estará prestando mais atenção em outras pessoas e interagindo com o mundo de novo, comece a prestar atenção também em como as *coisas* são criadas. Perceba como seu telefone é feito, como o interior de seu carro foi projetado, como seu espaço de trabalho é estruturado — e pergunte a si mesmo: *Por que as coisas são assim e será que isso poderia ser feito de um jeito melhor, para funcionar melhor?* Dizem que Leonardo da Vinci fez perguntas parecidas a seus aprendizes para despertar a curiosidade e a criatividade deles.

Você já tem uma forma pronta de pensar. Quando muda a sala de estar, quando altera o layout de uma apresentação, quando combina roupas ou planeja um novo jeito como um produto pode ser visto, você está criando. É levando essa qualidade natural para um domínio mais consciente e firme que você começa a se sentir mais vivo. Então, pegue algumas revistas de design, atualize a arte ou a decoração de sua casa, ou mantenha um diário e registre o que gosta ou não gosta a respeito do design dos produtos com que você interage todos os dias.

Ativador 3: Crie mais, compartilhe mais

Não seja apenas um observador da criatividade, sempre atento aos outros e às coisas — traduza sua inspiração em trabalhos reais. A criatividade não tem a ver apenas com ideias; ela tem a ver com forma física. A ideia é a faísca, a forma física, o resultado. Ter uma ideia para um livro não é criatividade; é apenas um pensamento. Escrever o livro e colocar a caneta no papel, página após página, é expressão criativa. A criatividade real termina em *alguma coisa*.

Normalmente, as coisas que criamos definem nosso legado. Pense em como analisamos as grandes lendas artísticas e dos negócios do passado: procuramos o que eles criaram. Ficamos surpresos com a arte de Leonardo, assim como já nos surpreendemos com os produtos de Steve Jobs na Apple. Há algo em nós que dá status de ícone a criadores que criam formas tangíveis de modo produtivo ao longo da vida.

Mas construir um legado nem sempre é fácil, então uma desculpa conveniente para muitos é esta: *Bem, não sou tão criativo.* No entato, a criatividade não é uma característica; é disciplina. Aqueles que dizem que não são criativos geralmente são aqueles que se opõem à árdua tarefa de transformar uma boa ideia em algo realmente maravilhoso.

Gosto de dizer às pessoas que a criatividade não é uma faísca; é um esforço. Todo artista, inventor, designer, escritor ou outro criativo no mundo dirá que seu trabalho é uma experiência iterativa, de repetição. Ele começará com uma ideia e então vai moldá-la, movê-la, combiná-la, separá-la, começar do zero, descobrir algo dentro de si, ter uma nova visão, tentar de novo, testar, compartilhar, quebrar, consertar, ajustar, ajustar, ajustar. Tudo isso pode parecer simples, mas não é aplicado, e por isso muitas pessoas não têm nem um pouco de criatividade — não estão dispostas a fazer o trabalho exigido para criar algo belo, útil, desejável, celebrado. Nenhuma obra de arte foi feita ou escrita em um dia. É um longo esforço conseguir alguma coisa. Esse conhecimento e disposição de fazer uso da repetição é o que torna as pessoas mais criativas do mundo tão criativas (e bem-sucedidas).

Acredito que você já teve sonhos criativos dos quais se desfez cedo demais. Você queria cantar, mas não ganhou o concurso, então, desistiu. Queria pintar, mas ninguém gostou de suas primeiras tentativas, então, parou. Queria dançar, vestir-se com roupas mais coloridas, escrever com mais afinco, falar com mais vontade, inventar algo grande ou recriar um processo totalmente, mas parou de se expressar no meio do caminho. Você tinha a faísca e talvez tenha começado, mas *não levou adiante*. Mas e se expressar-se e seguir sua faísca criativa tivesse levado a algo mais maravilhoso do que imaginou? Acho que está na hora de envolver novamente seu espírito criativo, atiçá-lo e encarar as coisas com coragem, tentativa atrás de tentativa.

É por isso que digo que está na hora de criar algo novo. Se você tem uma ideia para uma nova criação de moda, pegue uma máquina de costura e manifeste a peça na vida real. Se já teve vontade de inventar, criar, esculpir, desenvolver ou dividir, *faça* isso na vida real. Leve a ideia para o plano físico e aproveite o processo. Isso vai animá-lo.

Por fim, não guarde toda a sua criatividade para si. Uma das melhores maneiras de ativar a criatividade em sua vida é *compartilhando mais*. Mostre seus trabalhos aos outros, receba as opiniões deles. Importante também é começar a contar mais histórias a respeito do que fascina você no mundo. Explique para as pessoas por que gosta das marcas e produtos que usa, e pergunte a elas por que elas gostam ou não das deles. É na troca de pontos de vista com as outras pessoas que descobrimos nossas preferências e personalidades na vida. É um ponto importante. Muitas pessoas querem encontrar sua voz no mundo, mas a voz não é algo que "encontramos", é algo que *compartilhamos*. Você não entra em uma sala, olha ao redor e diz: "Ah, ali está a minha voz única no mundo". Na verdade, você entra em uma sala, conversa com um monte de pessoas e, *ao compartilhar*, descobre e comunica traços e verdades a respeito da essência de quem você é. É disso que se trata o tipo mais satisfatório e energizante de expressão criativa — compartilhar a essência de quem você é com o mundo.

PONTOS DE ENERGIA

1. Para mostrar mais de mim e me expressar com mais criatividade em casa e no trabalho, eu vou...

2. Para ser mais inspirado pelas pessoas e criar em minha vida, eu poderia começar a...

3. A próxima coisa que vou criar fisicamente e compartilhar com o mundo será...

Capítulo 11

O IMPULSO PELA CONTRIBUIÇÃO

Ganhamos a vida com o que recebemos;
construímos uma vida com o que damos.
— Winston Churchill

"Só quero ser importante. Talvez, se eu estivesse fazendo algo mais importante do que estou fazendo agora, me sentiria mais feliz."

Ela é uma gerente de banco de 38 anos, com tantos funcionários quanto anos de vida. Está com a fala arrastada — resultado das margaritas que não para de derramar no balcão. Ela é alguns anos mais velha, mas está à caça, e parece que hoje quer que eu seja sua presa. Ela não fazia ideia de onde estava se metendo.

Sim, sou vítima de um ataque de loba no momento, e nem meu cliente nem minha esposa estão por perto para me salvar. Infelizmente, sou um tolo e meu rosto deve estar evidenciando esse fato agora. Sou totalmente fascinado por pessoas e, quando elas puxam conversa comigo, quase sempre fico preso por muito tempo. Essa mulher — Janie, segundo ela — estava me perguntando com o que trabalho. Respondi breve e educadamente que pretendia ir embora, mas ela começou a falar sobre todos os palestrantes motivacionais que sua empresa contrata para falarem nas conferências. Dentro de poucos minutos, começou a me contar tudo o que havia de errado em sua vida. No momento, ela não sente estar fazendo grande diferença no mundo. Ela sente que talvez ainda não tenha ouvido seu chamado e talvez nunca o receba.

Não acho que preciso inspirar todo mundo que encontro, mas acredito em destino e na motivação do universo de fazer com que os caminhos das pessoas se cruzem. Acredito que, se o encontrei, existe um motivo, e devo tentar descobri-lo e contribuir de alguma maneira para a sua vida, ainda que seja apenas dando a você um alívio em meio ao seu dia difícil, para você poder rir e reconectar-se com sua força ou sonho. Sou assim mesmo.

Então, voltemos a falar de Janie. Ela tem um problema, é o que diz, com todos esses palestrantes motivacionais, e erroneamente pensa que sou um deles. (Eu preferiria ser chamado de "estrategista e treinador de alto desempenho", mas o que se pode fazer?)

"Sempre que os escuto", diz ela, "só ouço que não sou uma pessoa boa o bastante e que não estou vivendo com um propósito importante. Fico tentando analisar se isso é verdade, sabe? Talvez eu não esteja fazendo uma grande diferença, e isso me incomoda. Mas gosto do que faço. Não estou alimentando um monte de crianças na África nem nada assim, mas gosto do que faço."

"Fico feliz por saber que você gosta do que faz, Janie. Continue, então. Alguém vai se inspirar por seu exemplo de gostar do que faz, e já basta. Boa noite."

Eu me levanto para sair, e ela agarra meu braço.

"Você está sendo condescendente, rapaz?", ela pergunta, apontando para mim e fazendo uma cara que não sei bem como interpretar.

"Não, não estou. Preste atenção. Escute. As pessoas se inspiram quando veem que você ama o que faz, seja o que for. É uma contribuição suficiente para o mundo. Bom para você. Agora, se me dá licença, boa noite." Eu me afasto dela e saio do bar, sem pensar naquela conversa de novo.

Dois dias depois, volto à região e estou pegando um táxi para o aeroporto. Percebo que estou sem dinheiro, e vejo um caixa eletrônico no canto. Enfiando o cartão na abertura, olho, por acaso, na janela do banco, e ali está a loba — ou melhor, Janie. Está conversando com um funcionário e vestindo roupas muito mais profissionais do que as que vestia na noite em que nos conhecemos.

Sei que coincidências acontecem, mas, quando encontro uma pessoa qualquer e a vejo dois dias na sequência, presto atenção. *Estou entendendo, Destino,* digo a mim mesmo, e espero para ver o que acontece. Meus objetivos são pegar o dinheiro do caixa automático e ver onde esse momento vai me levar.

Quando me aproximo do caixa, olho para Janie, mas ela não parece notar minha presença. Digo para a atendente: "Aquela mulher ali... ela parece a gerente, certo?".

"Sim, é a Jane, nossa gerente. Ela é incrível."

"É mesmo? E por que ela é incrível?"

"Bem, observe este banco. É o mais limpo e mais bonito da cidade. Todos os colegas são maravilhosos e a Jane sempre nos incentiva a ser melhor."

"Então, você gosta do seu emprego?"

"*Amo.* Eu me sinto parte de algo aqui. Sei que não se trata de um baita emprego, como o de muitos clientes que conheço. Eu trabalhava no escritório interno. Meu Deus, eu era muito tímida. Sabe, *muito tímida mesmo.* E eu só realizava um monte de trabalho de papelada lá e choramingava metade do dia, com medo de que meu marido acabasse morrendo... ele está no Iraque. Mas Jane dizia: 'Você precisa se mostrar ao mundo, precisa extravasar todo esse estresse, menina'. Então, ela mesma me treinou e agora faço esse trabalho. A Jane inspirou todos nós a conversar com as pessoas e aproveitar nosso relacionamento com o público. Tem sido bom para mim e para todo mundo."

Quando termino a conversa com a atendente, e com o dinheiro no bolso, eu me aproximo de Jane, que ainda está falando com um funcionário. Quando me aproximo, sinto que ela não me reconhece.

"Oi. Sou só um cara qualquer que estava passando", digo, "e eu queria dizer algo. Aquela mulher ali, a atendente... está vendo?"

Jane e o funcionário assentem.

"Bem, só queria dizer que ela foi muito simpática e solícita." Eu me viro para Jane e tento falar com seriedade, para que ela entenda que estou sendo sincero. "Também quero que saiba que ela disse que você é uma pessoa que a inspira e que você tem ajudado para que ela lide melhor com a ausência do marido. Ela disse que você comanda o melhor banco da cidade e, pelo que vi aqui, acredito nela. Ela gosta muito de você, e você fez uma enorme diferença na vida dela. Você é muito importante e tem feito um ótimo trabalho aqui. Só queria elogiar e agradecer pelo que você faz."

Jane fica surpresa e corada. Ela aperta a minha mão e me agradece por ser um cliente. Percebo que ela não me reconhece.

Ao me virar para sair, digo: "Muito bom. Inspirar aquela moça e fazer um bom trabalho aqui é tão bom quanto alimentar as crianças da África".

Faço sinal para um táxi que está passando bem na frente do banco e entro depressa. Em seguida, a porta do banco se abre e Jane sai, olhando para a direita e para a esquerda. Percebo que ela finalmente se lembrou de mim. Ela me vê sentado dentro do carro, e grita: "Obrigada! Muito motivacional! Já entendi!".

• • •

No fundo de nosso âmago, surge o impulso de contribuir. Queremos saber que contribuímos e desempenhamos um papel importante na criação do mundo ao nosso redor. Nossos desejos de acrescentar valor, nos doar aos outros, expressar nossas vontades, criar coisas únicas e participar de grupos e organizações ocorrem na esperança de que deixaremos nossa marca no mundo e faremos muita diferença. É esse impulso de doar e de ter importância que aciona nossas maiores ambições pessoais, além de nossa respeitável habilidade de ser generoso.

Quando estamos contribuindo para o mundo, sentimos um grande sentido e propósito. Na verdade, a contribuição em si é a fonte de sentido e propósito de nossa vida. Se demos algo importante ao mundo, sentimos que nosso tempo aqui foi significativo, que importou. E se soubermos com o que estamos contribuindo agora e planejando contribuir no futuro, sentimos que estamos tendo uma vida com um propósito. Infelizmente, muitas pessoas, como Janie, não têm plena consciência de sua contribuição.

Mas se tirarem de nós nosso senso de contribuição, tiram nosso sentido e propósito. É por isso que, quando não sentimos que estamos contribuindo, ficamos perdidos e insatisfeitos. Sentimos que nada importa ou, pior, que *nós* não importamos. É o que acontece quando não *sentimos* que estamos contribuindo. Quando essa sensação é uma realidade e não estamos contribuindo *mesmo*, perdemos uma importante sensação de orgulho que vem quando sabemos que demos algo significativo. Também perdemos nossa conexão com os outros, pois eles não sentem que estamos desempenhando nosso papel acrescentando valor e sendo solícitos.

Com tanta coisa em jogo, ajuda saber o que queremos dizer com a palavra "contribuição" e compreender como podemos usá-la de modo mais estratégico em nossa vida para experimentar o sentido e o propósito que desejamos e merecemos. O que significa contribuir? Quando faço essa pergunta a plateias do mundo todo, as respostas mais frequentes parecem máximas básicas de motivação: "Faça a diferença. Deixe um legado.

Faça algo importante. Compartilhe seus dons e suas habilidades. Deixe as coisas melhores do que as encontrou". Todos esses mantras e as reações da maioria das pessoas envolvem uma coisa: *doar*.

De fato, a contribuição costuma ser definida como "desempenhar um papel importante" em algum tipo de causa comum ou coletiva. Então, contribuir na vida é parecido com doar-se a algo, seja ao trabalho, a uma causa, a um grupo ou a um indivíduo. Isso é óbvio.

O que não é tão óbvio é que nem todos os métodos de contribuição são criados da mesma forma, e nem toda doação causa impacto verdadeiro no mundo ou a um senso de envolvimento e satisfação pessoal. Na verdade, a doação pode ter pouco impacto para instigar nosso impulso pela contribuição — ou mesmo pela felicidade.

Claro, isso pode parecer um sacrilégio para alguém generoso. "Doar-se é bom" é o mantra de nossa sociedade moderna. Mas por quc existem tantos voluntários infelizes no mundo? Tenho certeza de que você já os viu resmungando enquanto fazem as boas ações. Eu já vi. Passei bastante tempo no mundo sem fins lucrativos e conheci milhares de voluntários que estão doando o tempo e a energia, mas que não dão um sorriso nem conseguem satisfação pessoal realizando a atividade em questão. Já vi voluntários sendo grosseiros e mal-educados com aqueles a quem servem. Sim, eles estão "se doando" e contribuindo para uma causa importante, mas não, não estão felizes. Da mesma maneira, tenho certeza de que você já conheceu *várias* pessoas que doam e contribuem muito, mas são felizes.

É aqui que passa a ser útil começar a diferenciar os vários tipos de doações e notar como elas afetam nosso impulso pela contribuição, de modo geral. Podemos pensar na doação como sendo de dois tipos: *a doação de* e *a doação para*.

Ativador 1: Doe a si mesmo (e elogie-se por isso)

No primeiro tipo, *doamos a nós mesmos* com tanta expressão e esforço no dia a dia, ainda que essa doação não esteja necessariamente ligada a *doar-se a* alguma causa, grupo ou indivíduo. Dando o melhor de nós mesmos a tudo o que fizermos, tocamos nosso "eu" mais elevado e forte, e *só de fazer isso* pode ser que sintamos que estamos contribuindo. Entenda o que quero dizer. Se sou um jogador de tênis e me empenho totalmente em uma partida, usando todas as minhas qualidades, talentos e habilidades, sentirei que estou me doando. Além disso, sentirei que estou ativando meu impulso por contribuição. Isso nem exige que eu sinta que estou contribuindo *com* o jogo de tênis, *com* os fãs, nem mesmo *com* o momento. Apenas doar *a si mesmo* pode ativar meu senso de contribuição pessoal.

Isso parece um pouco estranho — como se eu estivesse vendo a contribuição de modo egoísta. Mas depois de treinar e orientar, além de receber feedback de dezenas de milhares de pessoas, passei a perceber que contribuir com o mundo nem sempre tem que ser uma questão social. Deixo isso claro porque muitas pessoas pensam que contribuir é apenas *doar-se a* algo específico, por isso nunca têm a sensação de que contribuem com o mundo, a não ser quando uma criança aparece na porta vendendo alguma coisa. Nossa sociedade assimilou que a contribuição deve significar *doar-se* a uma causa específica em vez de simplesmente *dar* o nosso melhor. *Assim, muitas pessoas não reconhecem o fato de que simplesmente ser quem são é uma contribuição significativa ao mundo.*

E se viver a sua verdade, ser o seu melhor e expressar suas qualidades, talentos e habilidades no que você faz fosse suficiente para contribuir com o mundo? Eu digo que é, e não devemos ignorar o fato de que ser o melhor que podemos ser inspira os outros e, de fato, causa um impacto.

Steve Jobs não precisou doar-se *a* nada em especial para contribuir imensamente com o mundo. Jobs não fazia as coisas com a intenção de dar *à* indústria da tecnologia, ao mercado de computadores ou talvez nem mesmo aos consumidores (ainda que um foco incansável na experiência do cliente o tenha deixado famoso). Diferente de muitos bilionários, ele não formou uma organização sem fins lucrativos (apesar de sua esposa ter feito isso, e continuar fazendo) nem teve interesse em exibir publicamente para quem ele doava. Você não sabe de nada que Steve Jobs tenha doado a instituições de caridade ou determinadas causas e públicos. Você o conhece por ter sido quem ele era: um cara criativo que queria criar e construir softwares, computadores, lojas e aparelhos celulares melhores. Ele afetou o mundo fazendo o que dominava. A isso, ele contribuiu, foi importante e fará falta.

Não há como enfatizar isso o suficiente. Pense, por exemplo, nos artistas — cantores, dançarinos, escritores, designers, e assim por diante —, que podem não estar criando de olho em doar a nada em especial, mas com a intenção de viver sua verdade e seguir sua expressão criativa. Talvez, o cantor que vende milhões de cópias de seu álbum tenha contribuído com algo para seu gênero musical e para milhões de fãs no mundo todo, mas pode não ver a situação dessa maneira. Ele estava apenas se esforçando da melhor maneira em sua atitude criativa. A "contribuição", do modo como a vemos, veio depois. Pessoalmente, tenho me inspirado em centenas de pessoas que estavam apenas vivendo a vida como pessoas autênticas e atenciosas. Elas fizeram uma enorme diferença em minha vida, ainda que pudessem não acreditar que estavam "fazendo uma contribuição".

Você tem uma habilidade extraordinária de contribuir com o mundo usando o melhor de si em qualquer empreendimento. Doe-se completamente a suas missões criativas. Reconheça isso como contribuição e talvez sinta que está tendo uma vida mais significativa e cheia de propósito.

Finalmente, antes de explicarmos o outro tipo de contribuição, *doar-se a*, é importante que você reconheça todas as coisas que fez na vida. Às vezes, nos esquecemos de integrar nossas contribuições pessoais ao mundo com nossa identidade. Isso é importante, pois, diferente de outros impulsos humanos, a contribuição traz muita culpa. As pessoas não sentem que estão contribuindo o suficiente com suas famílias, colegas de trabalho e a comunidade em geral. Principalmente no mundo superatarefado e conectado de hoje, no qual não temos tempo de abordar muitos assuntos urgentes e, ainda assim, somos constantemente lembrados de que eles existem. Dedique um tempo a completar as frases a seguir. Depois, a partir de então, sempre que terminar um projeto ou receber um elogio por uma contribuição que fez ao mundo, reserve um momento para assimilar tudo. Permita que a satisfação entre em seu coração. Você tem importância.

- Contribuí com minha família e fiz a diferença este ano com as seguintes atitudes...
- Quando penso em meus melhores amigos, sei que causei impacto na vida deles das seguintes maneiras...
- Um projeto criativo que terminei nos últimos anos e pelo qual nunca me dei crédito de verdade foi...
- Se eu começasse a dar mais crédito a mim mesmo pelas maneiras como me doo e contribuo com este mundo, minha vida mudaria das seguintes maneiras...

Está na hora de você finalmente se permitir sentir o impacto e as contribuições que tem feito ao mundo. Você fez a diferença neste mundo, independentemente de ter sido algo grande ou duradouro, como você queria que fosse. Reconhecer seu impacto não é uma atividade que eu sugiro apenas para que você possa sentir orgulho de si mesmo (apesar de achar que isso é bom para a maioria das pessoas). Serve para você ver mais sentido e propósito em tudo o que viveu na vida. Suas contribuições somaram e continuaram somando. Está na hora de reconhecê-las para que, finalmente, possa dar a si mesmo o crédito que merece. *Você* é uma contribuição para este mundo. Dando ou não dando grandes quantias a uma causa, fundando ou não fundando uma organização sem fins lucrativos, dedicando ou não dedicando décadas de sua vida, você já contribuiu. Saiba disso.

Ativador 2: Doe-se a (Experiências de contribuição profundamente significativas)

Outro tipo de doação é aquela em que nos doamos *aos* outros e *a* causas maiores externas com a intenção direta de causar impacto. Você pode doar seu tempo, energia, esforço, recursos, habilidades, conexões, atenção e amor *à* sua equipe, empresa, família, organização sem fins lucrativos preferida. Enquanto *doar-se* é mobilizar seus recursos internos para seu próprio bem, o que costuma causar um impacto no mundo, doar-se *a* significa mobilizar nossos recursos com a intenção específica de contribuir com algo direta e especificamente. Você se doa a uma pessoa, a uma causa, a um grupo, pois fica de olho no impacto específico que pode causar e na sensação que terá depois. Doar-se *a* é uma abordagem mais estratégica, "direcionada" à contribuição, e é igualmente forte.

Esse é o tipo de doação que o mundo geralmente reconhece e recompensa, e com razão. Doar-se a missões que você considera profundamente significativas, com a intenção de causar um impacto, *é* um caminho direto para o sentido e para a felicidade. Mas perceba a frase-chave: *missões que você considera profundamente significativas*.

É aqui que esse tipo de doação dá errado. As pessoas se veem contribuindo em projetos ou causas aleatórias sem o critério de "profundamente significativas", e acabam *profundamente* decepcionadas na experiência. Tenho certeza de que você já passou por isso. Animou-se em doar-se a uma causa, envolveu-se e dedicou seu tempo, energia ou dinheiro, mas nunca sentiu que tinha um impacto real nem sentiu a emoção de fazer o bem.

Por exemplo, eu posso me identificar mais com uma causa cuja missão seja alimentar crianças famintas do que com uma que ajude crianças a cantar. Mas se a primeira causa não permite que eu não faça nada além de lavar pratos (algo que não gosto), e a segunda me permite lecionar (coisa que gosto), então é fácil saber que, com o tempo, terei mais interesse pela segunda causa. Ou seja, *escolher a atividade certa de doação importa tanto quanto escolher a causa certa*. Nunca se esqueça disso, uma vez que ecoa muito do que discutimos no livro até aqui: as atividades que consideramos diferentes, desafiadoras, socialmente relacionadas e pessoalmente significativas nos fazem felizes.

Também aprendi que nem todas as experiências de doação — seja a causas, projetos, grupos, família, comunidade, algo ou alguém — são criadas da mesma forma. Na verdade, experiências de doação profundamente significativas são diferenciadas por cinco fatores — que eu qualifiquei, em um flash de criatividade, como os "Cinco Fatores de Contribuição e Satisfação". Conhecer esses fatores pode servir como um filtro útil para você decidir o que doar no futuro. Também oferecerá informações a respeito de quais contribuições se tornarão as mais significativas para você pessoalmente e as mais benéficas para a sociedade em geral.

Primeiro, para sentir que você está realmente contribuindo com uma causa ou com o mundo, você deve ter a habilidade de alavancar suas qualidades em um tipo de atividade criativa. Usando um termo do capítulo anterior, ter uma oportunidade para a *expressão criativa* é essencial para encontrar uma experiência de doação profundamente satisfatória e importante. Por exemplo, se você tem um talento grande para criar, procure oportunidades de criar em qualquer coisa à qual se doar. Impulsionar suas qualidades dessa maneira é importante, pois, por mais que você se importe com uma causa ou esteja comprometido com uma experiência de doação, se não conseguir dar sua voz única, seus talentos ou sua perspectiva à experiência, acabará abandonando tudo ou, então, vai se comprometer sem muito ânimo.

E tem mais. Você, além de conseguir ativar sua criatividade na experiência de doação, também verá seus trabalhos criativos dando frutos. Ou seja, sua contribuição criativa deve ter uma chance de se mostrar. Não existe nada pior do que contribuir para um projeto no trabalho e não conseguir ver nenhuma de suas ideias ou esforços aparecendo. Se tudo o que você der a uma experiência acabar na lata de lixo ou em uma estante empoeirada, ou se for usado de um modo que você não vir, não terá a sensação de orgulho que ativa seu impulso pela contribuição significativa.

Aqui vai um teste simples para descobrir se você achou sua última contribuição profundamente satisfatória e significativa: você produziu algum trabalho criativo durante a experiência? Houve uma evidência tangível de que você participou dos resultados ou da parte na qual estava comprometido? Se isso não ocorreu, você provavelmente não sentiu que estava contribuindo ou que a experiência valia a pena.

Em segundo lugar, as experiências mais significativas em doar-se e contribuir *sempre* envolvem a orientação às outras pessoas. Converse com qualquer professor no mundo e, quando ele falar sobre ter visto os olhos de seus alunos brilhando, você entenderá por que ele considera a experiência de se doar aos alunos tão compensadora. Não existe nada como ensinar ou orientar alguém que tinha menos experiência ou perspectiva do que você.

De um jeito estranho, ainda que a maioria das pessoas

conheça essa verdade, não a usa como critério para escolher *como* contribuirão. Quando decidem escolher um novo emprego, projeto ou experiência de voluntariado, poucas pessoas são suficientemente estratégicas para se perguntarem: "Essa oportunidade garantirá minha habilidade de orientar os outros?". Ainda assim, é exatamente a pergunta que devemos aprender a nos fazer se quisermos sentir que estamos contribuindo de modo significativo com o mundo. Ensinar, orientar ou aconselhar coloca nosso senso de contribuição no nível máximo, como não acontece com mais nada no mundo.

Em terceiro lugar, as experiências de contribuição satisfatórias permitem que vejamos o *impacto social direto* de nossos esforços. Se você participa como voluntário em um sopão e fica preso na cozinha abrindo caixas de alimentos e não consegue ver o rosto de uma pessoa feliz ao saborear a comida, a experiência simplesmente não é recompensadora. Seus neurônios-espelho não conseguem se iluminar com a mesma alegria da pessoa que finalmente está se alimentando com alimentos saborosos e nutritivos. Você não vê o agradecimento em seu rosto, então, não o sente em seu coração.

Se você orienta outras pessoas a contribuírem com sua organização, conseguir ver o fruto de seu trabalho deve ser uma parte de toda nova iniciativa. Como pode garantir que sua equipe veja os resultados de seus esforços no mundo real? Você pode levar sua equipe para visitar as pessoas em cuja vida eles tocaram ou pode levar as pessoas que receberam ajuda até seus funcionários, para que elas contem como sua vida mudou para melhor?

Quando falo sobre ver o impacto social direto de seus esforços, eu me refiro especificamente a ver e ouvir como você afetou as *pessoas*. Ensinei essa lição, certa vez, a um CEO de uma grande empresa empreiteira. Ele havia reunido centenas de funcionários para construírem casas em uma comunidade pobre, arrasada por uma enchente pouco tempo antes. Como uma enorme equipe da SWAT, a empresa tomou a área, derrubou casas alagadas e construiu moradias novas em questão de dias; logo depois, todos voltaram para sua região. Enquanto mostrava um *slide show* de seus esforços para mim, repleto de fotos de seus funcionários sorrindo e construindo, contou que se sentia decepcionado porque várias pessoas da empresa não tinham compreendido o efeito profundo que haviam causado na comunidade. Naquele momento, comentei que não estava vendo nenhuma foto de seus funcionários com as pessoas que habitariam as novas casas. *Bang!* Uma luz se acendeu na cabeça dele. Na pressa de ir e fazer a diferença, não tinham estabelecido uma conexão real e, assim, não sentiam que tinham feito uma contribuição real.

É claro que muitos doadores generosos perceberão que meus "Cinco Fatores de Contribuição e Satisfação" têm um toque claramente egoísta — são concentrados em nossa sensação interna de diversão e satisfação. É uma abordagem terrivelmente egoísta que fiz a doar-se e contribuir com o mundo, não é? Afinal, não deveríamos ser mais generosos, dedicando tempo e atenção não a esforços que *nos* deem alegria, mas sim que deem alegria *aos* necessitados?

A resposta curta e grossa é: não. Em primeiro lugar, vivemos em uma época em que existem *milhões* de causas importantes e urgentes no mundo todo. Só nos Estados Unidos, há quase 2 milhões de organizações sem fins lucrativos. Como poderíamos, em um passe de mágica, ignorar nossos interesses pessoais e escolher quais são mais importantes e dignos? Uma organização que atende a 50 mulheres agredidas em Detroit é mais ou menos importante do que uma que atende a 500 no oeste africano?

Então, a pergunta deve ser esta: onde podemos realizar nossa contribuição única e fazer isso de um modo que nos mantenhamos comprometidos, satisfeitos e com mais chances de continuarmos servindo e causando um impacto? No final, o objetivo de contribuir não é envolver-se, permanecer envolvido e ter um impacto benéfico?

Ao propor uma estrutura para pensar sobre como você contribui, certamente não estou sugerindo que todas as suas experiências de doação devam ser divertidas e edificantes, e este também não deve ser o único objetivo delas. Contribuir, geralmente, significa arregaçar as mangas, sujar-se e fazer coisas que preferiríamos não fazer. Significa assumir tarefas que possam nos deixar desconfortáveis. É isso o que torna a vida tão envolvente: fazer coisas novas, assumir riscos, trabalhar com afinco, ser desafiado, conectar-se com novas pessoas, lutar por algo importante, por mais árduo que seja o caminho.

Ainda assim, o mundo é repleto de candidatos a colaboradores meio interessados, meio dispostos, agindo em velocidade baixa. Não mudaremos o planeta se não envolvermos a nós mesmos e aos outros na busca por maneiras satisfatórias de contribuir. Espero que minha estrutura possa ajudar nisso.

Por fim, uma conversa sobre doar-se não estaria completa sem que falássemos das contribuições financeiras. Se você tem a sorte de ter abundância nessa área de sua vida, doar dinheiro a suas causas preferidas é um grande complemento à doação que faz de seu tempo e esforço. Sabe-se que doar a uma organização que você abraça é importante, por ser uma experiência de doação satisfatória. Então, use esse conselho e escolha causas com as quais você realmente se importa.

Por ter encontrado pessoas do mundo todo, sempre vejo que muitas pessoas não sabem o que dar. Elas não têm uma paixão profunda por nenhuma causa e, mesmo com a estrutura citada anteriormente, sei que elas têm dificuldade em encontrar uma causa que valha a pena, principalmente no que diz respeito a decidir onde aplicar o dinheiro. Para as pessoas com carteira recheada, mas sem interesse profundo por uma causa específica, sugiro uma abordagem alternativa que chamo de "Investimento no Destino". Já difundi bastante essa ideia e todo mundo que a conhece passa a adorá-la, principalmente se ainda não tiver encontrado "o caminho" da doação.

O "Investimento no Destino" vem de minha crença de que, na estrada da vida, existe um motivo pelo qual as pessoas cruzam nossos caminhos. Acredito, por exemplo, que não se trata de coincidência o fato de eu encontrar alguém no trabalho que perdeu a esposa por causa do câncer de mama e agora está correndo uma maratona em homenagem a ela e buscando uma contribuição de 100 dólares do pessoal do escritório. O destino colocou alguém com uma necessidade em meu caminho e contribuir para sua necessidade e causa — ainda que não seja uma causa à qual eu esteja diretamente ligado — é mais compensador do que contribuir com uma causa qualquer que vi na internet. Além disso, não acredito em contribuir com causas ou projetos; acredito em estudar e servir as pessoas. Então, faço o cheque de 100 dólares porque foi isso o que o destino decidiu pedir para mim, ainda que eu não conheça diretamente alguém que tenha tido câncer de mama e ainda que esta não seja uma causa sobre a qual, aleatoriamente, eu, um dia, pesquisaria e com a qual passaria a contribuir. "Investimento no Destino" significa doar àqueles que o destino colocou bem à nossa frente e que estão com um problema ou que têm uma causa pela qual são apaixonados.

Neste momento de minha vida, grande parte das doações que faço se baseia no investimento no destino, e fico feliz em poder dizer que nunca me senti tão contente em fazer contribuições financeiras a causas como me sinto agora. Também fico feliz em dizer que outras pessoas consideram essa abordagem muito poderosa. As pessoas afirmam que se sentem mais conectadas a suas comunidades imediatas e círculos de influência, e agora veem os frutos de suas doações de modos mais diretos e significativos do que imaginaram. O investimento no destino pode não ser para todas as pessoas, principalmente para aquelas que já escolheram uma causa à qual ser fiel ou que simplesmente não têm dinheiro para doar para pessoas aparentemente aleatórias ou causas que entram em suas esferas de influência. Mas há outras maneiras de contribuir com o mundo: e se todos nós apenas déssemos um pouco mais às pessoas que cruzam nosso caminho e que têm necessidades ou uma paixão que poderiam ser beneficiadas com nossa generosidade?

Ativador 3: Oriente, oriente, oriente

Como já insinuei, não existe nada mais forte para ativar seu impulso pela contribuição do que orientar outras pessoas.

Gosto de ver a orientação como uma responsabilidade e um privilégio na estrada da vida. Independentemente de qual momento esteja passando em sua vida, há milhares de pessoas atrás de você que adorariam saber como chegou tão longe. As crianças querem saber como você conseguiu sobreviver à escola e conseguiu um emprego decente. Os colegas de trabalho querem saber como ser melhor no que fazem. Os menos afortunados só querem saber como continuar caminhando.

Algo mágico acontece em uma relação de orientação, seja um relacionamento formal criado no trabalho ou na comunidade por meio dos amigos, ou uma grande organização. O que mais gosto nessa relação é que, em dado momento, talvez você precise tanto das pessoas que orienta quanto elas de você. A relação de orientação o deixa no papel de modelo a ser seguido, e envolver-se nesse relacionamento faz com que você sinta o desejo de mostrar o melhor que tem. Todas as suas maiores qualidades e crenças começam a emanar de você porque você quer ajudar os outros a alçar voo. Com o tempo, quanto mais orienta alguém, mais profunda a relação se torna, e na pessoa ali, à sua frente, você consegue ver sua influência e impacto. Dessa maneira, a orientação é parecida com a paternidade — você ganha o presente de ver alguém crescer. Mas, diferente da paternidade, essa pessoa não depende de você em algumas coisas. Ela não vive com você, não tem que lhe obedecer, é alguém que você vê menos do que seus filhos. Então, você tem que fazer com que seu tempo com essa pessoa valha a pena, algo que você percebe sempre que se reúne com ela e, por isso, as pessoas em uma relação de orientação costumam dizer que é a relação de maior presença que elas têm.

E para quem pensa que orientação é só para um bando de aposentados sensíveis, ela não é bem assim. Meus trabalhos mais conhecidos são a marca da Experts Academy e o livro *O Mensageiro Milionário*, que destila a imagem geral da marca. A premissa da Experts Academy é simples:

- Sua história de vida, seu conhecimento e sua mensagem — o que você sabe por experiência e quer compartilhar com o mundo — têm mais importância e valor de mercado do que você imagina.
- Você está aqui para fazer a diferença neste mundo, e a melhor maneira de conseguir isso é usando seu conhecimento e experiência (em qualquer assunto, em qualquer indústria) para ajudar outras pessoas a ter sucesso.
- Você pode ganhar dinheiro por compartilhar conselhos e informações que ajudem outras pessoas a serem bem-sucedidas e, no processo, pode construir um negócio muito lucrativo e uma vida profundamente significativa.

Com essas três premissas, tenho ajudado milhões de pessoas no mundo todo a perceber o significado e o valor de mercado de sua sabedoria e experiência. Já mostrei que elas podem ter uma carreira, não apenas uma atividade para realizar durante a aposentadoria, orientando os outros a melhorar a vida e progredir em qualquer área. Não há razão para você contribuir com o mundo com sua sabedoria e, ao mesmo tempo, receber para isso. Acho que esse é, na verdade, o próximo passo evolucionário no mundo profissional: o lucro e o propósito podem se misturar de um modo delicioso e voltar-se para os serviços quando compartilhamos com os outros o que aprendemos, pesquisamos ou provamos na estrada da vida. Podemos inserir nosso conhecimento e conselhos sobre como atuar (sobre qualquer assunto e em qualquer campo) em programas de treinamento e cursos on-line, ou por meio de métodos mais tradicionais, como livros, palestras, seminários, orientação e consultoria. Podemos criar nosso impacto com o que conhecemos — e, sim, podemos ser pagos por isso também.

Menciono isso aqui porque não acho que temos que traçar uma linha tão forte entre nosso trabalho e nossas atividades de orientação. Elas podem ser a mesma coisa no mundo moderno. O lucro e o propósito não são mais termos exclusivos. Assim como Janie, que orienta os atendentes do banco, todos podemos ter um impacto no trabalho e em nossas carreiras apenas ajudando os outros.

• • •

Concluirei este capítulo com uma ideia mais ampla a respeito desses Ativadores. No livro *Em Busca de Sentido*, Viktor Frankl, psicólogo e sobrevivente do Holocausto, sugeriu que "a principal preocupação do homem não é ter prazer ou evitar a dor, mas sim ver sentido em sua vida". Se você concorda com essa afirmação como eu, então a próxima pergunta lógica seria: "Como uma pessoa pode conseguir ver sentido em sua vida?". Se a vida tem a ver com sentido, como saberei se estou criando ou vivendo esse sentido?

A melhor resposta que encontrei é a contribuição. No fim da vida, quando analisamos o passado tentando encontrar o sentido de tudo, vamos querer saber se tivemos importância. Para descobrir a resposta, observaremos apenas nossas conexões (nossos entes queridos e aqueles que influenciamos) e nossas contribuições. Mas mesmo ao avaliarmos e refletirmos sobre nossas conexões, estaremos pensando a respeito de que forma contribuímos com essas conexões. Analisaremos se nos doamos a essas relações, se amamos de modo completo, aberto e sincero. Analisaremos se demos aos outros o tempo, a atenção, a aceitação e o afeto que eles mereciam receber. Analisaremos, essencialmente, como contribuímos com o mundo e com aqueles que nos cercam. No fim, é assim que avaliamos o sentido de nossa vida.

PONTOS DE ENERGIA

1. Sinto que contribuo com o mundo que me cerca fazendo...

2. Uma experiência de doação nova e profundamente significativa que eu gostaria de ter é...

3. Alguém que poderia usar minha orientação é...

Capítulo 12

O IMPULSO PELA CONSCIÊNCIA

O objetivo da vida é viver, e viver significa estar consciente, alegre, embriagada, serena e divinamente consciente.

— HENRY MILLER

Quando acordei, Kevin gritava: "Saia do carro, Brendon! Saia do carro!".

Sentado no banco dos passageiros, observei-o rapidamente com o canto dos olhos. Kevin estava esmagado pela direção, gritava comigo e tentava desvencilhar-se da janela lateral amassada do lado do motorista. Todo o seu rosto estava coberto de sangue.

Tínhamos feito a curva a pouco mais de 130 quilômetros por hora. Nos Estados Unidos, essa curva seria indicada por uma placa amarela brilhante com uma seta no formato de "U", um sinal de alerta mostrando a aproximação de uma curva fechada, de modo que seria aconselhável que as pessoas reduzissem a velocidade.

No entanto, estávamos na República Dominicana, numa estrada recém-pavimentada. Não havia sinalização. E aquela curva estava prestes a se tornar um divisor de águas em nossa vida.

E acabou sendo uma bênção. Durante meses estive deprimido e muito mal emocionalmente após o rompimento com a primeira moça que efetivamente amara. Tinha apenas 19 anos, mas me sentia à deriva, como se minha vida tivesse acabado. Fomos namorados na época do colegial, e todos imaginavam que poderíamos nos casar um dia. Entramos juntos na faculdade, e ela descobriu a cerveja e os rapazes. Não fiquei suficientemente atento, e ela me traiu; a coisa ficou feia.

Estava tão triste que, quando surgiu a oportunidade de fazermos um trabalho de verão na República Dominicana, parti para lá. Deixar a cidade para escapar de meus problemas e da depressão não era o bastante: eu tinha que sair do país.

Assim, lá estava eu na República Dominicana com Kevin, amigo de minha cidade natal, ajudando um empreendedor que conhecíamos e que vendia equipamentos para caminhões. Retornávamos da casa de um cliente, por volta da meia-noite. Era uma noite caribenha escura e enevoada. Todas as janelas do carro estavam abertas, e no rádio tocava a música "Life is a Highway", de Tom Cochrane. Enquanto percorríamos velozmente a estrada, cercada pela mata, e com o ar úmido que atravessava o carro, minha depressão teve uma trégua. O peso de minha solidão e tristeza diminuiu na velocidade do som. Fechei os olhos, tentando esquecer minha alma desfalecida, e berrei aquela canção a plenos pulmões.

Então, Kevin gritou: "Meu Deus! Brendon, cuidado!".

Abri os olhos e vi os fachos do farol desaparecerem à nossa frente, para fora da estrada, no meio da escuridão.

Kevin agarrou a direção, virando-a para a direita, numa tentativa desesperada de fazer a curva. Mas era tarde demais. O carro saiu de traseira, perdeu tração e rodopiou para fora da pista. Abracei meu próprio corpo e pensei: *Deus, não estou preparado!* Eu ainda não tinha vivido plenamente minha vida.

Era esquisito como essa sensação fora real e duradoura. Uma sensação de câmera lenta fora plenamente consolidada pelo rodopio do veículo. Uma pergunta urgente assomou em minha mente à medida que derrapávamos até a porta da morte: *Será que morri?*

Durante a derrapagem para fora da pista, nosso carro bateu numa pequena murada de retenção construída para um projeto de irrigação. Fomos arremessados ao ar de um lado para o outro e senti que o cinto de segurança forçosamente me travou no lugar. Depois, senti uma estranha leveza, como se estivéssemos sendo lançados... Sendo lançados.

Meus olhos estavam fechados, mas enxergava claramente. Não era como pensei que seria. Imaginava que haveria um ponto de vista onisciente de minha vida, assim como nos filmes, em que uma série de lembranças passa em câmera lenta. Mas, naquele instante, eu não me vi. Definitivamente, não havia o pequeno Brendon correndo pelos cantos e crescendo.

Porém, eu os vi: meus amigos e familiares de pé, na minha frente e do meu lado. Eles cantavam ao redor de um bolo na mesa de nossa sala de jantar. Era a festa de meu 12º aniversário. Minha mãe chorava de felicidade e cantava alegremente aquela música tola que entoava em nossos aniversários.

Depois, apareceu uma cena diferente. Era minha irmã. Ela balançava ao meu lado, numa gangorra de jardim. Nossos olhos se encontraram e ela abriu seu amplo e bonito sorriso.

Em seguida, mais imagens. A corrida da vida diante de mim, experimentada por meus próprios olhos. Todas as cenas eram momentos em que eu estava cercado por meus entes queridos. Minha percepção não era como se eu tivesse participado daqueles momentos, embora eles parecessem tão verdadeiros e eu estivesse consciente de que fora lançado pelo ar num lento movimento. Pensei naqueles que amava e nos que sentiriam minha falta. Uma emoção intensa, pesada, de remorso, perpassou pela minha mente: "Será que amei?".

O carro atingiu o solo com uma batida ensurdecedora e desmaiei. Quando acordei, ouvi Kevin gritando para que eu saísse do carro. Olhei para ele. Ele estava esmagado pela direção, gritava e tentava sair do carro pela janela amassada.

Kevin virou-se para mim, vi uma ferida aberta na lateral direita de sua cabeça e seu rosto inteiro estava coberto de sangue. "Saia do carro, Brendon!", disse ele, em pânico, enquanto conseguia sair pela janela.

Eu não sabia se o carro estava pegando fogo ou o que estava acontecendo. Porém, o tom de voz de meu amigo já dizia tudo. Olhei à minha direita para sair do carro, mas a estrutura da lateral do lado do passageiro fora amassada. O teto estava destroçado. Minha única saída era uma abertura estreita na minha frente, ou seja, o que restara do para-brisa.

Consegui passar por aquele espaço, encolhendo os braços, as pernas e a barriga, e, não sei como, consegui ficar em pé sobre o capô branco amassado do carro. Vi meu sangue escorrendo sobre os pés e as sandálias. Fiquei tonto, distante. Lentamente, a vida foi se desvanecendo e senti medo quando percebi, pela primeira vez, que ela poderia terminar. Então, uma energia assustadora e débil passou rapidamente por meu corpo e me perguntei sobre o significado de tudo aquilo. Lutei com os pensamentos e comecei a chorar. *Será que alguém já se importou comigo?* Uma névoa negra obscureceu minha visão, senti que ia morrer.

É o fim, pensei.

Então, um brilho reluzente no capô do carro interrompeu meu transe. Vi uma faísca brilhante, um reflexo de luz sobre meu sangue, que estava escorrendo na lateral do carro em pedaços. Olhei para cima e vi uma lua cheia magnífica na escuridão do céu. Era uma lua mágica, algo diferente de tudo o que vira antes — tão próxima, tão grande e brilhante, tão linda. Senti que estava me erguendo dos destroços de minha vida além de estar profundamente conectado com o firmamento e as ondas azuladas que riscavam pelo céu noturno. Não havia dor, nenhum sentimento, uma inexistência cheia de silêncio — um momento que nunca esquecerei. E, depois, lentamente, uma sensação de estar centrado. Eu não estava tendo uma experiência fora de meu corpo; na realidade, jamais me senti tão conectado com o corpo como naquele instante.

Senti uma estabilidade interior e tive uma sensação de gratidão que me purificou completamente; uma apreciação pela vida que, ainda hoje, não consigo descrever. Foi como se, naquele exato momento, eu olhasse para o céu e Deus tivesse me alcançado, me confortado e me dado um bilhete premiado, uma segunda oportunidade na vida. O momento parecia dizer: "Aqui está, garoto, você ainda está vivo, pode amar novamente, pode ser alguém na vida. Agora, vá em frente e se empenhe vivamente nessa jornada, pois sabe que as horas já estão passando".

Lembro-me de olhar para o céu naquela noite, aceitando aquele bilhete e pensando: *Obrigado, obrigado. Aproveitarei essa chance!* Um sentimento de gratidão indescritível adentrou em minha vida e nunca mais foi embora. Senti as lágrimas escorrendo pelo rosto, lágrimas de felicidade. E, pela primeira vez em meses, minha alma se encheu de júbilo.[1]

• • •

Já faz 16 anos que sofri aquele acidente de carro e ainda sou grato todos os dias por Kevin e eu termos recebido o bilhete premiado da vida — uma segunda chance. Ambos sobrevivemos e estamos bem. Costumo pensar bastante no acidente, e agora

[1] Este texto é um trecho do livro *O Mensageiro Milionário*, de Brendon Burchard (São Paulo: Novo Conceito, 2012. p. 13-17).

já sei por que ele foi uma experiência tão transformadora em minha vida. No espaço de alguns minutos, adentrei o fundo de minha consciência, tomado por pensamentos a respeito de minha condição humana e, momentos depois, fui desconectado das sensações de meu corpo físico e ligado à consciência mais ampla que não conhece dor nem limites. Senti uma mudança em minha consciência a respeito do que importa na vida e decidi ser mais autodirecionado para moldar uma vida que tivesse mais sentido. Também entrei em contato com uma consciência mais maravilhosa ao meu redor, sentindo e conhecendo, pela primeira vez, uma força maior que a minha. Percebo, agora, que o acidente me ajudou a experimentar as dimensões dos dois principais modos com que os filósofos, psicólogos, neurologistas e pesquisadores definem a palavra "consciência".

Em uma abordagem, a consciência tem sido relacionada à mente, ou seja, à nossa capacidade humana de pensar e ter percepção de nós mesmos. "Penso, logo existo" é uma expressão que ilustra isso. A neurociência estuda esse nível de consciência à procura do que forma nossa consciência e molda a "mente". No livro *O Mistério da Consciência*, o neurocientista Antonio Damasio diz que a consciência é "a percepção de um organismo, de seu ser e do ambiente que o cerca". Esse foco na consciência de nossos mundos interno e externo como algo sentido essencialmente pelos sentidos é uma abordagem que podemos analisar como "consciência do pensamento".

Em um nível mais esotérico, a consciência também foi definida e descrita como uma energia unificadora não humana, talvez cósmica ou divina. "Deus piscou; logo, existo" expressa tal visão. As dimensões "espirituais" ou "altas" da consciência são, em grande parte, o estudo de pesquisadores religiosos e espirituais que se perguntam o que forma não apenas nossa consciência humana, mas o universo em si. Essa visão percebe a consciência como algo não apenas vivido na mente ou assimilado pelos sentidos do corpo, mas também como presente fora do corpo, como uma conexão com uma energia ou entidade além da manifestação física ou de nossa compreensão cognitiva. Passei a perceber que esse assunto tem mais a ver com a "consciência transcendente".

O impulso de viver a consciência elevada é o maior marco da espécie humana. Como vivemos nos níveis mais altos de nossa consciência humana? Como os transcendemos?

Queremos estabelecer mais controle sobre nossa consciência, ao mesmo tempo que nos libertamos de seu controle para poder viver uma consciência *elevada*. Então, queremos mais controle sobre nossa vida e, ao mesmo tempo, muitos de nós sentimos que devemos nos entregar ao divino. Meu acidente e minha vida têm me ensinado, desde então, que podemos ter as duas coisas. Neste capítulo, falaremos sobre os conceitos da consciência e procuraremos analisar aquilo que nos leva à nossa existência mais comprometida e energizada. Dediquei mais tempo a esse impulso — este é o capítulo mais longo do livro —, pois hoje em dia ele raramente é discutido, em nossa vida tão atarefada, mas ainda é uma força poderosa em tudo o que fazemos.

Ativador 1: Concentre sua consciência

O que queremos dizer quando nos referimos à "consciência humana"? Durante a maior parte de nossa história, significou aquilo que nos torna despertos, conscientes e capazes de pensar ou controlar a mente. Cada um desses elementos cria questões fascinantes a respeito de nossa existência e pode pavimentar o caminho em direção às experiências mais elevadas que todos buscamos.

A consciência costuma ser associada a estar vivo e em um

estado desperto. Quando dormimos, médicos consideram que não estamos mais "conscientes" ou, simplesmente, que estamos "inconscientes". A mesma teoria se aplica quando alguém está em coma ou desmaiado por conta de um trauma, ingestão de álcool ou uso de qualquer outra droga em excesso. De acordo com essa definição, quando não estamos despertos, não conseguimos entender, sentir, esperar, julgar, dar início ou controlar nossas capacidades mentais e físicas.

Estar acordado também significa que você tem consciência do que está acontecendo ao seu redor, que é outro traço da consciência. Se estou ciente de quem sou, de onde estou, do que estou fazendo, do motivo pelo qual estou ali e onde me encaixo neste momento e neste ambiente social, podemos dizer que estou totalmente lúcido, sou um ser consciente. A autopercepção, em seu sentido mais amplo, é vista como um traço biológico de animais em níveis superiores.

É claro, os termos "consciente" e "consciência" são quase sempre associados à nossa capacidade humana de pensar e usar nossa mente. Essa habilidade de produzir e organizar o pensamento em nossa consciência e no contexto ao nosso redor nos distingue de outros animais e é algo que nos fascina há muito tempo. Temos a habilidade de usar a mente para processos cognitivos, como atenção, pensamento abstrato, controle do impulso, para fazer várias coisas ao mesmo tempo, resolver problemas, monitorar e iniciar pensamentos e ações, o que costuma ser chamado de "controle executivo". Mas como isso tudo funciona? E a mente "inconsciente" — será que ela é mesmo tão diferente da consciência humana geral?

Essas questões complexas incitam muitas discussões. Desde os debates filosóficos de Descartes e Locke, quase quatro séculos atrás, até as últimas descobertas dos neurocientistas e psicólogos hoje, apenas uma coisa é certa: a consciência é difícil de definir. Enquanto a maioria das culturas a vê como algo real e sente o desejo de explorá-la e melhorá-la, nenhum de nós conseguiu compreendê-la. Os neurocientistas não podem abrir seu cérebro e dizer: "Ali está a sua consciência". Sabemos que *algo* permite que percebamos o sentido de nossas emoções e organizemos os pensamentos, mas não sabemos bem o que é. Não podemos indicar a consciência em um exame de ressonância magnética e mesmo os profissionais a diferenciam de modos distintos. O que unifica nossa percepção ou "pessoalidade" de todos os impulsos e atividades no corpo e no cérebro? Quando dizemos que um pensamento "veio à mente", que força misteriosa está criando e admitindo esse pensamento em nossa mente? Essa grande força unificadora e misteriosa costuma ser descrita como "consciência".

Entender essa questão da consciência é importante. Se tivermos mais consciência e percepção de nós mesmos e de nosso ambiente, nos tornamos mais atentos e mais adaptáveis. Pode-se pensar que as pessoas que têm uma consciência maior são mais capazes de direcionar seus pensamentos, sentimentos e comportamentos. Elas podem encontrar paz nos conflitos, na fé, na resiliência e na transcendência no esforço, pois podem usar seus pensamentos para definir o sentido dos acontecimentos e das experiências de sua vida. Elas são mais capazes, então, de encontrar ordem e sentido em meio ao caos do mundo, dando a si mesmas um senso de força e otimismo mesmo nos momentos mais escuros. E o oposto também ocorre: quando as pessoas não conseguem controlar os pensamentos conscientes, a tragédia de uma vida sem direção e talvez sem sentido aparece. As pessoas parecem não conseguir focar a mente, as emoções e as ações ou decidir conscientemente encontrar fé, esperança e sentido nos momentos difíceis.

Mas, claro, isso só traz à tona mais perguntas a respeito de como podemos fazer tudo isso e até que ponto podemos ir. É uma discussão que não poderemos resolver nunca. O único conceito a respeito da consciência com o qual todos parecem concordar é que ela permite que sintetizemos, organizemos e direcionemos nossos pensamentos. É por isso que, ao longo deste livro, tenho enfatizado seu poder de controlar, de modo consciente, seus pensamentos e seu foco. O que permite que você faça isso — independentemente de ser uma mente disposta e observadora ou um maquinista invisível em seu cérebro — não é muito importante para mim. É um campo de pesquisa que deve ser de responsabilidade dos filósofos e dos neurocientistas. O que deve incentivá-lo é o fato de que você tem esse controle e que, com ele, vêm o poder e a responsabilidade de moldar o conteúdo de sua mente e, assim, os resultados de sua vida.

Se tudo isso é verdade, então como podemos usar nossa habilidade consciente de controlar nossos pensamentos e nossa vida? Onde devemos nos concentrar para podermos aumentar a felicidade e o envolvimento?

No fim, o que importa é partir do fascínio de *como* você está consciente para o foco em *sobre o que você deve ter consciência*. Temos a capacidade de colocar o que desejamos no painel consciente de nossa mente, então podemos decidir o que monitoraremos e no que prestaremos atenção. Nas páginas anteriores, me referi a controlar sua mente e seus pensamentos conscientes com termos generalizados. Mas somos todos levados a transcender o óbvio, queremos mais de nossas experiências conscientes. Dessa maneira, aqui estão quatro áreas específicas nas quais focar sua consciência, para garantir que você esteja vivendo de modo consciente e desperto.

Tenha consciência de seus pensamentos

Grande parte deste livro tratou do controle consciente de pensamentos, sentimentos, energia, experiência e sentido na vida. Isso significa ter consciência de tais coisas e escolher direcioná-las em vez de permitir que elas o direcionem de modo inconsciente ou automático. Darei um exemplo do que quero dizer, sugerindo uma pergunta que você deveria fazer a si mesmo diversas vezes durante o dia: *Em que devo focar meus pensamentos no momento?*

Perceba que não é a mesma coisa que perguntar: *No que estou me focando e pensando?* Esta segunda pergunta tem a ver com *estar consciente* sobre em que sua mente está focada, enquanto a primeira tem a ver com *direcionar* sua mente.

Apesar de eu ser a favor de ter consciência a respeito das coisas nas quais você está se focando e pensando em determinado momento, a consciência não é a mesma coisa que o autodirecionamento. A verdade é que, na maior parte do tempo, você se concentra em coisas aleatórias e tem pensamentos aleatórios e inconsequentes. Seus pensamentos de "agora" nem sempre são tão úteis em sua busca para chegar ao próximo nível de consciência e controle sobre sua vida. Por exemplo, nesse momento, você pode estar, aleatoriamente, pensando em seu primeiro animal de estimação e, apesar de ser útil ter consciência desse pensamento aleatório, o que pode ajudá-lo a alcançar outro nível de consciência é perguntar: *Em que devo focar meus pensamentos no momento?*

Transformei essa pergunta em parte de um de meus desafios pessoais de 30 dias, ano passado. Programei um alarme em meu telefone para tocar a cada três horas com a mensagem: *Em que devo focar meus pensamentos no momento?* Apesar de me considerar uma pessoa muito consciente e autodirecionada, fiquei surpreso ao ver quantas vezes, durante o dia, eu permanecia no piloto automático — permitindo que meus pensamentos fossem controlados por impulso, hábito ou influências externas. Assim que via o lembrete, voltava ao controle de minha consciência. O resultado? Eu me tornei muito mais comprometido, produtivo e consciente de que podia decidir o sentido de minhas experiências. Não acredite no que estou dizendo — faça essa atividade e confira o resultado.

Tenha consciência de suas energias emocionais e físicas

Como devo me sentir agora? Esta é uma pergunta que você deve fazer a si mesmo diversas vezes por dia. Veja que a pergunta não é: *O que estou sentindo agora?* O que você sente em determinado momento costuma ser uma coleção de milhões de impulsos e reações a seu mundo interno e externo, integrados e sintetizados no instante em que você pergunta *Como me sinto agora?* Apesar de o modo como nos sentimos em determinado momento nos diga muito a respeito de nossos impulsos e experiências atuais, não costuma aumentar muito nossa consciência. Para estar mais no controle de sua experiência consciente, em vez de deixar impulsos aleatórios definirem seus sentimentos, você pode definir também como deveria estar se sentindo.

Além disso, perceba que a pergunta não é *Como "deveria" me sentir agora?* Esta é uma questão direcionada mais pela lembrança do que por nossa escolha imediata. Em outras pessoas, a maneira pela qual você chega a como "deveria" se sentir se baseia em como você já se sentiu no passado ou em como acha que os outros se sentiriam na mesma situação. Por outro lado, perguntar *Como devo me sentir agora?* direciona a mente para a situação atual e permite que você defina como se sentirá para concentrar-se e dar sentido a qualquer situação.

Mas essa não é apenas uma pergunta feita sobre sua realidade emocional. Nossos sentimentos são muito determinados por nossos pensamentos, claro, e também por nossa vitalidade física. É muito mais fácil se sentir triste, frustrado ou em dúvida quando estamos fisicamente exaustos. Os neurocientistas já provaram que nossa força de vontade sai correndo quando nos sentimos fisicamente cansados, o que leva a decisões, avaliações e atitudes ruins e de má qualidade. Por isso é essencial que você gerencie sua vida dormindo bem, bebendo água, cuidando da alimentação e fazendo exercícios.

Mas, independentemente dos altos e baixos de emoção que sentimos, de nossa consciência ou cansaço, sempre podemos ajudar a determinar os tons de nosso céu emocional. A felicidade é uma escolha, sim. Assim como sentir-se energizado. Costumo provar isso na High Performance Academy, ajudando as pessoas a entrar em diversos estados emocionais, às vezes sem mover um único músculo. Repito: a hidrelétrica não *tem* energia; ela *gera* energia. Podemos escolher nossa energia emocional em qualquer momento e essa é uma das maiores maravilhas da experiência humana.

Tenha consciência de seu comportamento

Nossas ações falam muito sobre quem somos, ditam nossos resultados na vida e também como os outros se sentem em relação a nós. Quando nossos comportamentos estão em "desarmonia", costumamos nos sentir péssimos. Se você não toma a atitude que sabe que deveria tomar em sua vida pessoal, sente-se culpado e frustrado consigo mesmo. Se tomar as atitudes erradas em relação aos outros, terá a mesma sensação.

Sempre digo que o marco da consciência elevada é sempre ter integridade completa consigo mesmo e profundo respeito pelos outros. Podemos ver e controlar os dois no modo como nos comportamos. Saiba disso e traga essa consciência de como está se comportando e em como isso está afetando o mundo para a parte frontal de sua mente e para seu controle consciente.

Tenha consciência dos outros

Tornar-se um mestre zen de seu mundo mental e emocional é meio inútil, em nosso mundo dirigido pelas conexões, se você não tiver consciência dos outros também. Conheça a si mesmo, sim, mas conheça os outros também. Entenda a sua vida *e* procure entender a vida das outras pessoas.

Podemos atingir uma maior consciência de pensamento em nossas relações perguntando a nós mesmos: *Como os outros estão pensando e se sentindo nesse momento, e como eu gostaria de interagir ou influenciá-los?*

Essa noção das percepções e sentimentos dos outros, às vezes chamada de *empatia* ou *consideração*, ajuda para que nos tornemos muito mais capazes e inteligentes. Agora, sobreponha esse senso com seu pensamento consciente a respeito de como gostaria de estar nessa situação e terá uma receita para relacionamentos.

Tenha consciência de seu progresso

O objetivo da consciência no pensamento é sentir um maior controle sobre nosso mundo interno e externo. Mas até que ponto? Procuramos alcançar níveis mais altos de consciência não apenas para dominar nosso mundo no momento, mas também para gerar progresso. Queremos direcionar os resultados de nossa vida e criar nossos legados. Se isso é verdade, devemos investir o pensamento firme e consciente em como estamos progredindo.

Estou avançando na vida na velocidade que desejo? Estou tomando as atitudes necessárias para isso? Estou gerenciando meus pensamentos, sentimentos, comportamentos e relacionamentos de maneiras que me ajudam a progredir, crescer e contribuir?

Tudo isso pode parecer muita coisa — são coisas demais nas quais se concentrar. Descobri que pensar na minha consciência como a observadora e impulsionadora máxima de minha vida me ajuda. Então, gosto de imaginar que há um painel em minha mente no qual estou conferindo tudo e colocando as coisas para funcionar quando necessário. Em meu painel, vejo cinco quadros de instrumentos, todos com ponteiros que se movem como os ponteiros de velocímetros e tacômetros de carros antigos. Os quadros de instrumentos que imagino têm os títulos "Pensamentos", "Sentimentos", "Comportamentos", "Relacionamentos" e "Velocidade de Progresso". Mantenho minha mente observadora nesses cinco fatores de minha vida o tempo todo. *Meus pensamentos estão alimentando uma existência feliz?* Checado. *Meus sentimentos estão em harmonia com o modo como me sinto e com o caminho que quero seguir?* Checado. *Meus comportamentos estão me tornando ágil, ajudando-me a seguir em frente e influenciando o mundo de modo positivo?* Checado. *Meus relacionamentos estão refletindo quem eu sou e o que quero ser?* Checado. *Estou guiando agora e correndo em direção ao meu potencial?* Sim? Checado. Rock and roll!

Ativador 2: Transcenda a consciência

Além de dominar nossa mente, a maioria de nós é guiada por uma sensação de que existe algo mais a ser compreendido — algo infinito, algo além de nosso controle e imaginação. Dentro de nós e em nossas maiores ambições, desejamos transcender a nós mesmos e nos conectar com algo mais. Queremos ter uma sensação maior de conhecimento acerca de nossa realidade e relacionamentos com o mundo, com o universo e, para a maioria de nós, com Deus ou o Infinito. Essa sensação nos torna buscadores de espiritualidade, de uma conexão com um propósito mais amplo e sentido de unidade. É o mesmo desejo que tem feito com que os seres humanos criem religiões na esperança de tocar a ponta de algo mais elevado, de procurar consolo na natureza, de se reconectar, de fazermos a nós mesmos as perguntas existenciais que têm guiado a busca dos seres humanos por sentido e por um propósito maior. É o nosso impulso para entender e nos ligarmos à Consciência com "C" maiúsculo.

É algo que todos podemos fazer. Como descrevi, uma das maiores maravilhas de nossa experiência humana é que podemos nos colocar no estado emocional que quisermos. Você pode fechar os olhos agora e se levar, sem qualquer motivo, a sentir um estado de felicidade. Você também pode escolher se sentir triste, irado, esperançoso, entediado, amado. Essa mesma habilidade permite que você se coloque em um estado emocional transcendente não apenas uma vez, mas continuamente, permitindo-se sentir algo mais amplo do que sua circunstância atual e ligar-se a uma consciência mais elevada. Por que não fazer isso? Apenas nos desafiando a nos conectarmos com algo maior do que nós mesmos poderemos sentir algo maior do que nós mesmos. Dessa conexão, você sairá mais energizado e com mais chance de viver seus maiores valores e qualidades.

Vamos explorar mais como podemos realizar essa conexão. Estando presentes, percebendo a coincidência e a intuição, e vivendo em um estado de amor, poderemos conhecer melhor essa força misteriosa.

Tenha consciência do presente

Como eu disse antes, a maioria das pessoas é tão ocupada e distraída, que nunca para para valorizar e observar o momento. Mas é no presente que a vida está se desdobrando. E é apenas aqui, nesse momento, que podemos sentir uma unidade e conexão com a consciência. Não podemos entrar na consciência amanhã, nem puxá-la de uma experiência do passado. Devemos senti-la agora, totalmente presente neste momento, o "agora".

Presença significa dar sua atenção total e receptividade ao agora. Com "atenção total" eu quero dizer que você conscientemente procura trazer percepção total e energias mentais, emocionais e físicas ao agora. Nos impulsos que discutimos anteriormente, eu disse que é importante estarmos totalmente presentes ao conversarmos com alguém. Você não deve ficar distraído ou dez passos à frente dessa pessoa, realizando a conversa como se fosse um jogo de xadrez. Mas deve estar totalmente concentrado no que a outra pessoa está dizendo.

Não discutimos ainda se existe um yin e um yang de presença. Você está se comprometendo conscientemente a manter-se totalmente consciente e atento ao momento, e, ao mesmo tempo, você se liberta das expectativas — abre-se a como o mundo está se desdobrando. As tradições espirituais do budismo e do taoísmo sugerem que a presença é uma unidade com o momento sem qualquer conexão a como as coisas deveriam ser ou como elas ficaram. Muitas pessoas até sugerem que a presença verdadeira não tem nenhuma intenção além de ser totalmente aberta e atenta ao momento.

Também não falamos sobre usar a presença como uma ferramenta e um caminho para sentir a transcendência. Pergunto algo simples a mim mesmo dezenas de vezes por dia, normalmente quando inicio qualquer experiência nova, tomo uma atitude importante ou estabeleço qualquer interação com os outros. Sempre que entro em uma sala nova, telefono para um amigo, me sento para escrever ou cumprimento minha esposa quando ela chega, pergunto a mim mesmo: *Em uma escala de um a dez, qual é o meu nível de presença neste momento?* Isso me ajuda a me envolver e a me lembrar, em meio a nosso mundo caótico e atarefado, de que devo sorver o agora e procurar sentir uma conexão maior com algo maior do que eu mesmo no momento atual. Experimente fazer isso.

Não é uma tarefa simples. Às vezes, pensamentos e coisas do passado me impedem de estar presente no momento. Quando isso acontece, pergunto: *E se todas as minhas emoções negativas a respeito do passado não forem mais relevantes para este momento e para quem quero ser agora? E se, ao analisar o passado de modo negativo, eu estiver deixando de valorizar o dom da vida que recebi e do qual ainda gozo hoje? E se o passado tiver sido apenas um momento e agora eu estiver em um novo momento? E se esse momento for apenas o começo de uma abertura nova e milagrosa para mim?*

Para se conectar melhor com a consciência, você terá que se condicionar a não fazer críticas. O mecanismo da crítica de nosso cérebro se tornou tão apurado com a evolução, que, em vez de aproveitarmos o momento atual, ele categoriza a experiência como "boa", "ruim", "feia", "segura", "perigosa", "feliz", "triste", e assim por diante. Isso nos atende, claro, em quase todas as facetas de nossa vida, menos em uma: impede a nossa percepção do presente. Não experimentamos o agora, pois estamos ocupados demais em categorizá-lo. É mais ou menos como ver turistas diante de pontos históricos ou paisagens que não olham para eles, pois estão muito ocupados tirando fotos. Eles fotografam, mas não vivem a vista. Precisamos aprender a parar de categorizar e começar a focar nossa atenção em todos os segundos do dia, e, então, *ficaremos em paz com o que ocorre e totalmente presentes.*

Isso pode parecer contraditório, uma vez que a maior parte deste livro tem lhe falado sobre moldar nossa vida. Mas ser autodirecionado e tranquilo com o passado e o presente não são atitudes exclusivas. Posso estar pronto e disposto a melhorar minha vida e, ainda, totalmente em paz com a maneira como as coisas são agora. Não é necessário, como dizem algumas pessoas, que eu crie sentimentos enormes de dor e frustração em relação a minhas experiências atuais para ser levado a mudar. Na verdade, acho que esse é um conselho horrível e certamente não se trata de um conselho espiritual. Poucas coisas positivas nasceram, a longo prazo, quando guiadas pela raiva, pela frustração ou pela mágoa. Digo que devemos aceitar o que existe no momento, reconhecer e valorizar totalmente que tudo ocorreu desse modo por um motivo e que uma porta ainda maior está se abrindo a você, neste segundo, para algo mais mágico e interessante do que você pode imaginar.

Tenha consciência da coincidência e da intuição

Se você está no agora e está procurando se conectar com a consciência, tende a perceber que as coisas e as pessoas aparecem em sua vida na hora certa ou por um motivo que faz sentido (seja no momento ou com o passar do tempo). Você está tentando pensar em uma ideia para seu próximo produto e, enquanto está passeando, totalmente no presente, a ideia aparece do nada. Ou você está em um evento de networking e sente uma vontade forte de conhecer a pessoa do outro lado da sala — apenas quer conversar com a pessoa. São esses os momentos que algumas pessoas têm chamado de "consciência da coincidência".

A coincidência é definida como algo que acontece simultaneamente a outra coisa. O dicionário a define como "um acontecimento fortuito de eventos surpreendentes por serem simultâneos ou por, aparentemente, estarem conectados".

É claro, a palavra "fortuito" fica aberta à discussão por quem acredita que a consciência está introduzindo algo em nossa vida por um motivo específico. Talvez não seja apenas obra do acaso você ter reencontrado um antigo amor na cafeteria — talvez seja o destino. Independentemente de acreditarmos no acaso, no destino ou em uma mistura dos dois, todos podemos nos beneficiar se nos mantivermos mais atentos ao agora e ao porquê de as coisas serem apresentadas a nós no agora.

Para mim, a maior prática de presença envolve perceber coincidências de "encontros do acaso" com outras pessoas. Se, no aeroporto, encontro alguém que não vejo há anos, levo minha presença completa àquele momento e procuro me conectar com a energia da experiência. Também tento "seguir" o momento com atenção, ouvindo minha intuição. *Essa pessoa voltou à minha vida neste momento. Por quê? Vou prestar atenção e dar minha presença total a essa conversa para ver aonde ela chega.*

Nem todo mundo acredita em coincidência, claro, mas sim em um universo que está se desdobrando aleatoriamente.

De qualquer modo, para sentir uma conexão maior com a consciência, acreditando ou não que ela é algo onipotente, temos que prestar atenção no que o momento está trazendo para nossa vida. Manter-se à procura de coincidências nos ajuda a fazer isso.

Diretamente relacionado à consciência está o conceito da intuição. A intuição é sempre uma coincidência no que diz respeito a ser um "instinto" que coincide com alguma outra coisa. Você pensa em sua mãe e tem uma sensação intuitiva de que deveria telefonar para ela. (Faça isso!) Ou, então, você sente um ímpeto de não voar quando já está prestes a embarcar em um avião. (Idem!)

Ao analisar meu público do mundo todo, descobri que a maioria das pessoas sente que está perdendo contato com sua intuição. É fácil de entender isso, pois muitas pessoas estão tão concentradas no amanhã que não conseguem sentir nada no momento. A única solução para isso é tornar-se mais presente, manter-se no agora, libertar sua mente planejadora e todas as expectativas e só sentir o ambiente que o cerca.

Tenha consciência do amor

Todas as religiões do mundo têm o amor como a virtude e o valor principal — e, geralmente, o maior, superior. A maioria das crenças sugere que nascemos do amor, que nosso propósito é amar, e que retornaremos ao amor. Isso, então, é algo a que devemos prestar muita atenção.

Você já sabe o valor do amor. Você o tem procurado sua vida toda. Mas a verdadeira pergunta é quanto você permitiu a si mesmo *senti-lo* e *vivê-lo*. É uma distinção bem grande. Quem procura o amor costuma ser carente e busca maneiras de se sentir conectado e amado. Estes são impulsos humanos, claro, e todos queremos isso. Mas existe uma maneira de se sentir mais em contato com a consciência. E é estando presente no amor que já está ao nosso redor e dentro de nós, e tornando-se um com ele, vivendo o amor.

Ser consciente do amor ao nosso redor parece um conceito bem bizarro, uma vez que a maioria de nós acredita que, para vivermos o amor, alguém deve "dá-lo" a nós. Infelizmente, a experiência de amor da maioria das pessoas acontece apenas quando elas se sentem amadas por outra pessoa. Mas e se o amor for um conceito maior? E se o amor em si for uma força unificadora que mantém o universo e une a todos nós? Por mais sublime que isso possa parecer, tem-se a impressão de que é isso o que a maioria dos ensinamentos espirituais têm sugerido há milhares de anos.

Sentir o amor ao nosso redor é forte, mas tornar-se único com ele e vivê-lo é um nível totalmente diferente de consciência. Se todos procuramos ter amor em nossa vida, por que não amar? Viver assim muda totalmente o foco. Deixamos de lado o "peça e será atendido" e adotamos o "dê e será retribuído". Mas podemos ir além. O amor está ao nosso redor e tem sido dado livremente, então, talvez devamos dar amor sem esperar nada em troca.

Se você concorda com isso, hoje e pelo resto de sua vida seja mais amoroso. Perceba o amor que existe ao seu redor. Dê amor aos outros. Pense com amor antes de tomar decisões. Fale sobre o amor abertamente. Se conseguir fazer isso, sua vida ganhará *vida*. Como disse Pierre Teilhard de Chardin: "Um dia, depois de dominarmos os ventos, as ondas, as marés e a gravidade, talvez dominemos a energia do amor; e, pela segunda vez na história do mundo, o homem descobrirá o fogo".

Ter mais consciência de nossa presença, coincidência, intuição e amor são maneiras pelas quais conheceremos e exploraremos a consciência ao nosso redor.

Ativador 3: Viva maravilhado

Quando fiquei em cima do capô amassado de um carro em uma ilha do Caribe, olhando para o céu em agradecimento por minha segunda chance de viver, tive uma sensação profunda de surpresa e maravilhamento em relação ao mundo. Senti que havia algo de mágico naquela noite e na vida de modo geral. Essa sensação nunca me abandonou. E é um dos motivos pelos quais mantenho minha energia.

Quando você se sente maravilhado e agradecido pela mágica do universo, é fácil sentir-se conectado a ele. Assim como você se sente mais próximo de seu companheiro quando se maravilha com sua generosidade ou quando valoriza quem ele é e quanto o ama, você pode se sentir mais próximo da consciência.

Hoje em dia, é fácil se desligar de todas as maravilhas ao nosso redor. Ficamos ansiosos quando estamos falando ao telefone e a ligação é interrompida, e nos esquecemos do fato mágico de que o sinal que sai da caixinha em nossa mão deve chegar a uma torre distante ou a um satélite *no espaço* e então percorrer o ar em velocidade alta e, então, de algum modo, ser transmitido a *7 bilhões* de pessoas até encontrar a pessoa *certa* com a caixinha certa do outro lado. Quando o assunto é nosso desenvolvimento tecnológico, talvez sejamos a geração mais indiferente da história. E se não conseguimos nos maravilhar com nosso próprio desenvolvimento, é possível que tenhamos dificuldade para nos maravilharmos com o de uma entidade ou força qualquer que nunca vimos.

Para sentirmos a consciência, precisamos desacelerar e perceber as maravilhas que se desdobram ao nosso redor. Devemos permitir a nós mesmos ficarmos encantados pelo fluxo de um rio, pelo azul do céu, pelo sorriso de uma criança, pela calma de uma manhã tranquila. Ainda assim, não devemos simplesmente esperar que algo gere uma sensação de maravilhamento.

Podemos superar o fato de sermos animais que respondem a estímulos e começar a cultivar nossas emoções, direcionando nosso livre-arbítrio para criar uma sensação de maravilhamento dentro de nosso ser. Nesse momento, posso decidir ficar encantado com as maravilhas deste universo e, ao fazer isso, eu me sinto mais próximo da consciência.

É incrível que estejamos vivos em um universo que só se expande. Aqui estamos, em uma minúscula esfera azul que gira a cerca de 1600 km/h e se move ao redor do Sol a 105 mil km/h. Mas nossa bolinha azul de vida é apenas um pontinho em um cosmos que se estende por muitos bilhões de anos-luz. Não temos ideia de onde o universo termina e, se tivéssemos, nunca teríamos certeza de nada. Como Arquitas, um filósofo do século 4º a.C., perguntou, certa vez: "Supondo que eu chegasse ao limite do universo. Se eu jogasse um graveto agora, o que encontraria?".

A expansividade do universo e nossa habilidade improvável de sobreviver dentro dele deveriam nos surpreender. Mas um desconhecido ainda maior vive dentro de nós e nos dá vida e espírito. O que nos dá nossa energia de vida? Deus? O universo? Pura sorte? Essas perguntas deveriam nos fazer pensar e deveríamos abordá-las com grande encantamento e respeito, levando uma Vida Intensa.

Hoje, escrevendo estas palavras, tive a sensação de que meu pai estava por perto. Recebo essa sensação com grande maravilhamento e gratidão. Ele se foi e sinto muito a sua falta, mas, ainda assim, sinto sua energia muito próxima de mim de vez em quando. Talvez o universo seja um lugar tão maravilhoso que nossa energia dure para sempre.

Um último comentário

A Vida Intensa nos leva a transcender nossas maneiras normais de pensar e de mudar para uma marcha mais rápida se controlarmos de modo mais adequado o painel de nossa consciência. Ela também nos desafia a encontrar mais propósito e sentido em nossa experiência humana e ir além de nossas circunstâncias para nos conectarmos a algo maior do que nós mesmos, para irmos além do comum e alcançarmos o mágico.

É um tipo diferente de vida, com certeza — uma existência criada de modo muito mais consciente. Mas o que mais existe? Devemos deixar que nossos impulsos nos controlem ou devemos direcionar a atenção e as atividades a um estado superior de motivação, sentido e moralidade? Devemos deixar o mundo girar ou usar nossa presença para acalmá-lo, absorvê-lo e valorizar a *magia* de tudo? E ao longo de cada dia e até o fim, quando experimentarmos os últimos momentos da vida, devemos simples e casualmente nos surpreender com a força de algo além de nossa capacidade de compreensão ou devemos soltar as amarras de nossos sentidos limitados e escolher nos conectar e viver por meio do amor divino? A escolha, como sempre, é sua.

PONTOS DE ENERGIA

1. Se eu fosse mais consciente e direcionador de minha consciência na vida, minha vida mudaria das seguintes maneiras...

2. Para me conectar a uma consciência superior de modo mais rotineiro, eu poderia...

3. As coisas que inspiram minha surpresa em relação ao mundo e ao meu lugar nele são...

Conclusão

Só existem dez impulsos humanos, e, ainda assim, nem você nem eu os dominaremos totalmente. Passaremos a entendê-los de um modo melhor, faremos um esforço para melhorar a ativação deles, mas nunca conseguiremos uma vitória completa sobre todos eles de uma vez, até mesmo sobre um. Terminar um livro dizendo que não podemos vencer pode ser estranho, mas combina com o tema desta obra — o verdadeiro presente é o caminho percorrido na busca para se tornar melhor e mais aprofundado em sua vida. Viver uma Vida Intensa exige escolha constante, presença, foco, crescimento e domínio. Aproveitar as bênçãos de ser energizado, comprometido e entusiasmado exige trabalho árduo, esforço e um compromisso que a maioria das pessoas nunca terá.

E acredito que você terá. Já percorremos um longo caminho juntos, aparando as arestas de nossos impulsos para ter mais controle, competência, congruência, cuidado e conexão; melhoramos nossa vida com os impulsos de mudança, desafio, expressão criativa, contribuição e consciência. Só de conhecer o campo de nossa condição humana nos tornamos melhores para ter sucesso no maior jogo que enfrentamos diariamente: a vida.

O jogo será mais difícil do que você pensou, assim como ativar esses dez impulsos humanos consciente e consistentemente. É por isso que digo que você não terá uma vitória completa. Mas isso não é ruim. Como sociedade, devemos parar de pensar que as coisas classificadas como "difíceis" também são "ruins". Nestas páginas, aprendemos que "fácil" e "confortável" costumam nos distrair de uma Vida Intensa de fato. É apenas quando desafiamos a nós mesmos que nos sentimos vivos de novo, energizados e envolvidos para irmos em direção a um futuro mais brilhante, que ilumine nosso coração e nossa alma com um entusiasmo brilhante desconhecido das massas dos presos ou acomodados. É no desafio incansável de sermos mais corajosos, melhores, mais fortes, mais felizes e mais satisfeitos que reconhecemos nossas próprias limitações e adentramos uma vida além do que esperávamos. O esforço vale a pena.

Não vou tocar em assuntos antigos aqui, nem recapitular todos os impulsos e ativadores; quero que você leia este livro diversas vezes, gastando caneta e teclas do teclado, fazendo suas anotações, sonhando, planejando. Pode encontrar todos os recursos que criei para você em nosso site www.TheChargeBook.com/resources. A partir dali, seu trabalho será dar a si mesmo permissão para viver expressando-se totalmente e esforçando-se todos os dias para ter mais *vida* em sua vida. Conforme fizer isso, lembre-se de levar esse trabalho adiante e envolva outros com a intenção de energizar a vida deles também. O trabalho valerá a pena. Nos próximos dias, independentemente do que aprendeu, acordará em algumas manhãs sentindo-se no controle de sua vida, a ponto de não entender como pôde ter sido fraco ou inseguro; e, em outros dias, não sentirá controle nenhum. Assim é a vida. E ela vale a pena.

Então, o que o caminho guarda para você? Com certeza, você terá mais energia e entusiasmo concentrando-se na carga interna da vida. Mas tem mais. Você também descobrirá uma maior clareza a respeito da vida, uma sensação mais profunda de sentido, uma valorização e um respeito maiores pelos outros e pelos presentes que recebeu. Sentir-se energizado faz com que a pessoa se sinta grata. O que poderia ser melhor do que se sentir mais grato por sua vida?

Terminando aqui, nada no mundo terá mudado. Os mesmos problemas e as mesmas questões, oportunidades e pessoas ainda o cercarão. Minha esperança é de que algo dentro de você tenha mudado, de que haja um compromisso novo e duradouro para uma vida melhor, que, no mínimo, você tenha encontrado uma faísca forte o bastante aqui para, algum dia, acender uma lareira dentro de você tão quente e tão indomada que nenhum problema possa apagá-la nem ninguém consiga extingui-la com descrença.

Se posso deixar algo, revelarei mais um impulso. O 11º impulso humano. Diferente dos dez primeiros, esse impulso provavelmente não tem direcionado sua vida de modo palpável. Diferente dos outros, não é tema de livros acadêmicos, de séculos de discussão filosófica, de máquinas de neurocientistas. Mas é um desejo distintamente humano e torna todos os nossos esforços, lutas e o trabalho para a obtenção dos outros desejos tão valiosos. É um impulso que nos une quando vemos um atleta realizar o melhor que pode, quando nossas equipes de trabalho cumprem o prazo impossível, quando testemunhamos um herói ressurgir das cinzas, quando nossos filhos demonstram ter caráter e ajudam os outros e quando nós, depois de vencermos nossas inseguranças, medos e dilemas, repentinamente surgimos mais à frente, limpos e puros, surpreendendo aquelas pessoas ao nosso redor e até a nós mesmos. Esse impulso, ativado apenas quando vemos nossos melhores esforços e nossa melhor personalidade, e apenas quando nos comprometemos e conseguimos algo importante, algo significativo, algo que presta a outra coisa maior do que nós, é a *Comemoração*.

Viver uma Vida Intensa exige muito de você. É preciso ser mais consciente a respeito de como estruturará seus dias e ativará seus impulsos. Você deve ter a coragem de se aventurar no mundo de novo, esforçando-se em busca de maiores alegrias e entusiasmo. Precisa superar os contratempos. Deve expressar seu eu mais sublime. E apenas quando fazemos isso lá fora, em um mundo cheio de escolhas, desafios, medos e liberdade, é que nossos maiores dons são expressados e sua vida passará a ser de constante comemoração.

O mundo comemorará seus esforços. Escute. É lá fora que o destino chama. Seja corajoso e prepare-se. Está na hora de recarregar a bateria.

Agradecimentos

Para minha surpresa, este é meu quarto livro. As pessoas sempre perguntam: "Qual é a parte mais difícil de escrever um livro?". Minha resposta e minha realidade continuam as mesmas: a parte dos agradecimentos. É impossível agradecer a todos que me deram apoio e me incentivaram a chegar aqui. Uma das minhas maiores alegrias em escrever esta parte, no entanto, é ver que todo mundo a quem agradeci nos livros anteriores continua em minha vida. Amigos de desenvolvimento até o fim.

Começo, de novo, continuando a expressar minha profunda gratidão ao bilhete premiado da vida — a segunda chance que recebi de Deus. Vivo cada dia para fazer por merecer a bênção que ganhei e me esforço em viver intensamente, amar de modo receptivo e em fazer a diferença; agradeço, em primeiro lugar, ao amor e orientação Dele.

Este livro, mais uma vez, é dedicado em parte ao meu pai, Mel Burchard. Perdemos você cedo demais, papai, mas tivemos a sorte de tê-lo por perto pelo tempo em que viveu e levaremos sua energia adiante para sempre.

Para a minha mãe, David, Bryan e Helen — amo todos vocês. Vocês sempre acreditaram em mim, permitiram que eu vivesse a minha vida e têm me inspirado vivendo a vida de vocês também. Sou energizado pelo amor e pelo incentivo que me dão. Mãe, sempre cuidaremos de você.

Para o meu eterno raio de sol, Denise. Sempre me maravilho com o amor que dividimos e é esse amor que ilumina mais a minha vida a cada dia. Oito anos, Raio de Sol, e nem um dia se passou sem que eu sentisse alegria e gratidão por estar com você.

Para os caras e "todos os meus amigos"! Não sei quantas vezes nossas aventuras quase mataram um de nós, mas, caramba, tem sido divertido. Espero que, apesar de minha vida ocupada e do registro de ligações perdidas, vocês nunca me tirem da categoria de amigo de manutenção. Pela amizade de vida toda, amo vocês: Jason Sorenson, Gwenda Houston, Dave Ries, Adam Standiford, Ryan Grepper, Steve Roberts, Jesse Brunner, Matt e Mark Hiesterman, Jeff Buszmann, Jessy Villano Falk, Brian Simonson, Dave Smith, Nick Dedominic, Jenny Owens, Dana Fetrow, Phil Bernard e Stephan e Mira Blendstrup.

Você está lendo este livro porque minha professora de redação do Ensino Médio, Linda Ballew, me inspirou com seu amor pela escrita e com as conversas inteligentes que tinha com o mundo. Ballewby, espero que, em sua opinião, eu tenha me saído bem.

Mais uma vez, obrigado aos meus amigos e ex-colegas de trabalho da Accenture, que me ensinaram sobre negócios, excelência e profissionalismo, principalmente Jenny Chan, Mary Bartlett, Teri Babcock e Janet Hoffman.

Não faço ideia de como agradecer a Scott Hoffman, meu agente e o melhor no ramo editorial. Meu amigo, veja o que fizemos juntos. Sinto-me honrado por fazer tudo isso com sua orientação e amizade. Scott é o responsável por meus livros estarem espalhados pelo mundo.

A Roger Freet e a toda a equipe da HarperOne, que publicou *A Vida é um Bilhete Premiado*. Aquele livro ainda é meu bebê. Obrigado por acreditarem em mim quando eu só estava engatinhando na área. Obrigado a Michael Carr, que me ajudou a revisar o primeiro manuscrito de todos os meus livros e sempre me ajuda a encontrar as palavras certas e os lugares das vírgulas, como esta que você acaba de ler.

Minha história de me tornar um especialista em motivação e desempenho humano começou quando me tornei aluno e pesquisador. Graças a estes professores, que, nos meses e anos que vieram depois de meu acidente de carro, aos 19 anos, mudaram minha vida: Tony Robbins, Paulo Coelho, James Redfield, Brian Tracy, Stephen Covey, Mark Victor Hansen, Jack Canfield, John Gray, Wayne Dyer, Debbie Ford, Benjamin Hoff, Og Mandino, Marianne Williamson, John Gottman, Nathaniel Branden, Phillip McGraw, Mitch Albom, Les Brown, Deepak Chopra, David Bach e outras lendas vivas ou não. Sinto-me honrado por ter, agora, muitos de vocês como amigos e colegas.

Tony Robbins merece crédito especial aqui por me inspirar a mudar drasticamente a qualidade de minha vida depois do acidente. Ainda me lembro de ter escutado sua voz em meu carro e pensado: *Talvez, um dia, conseguirei ser essa voz aos outros e, talvez, um dia, eu possa agradecer a esse cara.* Obrigado, Tony, por tudo.

Nos últimos anos, muitos destes especialistas compartilharam lições de vida, ideias de marketing, incentivo ou treinamento valiosos que me ajudaram a espalhar minha mensagem para todos os lados: Rick Frishman, Steve e Bill Harrison, Jeff Walker, Jim Kwik, Frank Kern, Bill Harris, Srikumar Rao, Eben Pagan, Jay Abraham, Jeff Johnson, Mike Koenigs, Seth Godin, Andy Jenkins, Joe Polish, Ryan Deiss, Tim Ferriss, Yanik Silver, Roger Love, Mike Filsaime, Paul Colligan, Brad Fallon, Garrett Gunderson, Richard Rossi, Trey Smith, Dean Graziosi, Jay Conrad Levinson, David Hancock, Darren Hardy, Daniel Amen, Ken Kleinberg, Bo Eason, Chris Atwood, Tellman Knudson, Randy Garn, Tony Hsieh, T. Harv Eker, Dean Jackson, Brian Kurtz, Rich Schefren, Brian Johnson, Armand Morin, John Carlton, Vishen Lakhiani, Don Crowther, Jason Van Orden, Jason Deitch, Dan Sullivan, John Assaraf, Paula Abdul. Muito obrigado.

É impossível agradecer a todos que me ajudaram a espalhar minha mensagem, por isso peço desculpa a todos os meus incentivadores, parceiros, fãs, clientes e amigos que não estão relacionados aqui. Valorizo vocês. A todos os meus clientes — vocês sabem quem são e sabem que são amados. Atender vocês me energiza todos os dias.

Minha equipe torna tudo isso possível. Jenni Robbins, você ainda é a profissional e amiga mais talentosa, detalhista, eficiente, colaboradora e admirável que conheço. Fico feliz por conseguirmos energizar o mundo juntos. Ao restante das pessoas, os agradecimentos nunca serão suficientes: Denise McIntyre, Travis Shields, Karen Lo, Heather Moffett, Lauren Davis, Audrey Hagen, Shawn Royster, John Josepho, Mel Abraham, Roberto Secades. Obrigado, também, a nossos antigos colegas de equipe e incontáveis voluntários, incrivelmente dedicados, que dão vida a nossos eventos e inspiram nossos clientes.

Obrigado a minha nova equipe e amigos da Free Press — uau, uau, uau. Obrigado por realizarem esse trabalho e por serem uma editora tão incentivadora, sagaz e decente. Sinto profundo respeito por todos vocês. Dominick Anfuso editou este livro e é por isso que você o está lendo agora — ele e Martha Levin são os principais motivos por eu ter entrado para a família Free Press. Dominick, apesar de tudo pelo que você passou enquanto cuidávamos deste projeto, continuou sendo o líder firme, presente, solícito e atencioso de sempre, além de um bom homem. Estou surpreso ao ver o que você e Leah Miller fizeram na edição deste livro e por terem me ajudado a encontrar sua essência. Ao restante da equipe, devo muito a vocês e estou adorando esta viagem: Martha Levin (obrigado por acreditar em mim!), Suzanne Donahue, Carisa Hays, Larry Hughes, Sydney Tanigawa, Emily Jarrett, Tom Spain.

Por fim, a você, leitor: eu me energizo todos os dias pensando que devo dividir minhas ideias com você. Por favor, mantenha contato comigo pelo Facebook e me diga como está se saindo. Agora... *Energia!*

Índice remissivo

H

I

J

K

L

O

P

Sobre o autor

Brendon Burchard é o fundador da High Performance Academy (Academia de Alto Desempenho) e autor do best-seller *A Vida é um Bilhete Premiado*. Ele também é o autor do best-seller do *The New York Times* e do *USA Today O Mensageiro Milionário,* publicado no Brasil pela Editora Novo Conceito. Por esses livros, Brendon se tornou um dos maiores treinadores de motivação e marketing do mundo, e seus livros, vídeos, boletins e participações inspiram quase 2 milhões de pessoas por mês no mundo todo.

Brendon teve a sorte de receber o bilhete premiado da vida — uma segunda chance — depois de sobreviver a um acidente de carro. Desde então, ele tem dedicado a vida a ajudar pessoas, equipes e organizações a encontrarem sua energia, compartilharem sua voz e realizarem uma grande diferença no mundo.

Brendon aparece com frequência na TV aberta, em programas como *Anderson Cooper, ABC World News, NPR, Oprah and Friends,* e outros veículos populares, como a revista *SUCCESS,* Forbes.com e o *Huffington Post.* Como um dos treinadores mais requisitados atualmente, ele já dividiu o palco com o Dalai Lama, Sir Richard Branson, Tony Hsieh, Tony Robbins, Wayne Dyer, Stephen Covey, Deepak Chopra, Marianne Williamson, David Bach, John Gray, Brian Tracy, Keith Ferrazzi, Harv Eker, Les Brown, Debbie Ford, Jack Canfield, entre outros. A lista de clientes de Brendon parece um "quem é quem" do mundo corporativo e das estrelas, e seus seminários já foram assistidos por executivos e empreendedores de mais de 50 países. Entre os principais acontecimentos de sua vida, estão a High Performance Academy (Academia de Alto Desempenho), a Experts Academy (Academia de Especialistas), World's Greatest Speaker Training (Treinamento para o Maior Palestrante do Mundo) e 10X Wealth & Business.

Encontre Brendon Burchard e receba mais treinamento e recursos gratuitos no site BrendonBurchard.com.